大家受啟發的

大家身影

走過，必留下足跡；畢生行旅，彩繪了閱歷，也孕育了思想！人類文明因之受到滋潤，甚至改變，永遠持續！

將其形諸圖文，不只**啟人尋思**，也便**尋根與探究**。

昨日的行誼，即是今日的史料；不只是傳記，更多的是思想的顯影。一生浮萍，終將漂逝，讓他走向永恆的時間和無限的空間；**超越古今，跨躍國度，「五南」願意！**

思想家、哲學家、藝文家、科學家，只要是能啟發大家的**「大家」**，都不會缺席。至於以「武」、以「謀」、以「體」，叱吒寰宇、攪動世界的風雲人物，則不在此系列出現。

大家受啟發的

大家身影系列 016

羅素回憶錄

生平自述、人物紀事與散文

Portraits from Memory and Other Essays

伯特蘭・羅素（Bertrand Russell）——著
李政賢——譯

目次

第四部 講稿與散文

第一部　適應：自傳縮影

出生在一九一四年之後的年輕世代，應該很難想像，我輩之人，兒時記憶的世界和現今之間的天差地別。面對這個崩潰帝國、共產主義、原子彈、亞洲民族自決和貴族沒落的世界，我努力使自己去適應，儘管只取得無關宏旨的皮毛成功。在這陌生而不安全的世界，沒人知道明天是否還活著，古老的國度像晨霧消散不復，對於年少歲月習慣世界亙古不移的人們，要相信當前所見所聞皆屬實在，而不是轉瞬即逝的夢魘，誠非易事。遙想孩提之年，堅若磐石的制度和生活方式，如今幾乎無一倖存。我成長的環境充滿了傳統的氛圍，我是由祖父母撫養長大的，父母在我未有記憶之前，就過世了。

家學淵源

祖父（約翰．羅素勳爵〔Lord John Russell, 1792-1878〕），出生於法國大革命初期，拿破崙皇帝在位期間，擔任英國國會議員。祖父追隨福克斯（Charles James Fox, 1749-1806）領導的輝格黨，他認為英國對法國大革命和拿破崙的敵視失之過當，還曾造訪流放厄爾巴島的拿破崙。一八三二年的《改革法案》[1]，就是他參與提出，開啟了英格蘭邁

1　一八三二年《改革法案》，英國通過擴大下議院選民基礎的法案，納入中產階級，改變了下議院由保守黨獨

向民主之路。墨西哥戰爭和一八四八年革命期間，他首度擔任首相（1846-1852）。祖父家學傳承貴族自由主義（aristocratic liberalism），獨樹一格的事蹟就是一六八八年的光榮革命[2]，先祖在其中扮演了重要角色。在這種家學淵源之下，讓我走向共和主義的理論之路，強調信奉者容忍君主，前提是只要君主承認自己是爲人民服務的公僕，不得民心就必須下臺。祖父不是卑躬屈膝之輩，他曾向維多利亞女王解釋這種共和主義觀點，女王雖不全然認同，但還是封賜給他位於里奇蒙公園的宅邸，我在這裡度過了青春歲月。[3]耳濡目染之下，我承襲不少政治觀念和期望，大致而言，保留了貴族自由主義，但是隨著情勢所趨而不得不

占的狀態，是英國議會史的一次重大改革。

2 光榮革命，發生於一六八八到八九年，是英國一場沒有流血的政變，導因於國王與國會之爭，以及基督教新舊教之爭。英國國會輝格黨以及部分支持新教的保守黨人聯合起義，罷黜信奉天主教的詹姆士二世國王，改由詹姆士之女瑪麗二世與夫婿威廉三世共治英國。光榮革命誕生了一六八九年《權利法案》，是英國君主立憲制形成的重要事件。

3 彭布羅克山莊（Pembroke Lodge），位於泰晤士河畔里奇蒙公園的喬治亞式豪宅。一八四七年，維多利亞女王封賜給時任首相的約翰．羅素勳爵。一八七六年，伯特蘭．羅素父親過世後，被祖父接至此同住。一八七八年，羅素勳爵去世。一八九四年，伯特蘭．羅素搬離山莊。目前，倫敦市立二級歷史建築，委外經營婚宴會館。

拒絕了共和主義。

整體而言，世界各地呈現有秩序的進展，沒有爆發革命，戰爭逐漸止息，議會政治逐步擴展至尚未享有此等進步成果的不幸地區。我祖母很愛把她與俄羅斯大使的一席話，拿來當茶餘飯後的笑談。祖母對大使說：「有朝一日，貴國或許會出現議會。」大使期期以爲不可：「上帝不容，萬萬不可啊，我親愛的勛爵夫人。」今日的俄羅斯大使，可能會給出相同的回覆，只需把第一個字詞改了就行。

變動的時代：希望與幻滅

那段時期的諸多希望，如今看來頗爲荒謬。冀望民主降臨，但又認定人民應該會願意聽取老牌貴族的眞知灼見。期望帝國主義必將敗亡，然而又想像只要英國自願放棄統治亞、非屬地，該等民族自然而然就能領略輝格黨、保守黨分庭抗禮的兩院制國會優點，並且在這些熾烈激情地區，成功複製國會兩黨領袖迪斯雷利（Benjamin Disraeli, 1804-1881）[4]和格

---

4 班傑明・迪斯雷利（Benjamin Disraeli, 1804-1881），英國猶太裔保守黨政治家、作家和貴族，曾兩度擔任首相（1868; 1874-1880），和自由黨代表人格萊斯頓展開長年政治爭鬥。提出英國保守主義或「保守黨民主主義」，將保守黨和大英帝國的榮耀與國力聯繫在一起。英國史上唯一的猶太裔首相。

萊斯頓（William Ewart Gladstone, 1809-1898）[5]平分秋色的議會對決。國會雙雄風雲際會年代，正是我浸淫濡染政治偏見的高峰時期。大不列顛王國可能顛危覆亡的想法，壓根沒進入任何人腦袋。不列顛女神（Britannia）威震四海，萬邦臣服，這就是顛撲不破的永恆事實。

沒錯，這期間是有個卑斯麥（Otto von Bismarck, 1815-1898），萬夫所指的卑鄙無賴，關於這點，倒也童叟無欺。不過，當時也普遍認爲，德意志民族有歌德、席勒一脈相承的高度文明遺產，必能阻止德國人不至於被這莊稼莽夫拖向萬劫不復的絕路。在不那麼遙遠的過去，確實曾有暴亂發生，這也是不爭的事實。在法國，大革命期間，民眾抗暴超之過火，官逼民反容或情有可原；但是反過來看，反革命人士對於革命分子暴亂造反的批評詆毀，也失之誇大失眞，況且若不是歐洲其他各國對法國進步派立場的愚蠢敵視，這一切原本也不至於會發生。

5　威廉．尤爾特．格萊斯頓（William Ewart Gladstone, 1809-1898），英國自由黨政治家。擔任英國首相長達十二年，從一八六八年開始一直任期至一八九四年，任期四屆。格萊斯頓的支持者親切地稱其爲「人民的威廉」或「GOM」（「尊貴的大老」（Grand Old Man），政治宿敵迪斯雷利說那是「上帝唯一的錯誤」〔God's Only Mistake〕）。格萊斯頓強烈反對鴉片貿易。歷史學家經常將他列爲英國最偉大的領導人之一。

或許我們也該承認，在英國，克倫威爾（Oliver Cromwell, 1599-1658）[6]斬首英王的舉動，也是做得很過分。但是廣而言之，任何對抗國王的舉動，都應該給予掌聲，除非反抗王室之舉是出於貝克特（Thomas Becket, 1118-1170）[7]之流的神職人員，這也確實發生過，在這種情況，就應該轉而支持國王。

6 奧立佛・克倫威爾（Oliver Cromwell, 1599-1658），英國政治人物、國會議員、獨裁者。英國內戰擊敗保皇黨，一六四九年，斬殺查理一世，廢除英格蘭君主制，並征服蘇格蘭、愛爾蘭。

7 聖湯瑪斯・貝克特（St. Thomas Becket, 1118-1170），也稱為坎特伯里的聖湯瑪斯。湯瑪斯跟亨利二世關係密切，兩人一起打獵、下棋，人稱兩人「肝膽相照、同心同理」。一一五四年，亨利二世，二十一歲，加冕成為英格蘭國王，湯瑪斯封為首相。一一六二年，亨利二世舉薦湯瑪斯擔任坎特伯里總教區總主教，然而湯瑪斯卻因為亨利二世推動司法改革，收回教會司法權等措施，昔日密友和心腹情誼漸行漸遠。湯瑪斯請求教宗干預，觸怒亨利二世。一一七〇年，湯瑪斯在坎特伯里大教堂遭到刺殺。教宗亞歷山大三世立刻將湯瑪斯封聖，並威脅對亨利二世處以絕罰。亨利二世屈服，赤身走到坎特伯里，讓僧侶鞭打自己，並且走到湯瑪斯遇刺地點，下跪懺悔。一九六四年出品的電影《雄霸天下》（Becket），講述亨利二世（彼得・奧圖飾）與湯瑪斯（李察・波頓飾）由密友反目成仇的歷史傳記故事，兩人同獲當年奧斯卡金像獎最佳男主角提名。

童年與青少年

祖父家裡的氣氛是清教徒的虔誠質樸、清心寡慾。每天早晨八點，闔家祈禱。儘管有八名僕人，但餐桌上總是斯巴達風的清湯寡水，都已經這樣簡樸了，若有任何稍微講究的飲食，也會認爲孩子們不該吃得那麼好。比方說，如果有蘋果派和米布丁，那我只能吃米布丁。一年四季，堅持我都得洗冷水澡。每天早晨，壁爐火還沒點燃，我就必須練習鋼琴，從七點半彈到八點。沒到夜幕低垂，祖母從不允許自己坐上靠背扶手椅。在他們眼中，菸、酒絕非好東西，迫於宴請賓客的社交習俗，才會勉強提供酒水，聊備一格。唯一重視的，只有美德，爲了獎勵美德而犧牲智識、健康、幸福，以及所有世俗美好之物，在所不惜。

對於此等束縛身心的家庭氛圍，我首度發難叛逆，是出於智識的緣故。我從小獨自一人、內向害羞、一本正經。我沒有體驗過小男孩的玩伴歡樂時光，但也不覺得錯過那樣的歡樂而感到遺憾。不過，我對於數學卻是情有獨鍾，家人對於數學卻是多所懷疑，因爲似乎無助於提升道德涵養。我也不認同家人的神學觀點，隨著年紀越長，對哲學興趣也越趨濃厚，他們對此則是強烈反對。每次提及哲學話題，他們毫無閃失，絕對一字不差重複：

「什麼是心？無物一身輕。什麼是物？何必多掛心。」

（What is mind? No matter. What is matter? Never mind.）

一開始聽來或許還覺得頗爲新鮮、好玩，但每次都這樣講，重複聽了五十、六十次之後，就覺得了無新意。

劍橋大學時期

十八歲，我上劍橋念大學，恍然發現，周遭聽見的語言如此自然、一見如故，簡直難以置信。如果我把腦子裡的想法說出來，沒人會瞪大眼睛，好像我傻氣瘋癲；也沒人會斥責我，彷彿我犯了什麼滔天大罪。早些年，我生活在暮氣沉沉的拘謹環境，鼓勵病態的道德觀，到了癱瘓心智的地步。如今離家踏進大學校園，來到重視心智和思考清晰的世界，找到自由自在的天地，那感覺眞是讓人醺然如醉。

有人說，接受非正規教育，很難適應世界。這樣的經驗倒是沒發生在我身上，我在劍橋大學如魚得水。第一學期，就結交了好幾位畢生摯友，再也不必獨自啃噬慘綠少年時期幾乎無以忍受的孤獨。劍橋前三年，主修數學；大四，鑽研哲學。後來，我對當年老師所教的哲學逐漸感到不以爲然，但當初學習過程確實是滿愉悅的，爲我打開引人入勝的新鮮問題，我滿心期盼有能力去解決該等問題。我特別著迷於有關數學基礎學理的問題，我希望相信某些知識有著確鑿無疑的根基，並且認爲找到這類知識的最大希望所在，就是在數學。於此同時，我明顯看出，老師教的數學命題證明有所謬誤。我雄心勃勃希望未來能發展出更好的證明方式。日後的研究證實，我這方面的期望，在某些部分是合理的。但是，這也花費了我將近二十年的時間，才找到所有似乎可能的證明，而且甚至遠遠達不到我年輕氣盛的期望。

職業路線的抉擇

完成劍橋學業之後，我面臨職業路線的抉擇，必須決定未來生涯是要投身哲學，抑或是要踏上從政之路。十六世紀以來，羅素家族一直是政治世家，世代相承多是從事政治工作，投入其他事業的想法被視為數典忘祖。一切都顯示，如果我選擇從政，自然而然會一帆風順。時任愛爾蘭政務司長的約翰·莫雷（John Morley, 1838-1923）[8]，安排職位給我。英國駐巴黎大使杜弗林侯爵（Lord Dufferin）[9]，安插我進入巴黎大使館任職。家人想方設法，對我頻頻施壓，令我一度左右為難，只是哲學的魅力終究難以抗拒。

---

8 約翰·莫雷子爵（John Morley, 1838-1923），英國政治家。曾任記者、報刊編輯和國會議員，有「十九世紀自由主義最後傳人」之稱，他最崇拜的政治家就是自由黨的格萊斯頓，編著有《格萊斯頓傳記》（*The Life of William Ewart Gladstone*）等書。

9 杜弗林侯爵（Lord Dufferin, 1826-1902），英國外交家、加拿大總督（1872-1878）和印度總督（1884-1888）。

這是我人生第一次遭遇的重大衝突經驗，很是痛苦煎熬。從那以後，我經歷的衝突如此之多，以至於許多人想當然認爲，我應該是頗爲樂在其中。然而，如果可能，我應該是會樂於與所有人和平相處。只是，一次又一次的深刻信念，迫使我不得不堅持意見分歧的立場，甚至在我最不樂見衝突發生的場合，也只能忍痛堅持到底。不過，在決定選擇哲學作爲終身志業之後，滿長一段時間，一切倒是出奇的平順。我多半生活在學術氛圍中，追求哲學並不被視爲古怪蠢蛋。

反戰

一切都很順遂，直到一九一四年，第一次世界大戰爆發。我認爲，對於雙方陣營列強來說，這場戰爭都是愚蠢至極的罪惡。我希望英國保持中立，但結果並沒如我所願，我持續不斷抗議，昔日老友紛紛與我劃清界線，更讓我憂心忡忡的是，整個國家的潮流趨勢與我扞格不入。我只能返回自身，寄望於我幾乎不知道自己可能擁有的力量來源。內心深處是有某種東西，如果我是虔誠的信徒，那應該可稱之爲「上帝的聲音」，呼喚我不得不堅持下去。

不論在當時，抑或是後來，我從沒認爲，全部戰爭都是錯的。我譴責的就是那場戰爭〔第一次世界大戰〕，而不是全部戰爭。第二次世界大戰，我就認爲有其必要，這不是因爲我改變了對戰爭的看法，而是因爲情況有所不同。實際上，二次大戰之所以不可避免，都是由於一次大戰導致的結果。拜一次大戰之所賜，後來才催生了俄國共產主義、義大利法西斯，以及德國納粹。我們也得歸功於一次大戰的遺毒，創造了動亂不安的世界，讓我們有充分理由擔憂二次大戰絕非最後一次大戰，而且在戰後的世界，還得面對俄共暴政恐怖，德、法和昔日奧匈帝國覆滅之後的大規模文明傾頹，亞洲、非洲混亂局勢遍地狼煙，慘絕人寰的大屠殺，舉世惶惶不可終日。罄竹難書的邪靈惡魔，雨後春筍般湧現無可避免的當代希臘悲劇重演，這一切全都是源自於一次大戰的餘波盪漾。

相對來看，倘若英國在一次大戰保持中立，這一切將會有何等不同的景況。戰爭不至於持續太久，德國應該會獲得最終勝利，美國不會捲入戰爭，英國仍可維持強大繁榮。德國不會推向擁抱納粹；俄國雖然仍會發生革命，但極有可能不是共產革命，因為短暫的戰爭不太有可能讓俄國陷入一九一七年全面混亂失控的局勢。雖然在我們這邊的戰爭宣傳之下，德意志皇帝統治的德國（Kaiser's Germany）被醜化為滅絕人性的邪惡帝國，但實際上只是虛張聲勢，甚至有點荒謬可笑。我曾在德意志帝國居住過，知道那個國家的進步力量非常強大，相當有希望成為邁向繁榮進步的國度。德意志帝國的自由程度，遠遠超出目前不列顛群島和斯堪地納維亞半島以外的任何國家。根據當時我方陣營的說法，一次大戰是爭取自由、民主、對抗軍國主義的戰爭。但是戰爭影響所及，自由反倒凋萎枯零，軍國主義蔓延擴張。至於民主，仍然疑雲密布，前景未明。我有時不免會想像，如果英國在一次大戰保持中立，德國迅速獲勝終結戰爭，世界是否就不至於淪落至如今這般惡劣的境況。

基於上述理由，我從沒想過，我當時的反戰立場有任何不對。我也沒有後悔，在戰爭的那些年當中，竭力呼籲說服眾人，德國人並不像官方宣傳那樣萬惡不赦，因爲後續發生的許多暴戾禍害，很大一部分，乃是《凡爾賽和約》嚴苛懲罰之下的民怨反彈，而且如果不是普遍對於邪惡帝國的極度恐慌心理作祟，根本不可能定下如此泛道德的空前嚴苛條約。相對地，二次大戰的情況則是截然不同。很大程度上，乃是由於我們的愚蠢所致，面對納粹德國，終需團結奮戰，否則就無以維持可承受的人類生存處境。如果俄國人要稱霸荼毒全球，對他們宣戰，恐怕也是無可避免。只是，所有這連串慘絕人寰的悲劇，追根究柢，全都是導源於一九一四年諸多錯誤的連鎖後果，如果當初能避開那些錯誤，這一切就不至於發生。

反共

第一次世界大戰的終結，並不是我個人孤立終結的落幕，而是相反，拉開了更徹底孤絕的序幕（除了極少數仍有往來的密友之外），這是由於我沒有爲俄羅斯的新革命政府額首稱慶所致。俄國革命爆發之初，我也和其他所有人一樣，熱烈歡迎，包括英國駐彼得格勒（Petrograd，後來改稱列寧格勒，現今的聖彼得堡）使館人員也都很興奮。然而，革命政府上臺之後，一九一八、一九一九年的混亂時局，從遠距之外很難一探究竟，我不知道該如何來看待布爾什維克革命黨人。

一九二〇年，我踏上了俄羅斯土地，與列寧和其他知名人士長談，盡可能四處察看當地的狀況。最後我得出的結論是，所有發生的行事，還有所有意圖達成的目標，完全不是任何稍具自由主義意識的人士所樂見。我認爲，該政權充滿仇恨，而且肯定變本加厲。我發現，邪惡的源頭來自於對自由、民主的輕蔑不屑，而那也是狂熱主義的自然產物。當時的激進人士認爲，由於反動派打壓革命無所不用其極，任何對於革命的批判都是正中其懷，因此無論俄國革命做了什麼，都應全力支持。我感受到這種論述的壓力，一度有些猶疑，不確定應該怎麼做才對。但是，最後我還是決定支持我認爲眞理所在的一方。我公開表態，宣稱布爾什維克是令人憎厭的邪惡政權，也沒發現任何理由足以改變此一觀點。在這方面，我的觀點與一九一四年以來結識的所有朋友幾乎都不一樣。大多數人因爲我反對一次大戰而與我分道揚鑣，至於沒有因此而憎恨我的少數朋友，則又譴責我沒有爲布爾什維克革命黨人稱頌喝采。

一九二〇年的俄羅斯之旅，是我人生的轉捩點。在俄國的那段期間，我感受到一股逐漸加深的恐怖，最後積累成幾乎無法忍受的壓迫。在我看來，這整個國家就像一座巨大的監獄，獄吏全是殘酷冷血的偏執狂。當我發現，我的朋友鼓掌稱許這些人是解放英雄，並且讚譽他們所建立的政權爲人間天堂，我爲此大感困惑不解，究竟是我的朋友瘋了，抑或是我自己瘋了？在戰爭那幾年期間，我已經養成日益強大的習慣，聽取我自己內心的判斷，而不是隨波逐流順服來自別人的判斷。而且，從歷史動態來看，革命激情似乎必然會轉化為帝國主義，就如同法國大革命那樣。當我最後決定說出我對布爾什維克的看法，政治圈的朋友，都譴責我是資產階級的走狗，其中許多痛斥我的朋友，後來卻也轉而認同我的觀點。至於反動派的人士，壓根沒聽進我說的話，繼續大作文章形容我是「軟骨百合擦脂抹粉的布爾什豬」（lily-livered Bolshie swine）。就這樣，我成功贏得裡外不是人的罵名。

如果，在當時那段日子，我不是正好有機會前往中國，暫時遠離動盪紛亂的歐洲，度過一年的快樂時光，這一切想必只會更加苦不堪言。自此以後，儘管我偶爾還是會遇到衝突，但與這場戰爭和布爾什維克關聯的衝突比起來，這些後來的衝突就相對比較能夠置身事外，也比較沒那麼深刻的切身之痛。

親職和兒童教育問題

一九二一年，我從中國遊訪歸國之後，有好幾年的時間，潛心專注於父母之道和子女教養問題。我固然不喜歡傳統的教育，但是我認為大多數學校推行的所謂「進步論教育」（progressive education），在智育方面確實有所缺陷不足。依我所見，科技日趨複雜的當代文明，除非少年時期接受相當分量的智育教導，否則無法立足於社會，承擔重責大任，這觀點當時如此，至今仍然未變。當時，遍尋不著讓我滿意的學校，所以就嘗試自行創辦學校。但是學校畢竟是需要行政管理的機構，而我發現自己缺乏行政管理技巧。因此，辦學終告失敗收場。所幸運氣不差，後來讓我找到一所近日聲譽鵲起的優秀學校。

我還寫了兩本有關教育的書[10]，並花了很多時間思考；但是，正如眾人可以想見，我生性拙於力行實踐，長於言談論述。我並不相信，應該給予小孩子完全自由。我認爲，小孩子需要有固定的作息，但是也應該容許有幾天可以自由活動。我還認爲，如果希望孩子長大成年能夠適應社會，就必須讓他們在年少時，明白自己不是宇宙的中心，而且個人願望通常不是最重要而需要特別關照的因素。我還認爲，許多進步論學校實行的作法，只鼓勵原創，而沒有教導技術能力，其實是錯誤的。進步論教育是有某些部分，我非常喜歡，尤其是言論自由，自由去探索生活的事實，以及免於愚昧的道德觀，比方說，不會因爲聽到小孩說髒話而驚憂忡忡，認爲比做出不友善行爲更恐怖而不可取。但是我認爲，抗逆不通情理紀律的那些人往往矯枉過正，忘了有些紀律乃是必要的教育，尤其在培養知識習取方面的紀律。

10　羅素生前出版有關教育的書籍有三本，依出版年分排序分別爲：一九二六年，《論兒童教育》*On Education: Especially in Early Childhood*. London: George Allen & Unwin。一九二六年，《教育與美好人生》*Education & The Good Life*. New York: Albert & Charles Boni。一九三二年，《教育與社會秩序》*Education And The Social Order*. London: George Allen & Unwin。

經驗．自由．紀律

毫無疑問，年齡和經驗對一般人的觀點有相當大的影響，但是對我的影響倒是沒有那麼大。不過，我也領悟到，自由是一種原則，在自由的原則之上，還存在非常重要的諸多限制。教育裡的自由，以某種意義而言，就是一種需要有所限制的典型自由。人們在特定的情況下會做出什麼樣的行爲，乃是取決於習慣；沒有紀律，就不會養成良好習慣。大多數人終其一生都不會偷竊，但這是歷經數百年的警政治安規訓，逐漸形成這種自我節制的行爲模式，才有如今近乎自然而然的習性。如果完全不教導孩子餐桌禮儀，他們很可能就會大打出手、互相搶食，年紀大一點的孩子還有可能搶走所有好吃好喝的東西。

在國際事務領域，延長國家之間的無政府狀態並不能讓世界恢復到可容忍的狀態，而是需要推動國際法的規範，除非有國際軍事武力撐腰，否則國際法將永遠不得伸張。在經濟領域，儘管有少許夢想家仍然執迷不悟，渴望自由放任主義（laissez-faire），但現在已經沒有任何務實的人擁戴這種過時的教條。隨著世界發展越來越全面，規範也就變得更加必要。毫無疑問，這是令人遺憾的現實。《奧德賽》（*Odyssey*）的希臘史詩世界有其迷人的魅力。主人翁航行於海島之間，所到之處，總有美若天仙的女子盛情款待。但是時至如今，移民配額限制了這種生活型態。對於奧德賽，這樣逍遙人生確實很美好，畢竟他只有一個人，但是如果有一億個中國人搶灘希臘神話海洋女神卡呂普索（Calypso）所在的島嶼

（奧吉吉亞島〔Ogygia〕），恐怕島上生活將會窘迫難以爲繼。廣義來講，關於自由的原則很簡單：對於無關旁人的自家事，個人應該享有自由；但是，如果情況可能讓人受不了誘惑而侵犯他人，那就不應該享有自由。儘管原則很簡單，但是執行牽涉的細節卻極其複雜，因此仍然必須面對人類自由予以適當限制的實務問題。

哲學志業的回報

儘管我一生爲了憂煩世界和現實生活重大事件耗費了不少心力，但我始終認爲自己主要還是抽象哲學家。我一直致力於將數學、科學的精確和證明方法，擴展到傳統上模糊臆測的領域。我喜歡精確、界線分明，不喜歡霧裡看花的含糊不清。我知道，社會各界有相當多人士，基於某些我不敢自稱充分理解的原因，而認爲我是個冷漠而沒有激情的老古板。依他們所見，任何有激情的人似乎都應該自滿於自我欺騙，選擇活在愚人天堂裡，除此之外別無可能達至其他的天堂。對於這種觀點，我無法苟同。我對任何事物越感興趣，就越想知道關於它的眞相，無論眞相多麼令人不愉快，都不會阻礙我的求知動力。我最初對哲學萌生興趣時，就熱切希望在對宗教失望之餘，能夠從哲學重新找出心滿意足的出路。曾有一段時間，我在柏拉圖的永恆理型世界似乎找到了某種凜若冰霜的慰藉。但是，終究而言，我發現這條路根本行不通，在哲學找不到我期待的滿足，足以取代對宗教信仰的衝慾渴望。就此而言，我發現哲學令人失望，但作爲澄清之用，我發現哲學帶來的結果倒是相當讓人滿意。年少時期，許多原本歸爲品味或臆測的事物，如今透過哲學探究，都已獲得澄清，理路精確而且合乎科學邏輯。就此而言，我在哲學方面的努力付出，對此等發展成果有所貢獻，讓我甚感欣慰，投身哲學志業，不枉此行。

人類歷史最美好時代，不在過去，而在未來

但是，生活在我們當前所處的世界，越來越難以心無旁騖，專注思索抽象哲學問題。日常現實世界壓在哲學家身上，象牙塔開始崩壞。人類未來的問題越來越吸引我的關注。我成長於樂觀情緒如日中天的維多利亞黃金時代，儘管如今不再可能有那般明朗快活的歡樂態度，但我仍然保有相當程度的希望。只是，當年無須太費力氣即可擁抱希望，而如今要保有希望卻不再那麼輕鬆容易了，需要有相當的毅力和能耐，目光不能局囿於眼前當下，而要眺望更遙遠的未來。但是我仍然堅信，無論未來面臨的時代如何黑暗，人類終將煥發奮起，曾經失落的相互寬容之風必將重現，苛虐暴政不會永遠持續。

人類當務之急，必須學習新課題，扭轉目前只著眼技能突飛猛進，而沒能兼顧增長智慧的窘境。當代社會迫切需要的道德和智識，相互交織、密不可分。邪惡的激情使人無法看見眞相，而虛妄的信念則爲邪惡的激情提供了爲非作歹的藉口。如果希望世界重新崛起，就需

要有清晰的思維，良善的情意。除非歷經空前浩劫，否則可能無從學會這兩者，真心不忍目睹人類走到如此地步。我希望人們可以不用經歷如此慘痛的教訓，才徹底領悟。無論道路有多崎嶇，我堅信，人們遲早都會學到新世界所需的新智慧——

人類歷史最美好的時代，不是在過去，而是在未來。

第二部　致知力行・回顧反思

我何以走上哲學之道？

驅使人類成爲哲學家的動機有很多種，其中最令人敬佩的動機，就是渴望想要去了解世界。在人類文明早期，哲學、科學還沒分家的年代，這種動機占了主導地位。古時候，還有一種強烈誘因的動機，就是對於感官現象引發的迷惑好奇感。比方說，人們可能問：

「彩虹到底是在哪裡？」

「日光或月光之下，眼睛所見之物是眞實的嗎？」

改以現代的問法，同樣問題可能表述如後：

「肉眼或透過顯微鏡所見之物，是眞實存在的嗎？」

諸如此類的尋常小疑問，緊接著，又會打破砂鍋問到底，而追索提出更廣泛的大哉問。當古代希臘人開始懷疑奧林帕斯山上的諸神，其中有些人轉而投入哲學思索，尋求可以替代傳統信仰的出路。

以上這兩類動機的結合，引發了兩方面的哲學運動：一方面，哲學被認爲可用來說明，日常生活流傳的許多知識，嚴格來講並不算是眞正的知識；另一方面，根據大多數哲學家的看法，存在更深層的哲學眞理，比起我們的日常信念更符合於宇宙的眞相，而且不盡然如同我們所希望相信宇宙應有的樣態。在幾乎所有的哲學，懷疑都是驅動力，而確定性則是目標。人們對感官、科學和神學，在在都存有疑慮。某些哲學家對於其中某些領域特別有疑慮，另外一些哲學家，則對其他領域格外存疑。針對這些疑惑嘗試提出的答案，哲學家之間也存在極大的差別，甚至懷疑是否根本不存在任何可能的答案。

我就是在這些傳統動機驅使之下，走上哲學之道；而其中有兩項動機，對我影響特別深遠。最早而且持續時間最長的動機就是，我渴望找到某些可以接受爲確切眞理的知識。另一項動機則是，我渴望找到足以滿足宗教衝慾的替代出路。

我想，促使我走上哲學之路的第一件事，應該是發生在十一歲，儘管當時我還不知道「哲學」這個詞。我的童年大多是孤單度過，因爲唯一的兄長（法蘭克・羅素〔Frank Russell, 1865-1931〕）比我年長七歲。無庸置疑，從小孤單獨處，讓我相當沉默陰鬱，有很多時間可以去思考，然而其實也沒有太多知識基礎，足以讓我去磨練思考。我很喜歡證明，不過當時還沒有意識到，這是典型的數學思考模式，想來我可以說是從小就頗有數學的頭腦。長大以後，我發現有些人也和我趣味相投。我朋友哈代（G. H. Hardy, 1877-1947），他是純粹數學教授，就非常熱中此道。他有一次告訴我，如果能找到證明，我在五分鐘之內就會斷送性命，雖然失去我這個老朋友，難免會讓他感到遺憾，但是來自證明的喜悅肯定遠勝過痛失摯友的苦楚。這一席話雖然有些不中聽，但是我卻覺得心有戚戚焉，絲毫不以爲忤。

在我還沒開始研習幾何學之前，有人告訴我，幾何學可以證明許多事情，後來哥哥說願意教我幾何學，這讓我欣喜不已。當時的幾何學仍屬「歐幾里德幾何」。哥哥先從定義開始教我，我很容易就接受了。然後，他開始講解公理，他說：「這些不能證明，必須先假設成立，然後才能證明其餘的。」聽到這樣的說詞，我希望就破滅了，我原本還以爲，太棒了，有好些東西可以找到證明，結果卻發現，這只能透過未獲證明的假設來完成。我悻悻然看著哥哥：「既然無法證明這些假設是眞的，我爲什麼要接受呢？」他回答說：「好罷，如果你不想接受，那就算了，我也沒辦法再繼續教下去。」我暗自揣度，爲了要學習其餘的部分而暫時承認公理，這可能還是値得的，所以就勉爲其難同意了。

我原本懷抱很高的期望，想從幾何學找到無可爭議、清楚又明確的知識，但是經過這番波折，我不免有些懷疑、困惑。儘管如此，大多時候，我通常都把疑惑拋諸腦後，告訴自己暫時安心學習，應該有能力找到一些我還不知道的答案。實際上，我從數學獲得的喜悅，比任何其他研究都要大得多。我熱衷思索如何把數學應用到物理世界，也希望不久的將來，就能有關於人類行爲的數學，可以像應用在機械方面的數學一樣精準。我希望這樣的數學能夠成眞，因爲我喜歡證明，而且大多時間，這種動機要遠勝過我內心對於自由意志信仰的渴望。儘管如此，我對數學的有效性，心中追根究柢的質疑態度，卻是從未徹底放下。

當我開始學習更高階的數學，新的困擾接踵而來。我感覺，老師教的證明似乎有所謬誤；而且後來我也了解，這些證明確實是有謬誤。那時，還有離開劍橋一段時間之後，我還不知道，德國已經有數學家發展出更好的證明。因此，我始終保持著虛心的態度，接受康德哲學恢宏體系的作法。這促使我採取哲學的大尺度檢視方式，如此一來，過去一直困擾我的那些疑惑問題，就顯得枝微末節而無足掛心了。直到後來，我容許自己涉入渾濁泥沼試著去鑽研形上學之後，我才領悟到我先前的看法（知識必須窮究其清晰、明確性），其實充滿謬論。由於學校的數學教育太過於注重考試，需要投入很多心力去熟練應考的技巧，讓我對數學頗爲反感，也導致我一度把學習重心轉向哲學。爲了應付考試而花費心思去學習那些解題技巧，讓我覺得數學就像是花拳繡腿的雕蟲小技組成的大雜燴，根本就和塡字遊戲的招數沒兩樣。劍橋大學三年級學期末，最後一堂數學考試結束解脫之後，我發誓永遠不再碰任何數學，並且賣掉了所有的數學書本。在這樣的心情轉換之下，哲學的探索讓我從谷底解脫，滿心歡喜迎向多采多姿的新世界。

我向來尋求確定性的知識，不僅只限於數學領域。就像笛卡兒一樣（當時我還沒接觸他的學說），我認爲，我自己的存在，對於我而言，乃是明確而無可置疑的。像他一樣，我也覺得，關於外部世界不過是一場夢的假設，是有可能成立的。但即使是這樣，那也是一場有人眞正夢到的夢，而我做夢的經歷，終究是一個確定而無可動搖的事實。這樣的思路，最早在我十六歲就已經初露苗頭，後來得知笛卡兒也以此作為他的哲學基礎，讓我由衷喜悅。

就讀劍橋大學期間，我之所以對哲學產生興趣，這當中還得到另一種來源的動機激發。促使我懷疑數學的考量，也讓我對宗教的基本信條產生質疑；儘管如此，我依然滿腔熱血希望能夠找到方法，來保存起碼可稱為「宗教信仰」的東西。從十五歲到十八歲，我花了大量時間和心力來思索宗教信仰，逐一檢查基本教義，衷心希望找到得以接受的理由。我把想法寫在筆記本，至今仍然保存。這些年輕時的想法，當然還很粗疏而不成熟，但是當時我對於諸多宣稱無可確知的宗教信仰事物，也還沒能力提出自己的解決看法。

我在劍橋大學，接觸到以前一無所知的許多思想體系，讓我一度放棄了獨自埋頭解決的想法。在劍橋大學，經由師友引介，我認識了黑格爾（Georg Wilhelm Friedrich Hegel, 1770-1831）的哲學，他透過十九本博大精深的著作[1]，宣稱已經證明某些東西，臻於完善的龐大體系幾乎可以作為傳統信仰的精修版本。依照黑格爾的理論，宇宙乃是緊密聯繫的

1 黑格爾（Georg Wilhelm Friedrich Hegel, 1770-1831），德國哲學家。其時代晚於康德，是德國十九世紀唯心論哲學的代表人物。一八〇七年，黑格爾出版第一部作品《精神現象學》，在世時出版的作品還有《哲學全書》（《小邏輯》、《自然哲學》、《精神哲學》）、《邏輯學》和《法哲學原理》。其他有關歷史哲學、宗教哲學、美學和哲學史的著作，則是在他去世後，學生根據他講課所做的筆記彙編而成。

統一體。他的宇宙就像果凍，事實上，如果你觸摸其中任何一部分，整體就會像果凍一樣顫動。但宇宙與果凍也有不同，因爲宇宙實際上並不能切割分成局部的碎片。在他看來，宇宙看似由零件組成的表象乃是一種錯覺。「絕對」（the Absolute）是唯一的實在，這是他給上帝的命名。

在這樣的哲學體系裡，我一度尋得了慰藉。對於黑格爾的死忠擁護者，尤其是當時我的學長、好朋友麥塔嘉特（John Ellis McTaggart, 1866-1925）[2]，黑格爾的哲學似乎迷人又可證明，經由他們的介紹，我也頗同意這樣看法。麥塔嘉特是哲學家，比我年長六歲，終生熱衷推廣黑格爾學說的忠實信徒。他對同時代人產生很大的影響，我一度也頗受其影響，相信時間和空間都是虛幻不實在的幻覺，而世界實則只是心靈或精神組成，此外別無任何實在之物，沉浸在此類的信念，心中油然會產生一種詭異的樂趣。然而，在倉促不求甚解的情況下，我從黑格爾的信徒轉向大師本身，卻只在黑格爾本人身上找到一團渾沌錯亂的大雜燴，在我看來，頂多就是稍勝於含糊其辭、故弄玄虛的雙關話術。因此，我拋棄了他的哲

2 約翰・麥塔嘉特（John Ellis McTaggart, 1866-1925），英國體系形上學家，個人觀念論，黑格爾哲學倡導者，劍橋大學三一學院的研究員和哲學講師。著名論著《時間的不實在性》（*The Unreality of Time*, 1908），他在此書論證時間並非眞實存在，我們對時間的描述若非矛盾，就是循環，或不充分。

學。

有一段時間，我從後世修正的柏拉圖學說尋得慰藉，根據此等稀釋版本的柏拉圖學說，存在著一個超越時間、永恆不變的理型世界，而呈現在吾人感官的世界乃是理型世界的不完美複本。而數學，根據這一學說，處理的是理型世界，因此具有精確性和完善性，這些是不存在於日常生活世界的特質。這種數學神祕主義，是柏拉圖從畢達哥拉斯的思想汲取發展而成，讓我頗爲心迷神往。只不過到最後，我也不得不放棄這一派的學說。從那以後，我再也沒能從哲學發現任何可接受的學說能夠尋得宗教般的滿足。

我與哲學的早年交流

很小的時候，我和其他人沒兩樣，沒事老愛做白日夢，不過我比多數人稍爲幸運，有些夢想還眞的實現了。我有個白日夢，就是夢到素昧平生的外國學者來信讚美我的作品。我第一次收到這樣的信，可說具有里程碑的意義。來信者是法國哲學家路易・庫圖哈（Louis Couturat, 1868-1914）。[3]

庫圖哈寫了一本大部頭的書，[4]主題是關於數學的無限論，我給了中上評價。他來信告訴我，當我那本幾何基礎論的書[5]出版時，有人把樣書寄給他，請他寫篇評述，他只好「臨陣磨槍，抱著法英詞典上陣」，因爲他壓根沒懂幾個英語字彙。信中其餘內容，洋洋灑灑的

3 路易・庫圖哈（Louis Couturat, 1868-1914），法國邏輯學家，數學家，哲學家和語言學家，倡導伊多世界語。

4 庫圖哈（Louis Couturat），一八九六年，《數學無限論》（*De l'infini mathématique*），Paris: F. Alcan。全書將近七百頁。

5 羅素（Bertrand Russell），一八九七年，《幾何學基礎》（*An Essay on the Foundations of Geometry*），Cambridge, UK: Cambridge University Press。

褒獎美言，活脫就像當年白日夢少年的美夢成眞。我和他從此成了莫逆之交，我第一次造訪他是在法國西北的康城（Caen），後來還在巴黎見過幾次面。之後，我們各自寫了論述萊布尼茲的書，我的書出版於一九〇〇年[6]，他的書出版年份比我晚了一年[7]。我在書中提出一種頗新的角度，重新詮釋萊布尼茲哲學，立論基礎只參考了相當少的萊布尼茲原著，我認爲這些文獻很重要，可以讓萊布尼茲的體系比傳統觀點的論述更深刻、連貫。庫圖哈在不知道我已完成這本論著的情況下，前往漢諾威[8]查閱萊布尼茲手稿，挖掘出許多未曾出版的文件，以此爲基礎，確立了詮釋萊布尼茲哲學的新觀點，其中頗多和我不謀而合，這也間接佐證我的立論並非純屬臆測。

但是在此之後，我們的學術之路就沒有交集了。他致力於倡導一種國際語言，不幸的是，國際語言的種類甚至比各國族的語言數量還要繁多。他對於當時廣受愛用的「愛思不難讀世界語」（Esperanto，音譯，一般簡稱「世界語」），沒什麼好感，反而比較偏好「伊

---

6 《萊布尼茲哲學的批判論述》（*A Critical Exposition of the Philosophy of Leibniz*），一九〇〇年，Cambridge, UK: Cambridge University Press。

7 庫圖哈（Louis Couturat），一九〇一年，《萊布尼茲的邏輯：根據未發表的文件》（*La logique de Leibniz: d'après des documents inédits*），Paris: F. Alcans。

8 漢諾瓦萊布尼茲研究中心，萊布尼茲檔案館（Leibniz-Archiv/Leibniz-Forschungsstelle Hannover）。

多世界語」（Ido）。我聽他說過，擁護「愛思不難讀世界語」的那些人，全都是萬惡不赦之流，空前絕後的罪孽深重，他說得言之鑿鑿，不過我倒是從沒檢驗過他的證據。他還戲謔說，「愛思不難讀世界語」唯一勝過「伊多世界語」的優勢，就是有「愛思不難讀使用者」（Esperant-ist）這個專有名詞，而「伊多世界語」則沒有相對應的專有名詞。「可是，有吧，」我說：「『Idiot』（白痴）這個單字，或許可以派上用場？」當然，他想必不會同意用「Idiot」來稱呼「伊多世界語」（Ido）的愛用者。一九一四年，法國軍事動員期間，庫圖哈開車慘遭軍用卡車撞死。

我與德國學術界的第一次認眞接觸，是在大學時期，我抱著敬畏之心拜讀康德。師長還諄諄教誨，我輩學子對黑格爾至少也應該同等敬重。我接受了他們的判斷，但是當我眞正讀了黑格爾之後，發現他對於數學的哲學評論，不僅無知，還有些愚蠢。由於數學哲學是我最感興趣的領域，我因此拒絕了黑格爾哲學。在此同時，基於某些不同的原因，我也拒絕了康德哲學。但是，就在我放棄傳統德國哲學的同時，我注意到德國有些數學家在數學原理方面的著作，相較於當時其他地區，顯然高明許多。於是，我埋首狂讀魏爾斯特拉斯（Karl Weierstrass, 1815-1897）和戴德金（Richard Dedekind, 1831-1916）的著作，他們大力疏通了萊布尼茲時代以來，阻礙數學基礎理論發展的形上學漂流木，給長久窒礙不通的發展帶來一線曙光。

除了這兩人之外，還有更重要的喬治・康托（Georg Cantor, 1845-1918），他的數學哲學本身就很重要，對我的影響也很深遠。他開展探討的無限數理論（theory of infinite numbers），堪稱開啟新紀元的劃時代之作，展現了擎天撼地的天賦異稟。箇中理論極其艱澀難懂，有相當長的時間，我也沒能完全理解。我索性卯起勁抄寫，幾乎一字不漏，我發現，透過這樣蝸牛學步的模式，似乎稍微得以參透箇中些許深奧精義。起初，我覺得他的論述可能有謬誤，但還是堅持抄寫下去。當我全部抄完，我發現有謬誤的是我，而不是他。

康托堪稱奇人異士，開展劃時代的數學巨著之餘，他還斜槓創作了好幾本文學論述的著作，證明莎士比亞的作品出自培根之手。他把其中一部送給我，還題上如後的字句：「我知道你的座右銘不是康德，就是康托。」康德是他心目當中的魔神（bugbear）。在寫給我的一封信中，康托形容康德：「巧言善辯的非利士人，數學一竅不通。」他喜歡與人爭辯，好勝不愛認輸，他在與法國數學家亨利・龐加萊（Henri Poincaré, 1854-1912）論戰如火如荼當頭，寫了一封信給我：「認輸的那一位，不會是我！」後來事實證明也果真如此。讓我遺憾的是，始終無緣與他當面相會。僅有一次，都已經約好就要見面了，臨時他的兒子卻病倒了，他不得不取消約會，趕回德國。

上述這些先進前輩對我工作的影響，屬於十九世紀的最後幾年。到了二十世紀初葉，我開始注意到弗雷格（Gottlob Frege, 1848-1925），雖然他當時還沒什麼名氣，我對他已是心悅誠服，而且從此之後，敬重之心有增無減。很難解釋爲什麼當初他的著述沒有普獲肯定。戴德金的著述贏得公允的讚譽；相對地，弗雷格針對同一主題的精闢見解，其實更深刻而且重大，卻反倒未受重視。

我和弗雷格的關係有些奇妙，我們的緣分是我的哲學老師詹姆士・沃德（James Ward, 1843-1925）拉的線。沃德老師送給我弗雷格寫的小書《概念文字》（*Begriffsschrift*）[9]，老師說他自己沒有讀這本書，也不知道是否有任何價值，我和弗雷格的關係起源，應該在這時就已搭上線。慚愧得很，書收到之後，我一直擱著沒看。《概念文字》出版於一八七九年，我讀的時間點是在一九〇一年，我相當懷疑，自己不無可能就是這書的天字第一號讀者。在錯過未讀的那些年期間，我還自己投入好些心力，直到事過境遷，才恍然發現，我原以爲自己發掘的許多獨到見解，弗雷格早已寫進這本書。

我最初會注意到弗雷格，是因爲讀了皮亞諾（Giuseppe Peano, 1858-1932）寫的書評（出版年代晚於《概念文字》的書），指責他沒必要的艱澀隱微。以我所見，皮亞諾堪稱當時最艱澀隱微的邏輯學家，所以我推測弗雷格的艱澀隱微程度想必更勝一籌。於是，我找來

9 弗雷格（Gottlob Frege），一八七九年，《概念文字：純粹思維的算術語言模式》（*Begriffsschrift, eine der arithmetischen nachgebildete Formelsprache des reinen Denkens [Concept Script, a formal language of pure thought modelled upon that of arithmetic]*），Halle a. S.: Louis Nebert。

他的《算術基礎定律》第一卷[10]（第二卷尚未出版），迫不急待翻開緒論，一路展讀，讚嘆連連。不過，他自創的符號系統，委實彆扭難懂，讓人望之興嘆。直到我自己也做了同樣的研究工作之後，才比較能夠掌握他的書中要義。他首開先河，闡明「數學是邏輯延伸」的理念；在這方面，我後來獨力研究建立的論點和他不謀而合。他也是以邏輯術語定義數字的第一人。他在一八八四年就完成了這些創舉，可惜沒人注意到他取得的成就。

弗雷格認爲，數學化約爲邏輯的工作，已經大功告成；關於這一點，我後來在世紀之交的幾個月，也抱持如此看法。但是一九〇一年六月，我發現一則矛盾[11]，顯示這當中肯定還有什麼缺失。於是我寫信求教弗雷格，他對於此等缺失坦承不諱，反應落落大方，令人無限欽佩。他的《算術基礎定律》第二卷已經交給出版社，但尚未印製發行。[12]於是他在附錄追

---

10 弗雷格（Gottlob Frege），一八九三年，《算術基礎定律：源自概念文字》第一卷（*Grundgesetze der Arithmetik, begriffsschriftlich abgeleitet*, Band I），Jena: Verlag Hermann Pohle。書名英譯：*Basic Laws of Arithmetic*，Volume I。

11 此即「羅素悖論」（Russell's paradox，或Russell's antinomy），羅素指出弗雷格的素樸集合論（naive set theory）本身內含矛盾。

12 弗雷格（Gottlob Frege），一九〇三年，《算術基礎定律：源自概念文字》第二卷（*Grundgesetze der Arithmetik, begriffsschriftlich abgeleitet*, Band II），Jena: Verlag Hermann Pohle。書名英譯：*Basic Laws of*

加寫道，從我引起他注意的此一矛盾來看，「die Arithmetik ist ins Schwanken geraten」（英譯：「Arithmetic totters」，意思大致是說，算術理論踉蹌不穩）。時隔多年之後，我才明白，就像古代畢達哥拉斯派碰到非理性問題，採取轉進路數，迂迴化解一樣，弗雷格遇到算術無解難題，也轉向幾何學尋求解決出路。如此作法，我無法跟進。但是看到歷史重演，古今遙遙呼應，還眞是滿有意思。同樣讓我遺憾的是，我和弗雷格也從未能見上一面。稍感欣慰的是，在我努力推介之下，終於爲他爭來應得的肯定。[13]

更爲重要的哲學交流對象則是，奧地利哲學家路德維格・維根斯坦（Ludwig Wittgenstein, 1889-1951），他最初是我指導的博士生，後來繼任我在牛津和劍橋的教席。他原本打算成爲工程師，所以去曼徹斯特攻讀工程學。工程師的培訓課程包括數學，因此引起他對數學基礎理論的興趣。他四處打聽是否有人開設這類的科目，或從事這方面的研究。有人跟他提到了我，於是他就找到劍橋來。他個性有些古怪，想法也頗爲奇特，所以一整個學期下來，我還是拿不準他到底是天才，還是怪人。

Arithmetic，Volume II。

13 羅素對弗雷格的謂詞邏輯（predicate calculus）的改進和推介，奠定了現代邏輯系統的關鍵基礎。謂詞邏輯是指數理邏輯中的符號形式系統，包括：一階邏輯、二階邏輯、多類邏輯或無窮邏輯等等。

念完劍橋第一學期，他來找我。劈頭就問：「請您告訴我，我是不是徹頭徹底的白癡？」

我回答說：「你還好嗎？這個我也不知道。你爲什麼問我這個問題？」

他說：「因爲，如果我眞是個大白痴，那我就去當太空人；如果不是，我就要成爲哲學家。」

問清來意之後，我就建議他，放假期間寫幾篇哲學題材的文章，讓我看過之後，才好回答他到底是不是白痴。下個學期開學，他果然帶來我建議他寫的文章，我只讀了第一個句子，就對他說：「你不是『白痴』，千萬別去當太空人。」他聽進了我給的建議，眞的沒回頭去當太空人。不過，他也不是那種輕易就可以打發的學生。他常常深夜跑來我房間，一待就是好幾個小時，來回踱步，就像困在籠中的老虎。每次一踏進房門，他總會愁著臉說，只要離開我這兒，就會想自殺。就因爲這樣，即使我很睏，好想睡了，還是不忍下逐客令。有一天晚上，同樣的情況再次出現，闃然無聲，一個小時，兩個小時之後，我開口問他：

「維根斯坦，你是在想邏輯，還是你的罪過？」

他說：「兩者都想。」

語畢，又是無言，全面死寂。

然而，我們也並不是只有入夜之後，共處斗室，有時候，我也會帶他到劍橋附近的鄉間走走。有一次，我哄他和我偷溜進不對外開放的馬丁利林園（Madingley Wood），他居然一溜煙就爬上樹了，眼見他爬到半空高，嚇得我不知所措。突然之間，冒出林場管理員，手裡還拿著槍，怒聲斥喝我擅闖禁地。我倉皇之間扯開喉嚨，對著樹頂上的維根斯坦說，趕快一分鐘滑下來，那人答應不會開槍。他相信我，並且照做了。

一次大戰期間，維根斯坦返回奧地利，入伍上戰場。就在停戰之後兩天，他卻被義大利軍隊俘虜了。我有一封他寫給我的信，是他被拘留在義大利卡西諾山（Monte Cassino）寄來的。他說，自己很幸運，被敵軍俘獲時，在前線寫好的手稿剛好有隨身攜帶。後來，這份手稿出版了，人也跟著出名了。[14]維根斯坦的父親遺留給他一大筆財富，但是他認爲身外之財對於哲學家只是累贅，就全數捐出去。爲了自力更生，他下鄉教書，那小鄉鎮是人口只有幾百人的特拉滕巴赫（Trattenbach）。

他從鄉下學校給我寫了一封信，字裡行間流露著苦悶氣息：「特拉滕巴赫的居民全都是心性邪佞之人。」後來見面，我跟他說：「所有人都有邪佞之念。」他繼而回說：「沒

---

14 維根斯坦德文原著，英譯本：一九二二年，《邏輯哲學論》（*Tractatus Logico-Philosophicus*），London: Kegan Paul，羅素序言介紹。維根斯坦生前出版的唯一書籍著作。一九一八年，第一次世界大戰服兵役期間寫成。最初是在一九二一年，以德語出版，德語標題：*Logisch-Philosophische Abhandlung*。目標是要識別語言和現實之間的關係，並透過清晰說出「邏輯完美的語言條件」來定義哲學的界限，進而完善羅素早年提出的邏輯原子論哲學系統。廣泛認爲二十世紀最重要的哲學著作之一。

錯，但是特拉滕巴赫的人比世上任何地方的人都要更邪惡。」我反駁說，根據我的邏輯感來看，我不同意他的這種陳述。這問題就此懸而未決，直到後來，他陸續住過其他地方，對人類邪惡的普遍狀況，有了更廣泛的事實認知，終於才承認當年堅持的陳述不爲眞。他晚年，擔任劍橋的哲學教授，劍橋和牛津的大多數哲學家都是他的門生。他早期的學說，帶給我很大的影響；但後來，我們的見解分歧漸深。他年歲漸長以後，我們難得見面，但是在早些年，互動密切時期，他超乎凡人的豐沛熱情、洞察力，以及純正無染的求知意志，讓我對他留下了非常深刻的印象。

另外還有一人，也給我留下深刻印象，不過不是因爲他擁有過人的才情，而是因爲他對哲學全神貫注、專心致志的無比熱忱，即便最艱難困頓的處境也絲毫無所動搖。他就是當代南斯拉夫獨一無二的哲人，布拉尼斯拉夫・彼得羅尼耶維奇（Branislav Petronijević, 1875-1954）。我和他只在一九一七年有過一面之緣，德語是我們唯一互通的語言，因此只能勉強用德語交談，也就顧不得街上行人投來的異樣眼光。由於不久之前，德軍即將大舉入侵，塞爾維亞人攜老扶幼展開悲壯的大撤退，我急切想跟他打聽這次撤退的第一手消息，但他一心只顧著大談特談他的學說，他主張空間包含的點，其數量是有限的，並且可以根據數論（theory of numbers）來估算其總數目。由於我們各自關心的方向大異其趣，結果就是這麼一場毫無交集的詭異對話。

我問說：「大撤退的時候，你人也在那裡嗎？」

他回答：「是的，你看，要計算空間的點，方法就是……」

我說：「你是用走的？」

他卻回答說：「是啊，你看，這數字一定是質數。」

我又問：「你怎沒找匹馬來騎？」

他的回答是：「一開始有騎，後來摔馬了，應該不難找出是哪一個質數……」

對他而言，像世界大戰這類不值一顧的凡俗小事，儘管我使出渾身解數，也毫無可能讓他多說一言半語。我實在很佩服，他超脫血肉之軀所在的凡塵俗世，潛心浸淫於追求眞知的精神境界。就此而言，我眞心領教到，哪怕是古代斯多葛學派的奇人異士，應該也很少有人足以和他相抗衡。一戰結束後，他接受南斯拉夫政府委任，主持出版了十八世紀南斯拉夫哲學大師博斯科維奇（Ruggero Giuseppe Boscovich〔英譯Roger Joseph Boscovic〕, 1711-1787）的當代豪華版全集。[15]至於他的後來情況，我就不清楚了。

其實，影響我哲學之路的人還有很多，不止於前面提及的這幾位。我能想到就有兩人，

---

15 博斯科維奇（Ruggero Giuseppe Boscovich），一九二二年，拉丁文—英文翻譯對照，《自然哲學理論》（*A Theory of Natural Philosophy*），Chicago: Open Court Publishing Company。彼得羅尼耶維奇（Branislav Petronijević）主編，英文序言介紹〈博斯科維奇的生平〉（Life of Roger Joseph Boscovic）。

對我的影響更是深遠。一位是義大利數學家皮亞諾（Giuseppe Peano, 1858-1932）[16]，另一位是我的朋友摩爾（G. E. Moore, 1873-1958）[17]。

---

16 羅素與懷海德出席巴黎舉行的第一屆國際哲學大會，遇見義大利數學家皮亞諾，從其著作《數學公式彙編》（*Formulario Mathematico*），學到表達數學基本定理的符號語言，以及邏輯分析技巧，羅素自述：「這是我學術生涯最重要的年度、最重大的事件。」

17 喬治・愛德華・摩爾（George Edward Moore, 1873-1958），通常稱G. E.摩爾，英國哲學家，羅素的學弟。二十世紀初，摩爾、羅素與維特根斯坦等人，反抗英國哲學界主流的新黑格爾主義，根據十九世紀末，德國哲學家弗雷格創始的基本理念，正式建立「分析哲學」。

我在第一次世界大戰的和平反戰經歷

我的人生，一分爲二，前後兩個時期強烈對比：前半生是第一次世界大戰爆發之前；後半生是大戰爆發之後。大戰的爆發，震撼抖落了我許多偏見，也讓我對於一些基本問題有了全新的省思。

如同其他人一樣，眼見戰爭危險日益升高，我滿心焦憂。我不喜歡協約國的「摯誠協定」（*Entente Cordiale*〔Cordial Agreement〕）。一九〇二年，在一個聯誼會[18]（我是這個聯誼會的會員）小型論壇場合，我首次聽到愛德華・格雷爵士（Sir Edward Grey, 1862-1933）[19]倡導這項政策，起初沒有獲得採納。當時，格雷爵士沒有任公職，但他知道政府有此意圖，也贊同應該朝這方向努力。我當場強烈反對，我不樂見英國與帝俄結盟，而且在我

18　英國共效聯誼會（Coefficients dining club），創立於一九〇二年，創立人爲費邊社的魏柏夫婦，英國社會主義改革人士和愛德華時代帝國主義擁護者的聯誼餐會論壇。

19　愛德華・格雷爵士（Sir Edward Grey, 1862-1933），英國自由黨政治家，一九〇五年至一九一六年間，入閣擔任外務大臣。第一次世界大戰爆發時，格雷發表了一段廣爲人知的發話：「整個歐洲的燈火正在熄滅。我們的有生之年，將不會再看到此等燈火重新點亮。」

來看，英國與德意志帝國取得權宜妥協（*modus vivendi*），也並非不可跨越的鴻溝。我預感大戰臨頭，大時代逼向終結，人類總體文明水準將會急遽下降。基於此等理由，我深信自己應該堅定希望英國保持中立。日後歷史的發展，證實了我的預感，也印證了我堅持的立場。

七月底，連日暑溽，我在劍橋四處找人討論時局，我覺得不可思議，歐洲居然會瘋狂到捲入戰爭，但是我接受有人提出的觀點，一旦戰爭開打，英國勢必難以置身度外。於是，我徵集許多教授、院士聯名簽署一份支持中立的宣言，付費刊登在《曼徹斯特衛報》（*Manchester Guardian*）。但是，八月四日，英國對德國宣戰當天，幾乎所有簽署者都改變了原先的立場。回首過往，委實深感不解，當初居然沒人意識到風雨欲來的危機已是如此清晰明確。

那天夜裡，我走在倫敦街頭四處看看，在特拉法加廣場（Trafalgar Square）附近，我注意到聚集人群特別多，整個廣場歡聲雷動，擦身而過群眾的情緒騷動，讓我神經悸動不安。接連幾天下來，我萬分詫異，簡直難以相信，全民上下，不分男女，對於全面開戰竟是如此亢奮激動。我曾經天真想像，歷來戰爭都是由獨裁暴君和馬基維利政府發起，無辜的老百姓只是迫於淫威，不得不含怨離鄉背井，征戰沙場，而如此迷思也是多數和平反戰人士抱持的信念。

愛國心讓我備受煎熬。馬恩河戰役（Battle of Marne，一九一四年九月六日至九月十日）英法聯軍擊退德軍之前，德軍連戰皆捷，令我惶恐難安。就像任何退役領導幹部一樣，我也滿心期盼我軍能夠擊潰德軍。英格蘭之愛，可說是我內心最強烈的情感，但在這緊要關頭，我不得不暫時擱置一旁，對我而言，這實在是很痛苦的抉擇。然而，關於應該怎麼做才對，我不曾有過一時半刻的猶豫。在過去，我有時會諸事多所懷疑而難以付諸行動，有時也會憤世嫉俗，冷嘲熱諷，或冷漠木然置身事外。但是戰爭當頭，我彷彿聽見上帝的呼喚，我明白有責任提出抗議，儘管抗議可能徒勞無功，我只能義無反顧、勇往直前。

我熱愛眞理，所有交戰國的愛國宣傳都讓我深感不齒。我愛好文明，人類文明倒退回蠻荒無文的時代，讓我惶惶不安。天下父母心，眼睜睜看著年輕世代裹尸沙場，讓我痛徹心扉。我幾乎不認爲反對這場大戰會帶來很多好處，但是我眞切覺得，爲了體現人性尊嚴，那些沒有被愛國心沖昏頭的人士，應該挺身而出表明自己的堅定立場。眼見滿載部隊的列車駛離滑鐵盧，心中幻化出一幅幅詭異駭人的倫敦市景。一座座的橋梁傾頹、沉陷，整個城市像晨霧一樣消失無蹤，倫敦市民鬼影幢幢。我不禁心生疑竇，我自認爲生活居住的世界是否只是高燒發暈的夢魘產物。然而，因爲還有更重要的工作需要用心投入，所以沒有任由這類的情緒盤踞太久的時間。

我參與過許多場和平反戰聚會，宣達演講，通常都相安無事。但是其中有一場支持俄國克倫斯基（Alexander Kerensky, 1881-1970）[20]二月革命的聚會，則是爆發激烈衝突。聚會地點是在倫敦南門路的兄弟會教堂（Brotherhood Church）。[21]愛國報紙在鄰近貧民區的公共住宅散發黑函傳單，抹黑說我們與德國密謀聯繫，打信號給德國軍機，指示扔擲炸彈的地點。如此一來，我們就淪爲當地居民眼中的叛國賊，群情激憤包圍教堂。我們多數人都相信，以暴制暴的抵抗心術不正，也非明智之舉，因爲我們當中有不少人不主張武力抗暴，另外還有人也覺得我們人數太少，寡不敵眾。不過還是有少數人，包括弗朗西斯・梅涅爾（Francis Meynell, 1891-1975）[22]，奮力抵抗，我還記得他奪門而入，血流滿面的驚悚情景。

在幾位警官帶頭之下，暴動的民眾破門闖進教堂，除了警官之外，其他群眾多少都有些酒酣亂性。一群潑辣悍婦最是張牙舞爪，扎滿生鏽鐵釘的木椿狂揮猛打。幾位警官想辦法勸

---

20 亞歷山大・克倫斯基（Alexander Fyodorovich Kerensky, 1881-1970），俄羅斯政治家、革命家。一九一七年，領導俄國二月革命，推翻沙皇帝俄，擔任臨時政府總理。後來，布爾什維克發起十月革命，推翻臨時政府，克倫斯基流亡海外。

21 兄弟會教堂（Brotherhood Church），基督教無政府主義、和平主義團體。

22 弗朗西斯・梅涅爾爵士（Sir Francis Meynell, 1891-1975），英國詩人和出版家，創立倫敦典範出版社（The Nonesuch Press）、教皇和平協會（The Guild of the Pope's Peace），出於宗教良心，拒絕參戰。

說教堂裡的婦女先退場，好讓他們可以肆無忌憚，動手收拾我們這批打著和平反戰旗幟的軟腳男。斯諾登夫人（Ethel Snowden, 1881-1951）[23]巾幗不讓鬚眉的表現，特別令人佩服。她斷然拒絕警官先行撤離婦女的提議，堅持和其他男性戰友同進退。在場的其他女士也群起附和她的主張。負責協調維安的警官左右爲難，對於強力制伏手無寸鐵的婦女，他們多少有些顧慮。情勢急轉直下，暴民殺紅了眼，再也按捺不住，場面開始失控。警員袖手冷眼旁觀，所有人拼命逃竄。

兩個爛醉如泥的悍婦，揮動扎滿鐵釘的木樁，對我瘋狂捶打。情急之下，我還來不及回神反應，身旁的一位女士連忙向警察求助，請他們出手相救，然而警察們只是聳了聳肩。女士又說：「他可是赫赫有名的哲學家。」警察仍然無動於衷。她繼續說：「他是享譽全球的鴻儒大師。」警察依舊文風不動。最後，她無助地哭了：「他哥哥是伯爵呀！」聽她這麼一說，警察才趕忙跑過來幫我解圍。但是，他們的幫忙已經來不及了。若不是有一位素昧平生的年輕女士，把自己的血肉之身擋在我和那些悍婦之間，讓我有機會逃過一劫，我這條命八

---

23 艾瑟兒・斯諾登子爵夫人（Ethel Snowden, 1881-1951），英國社會主義者、人權運動家、女權政治家。財政大臣菲利普・斯諾登子爵（Philip Snowden, 1864-1937）的妻子。費邊社、獨立工黨成員，婦女選舉權運動主要人物，反蘇聯俄共、創立婦女和平十字軍組織。

成就保不住了。很慶幸，由於警察的及時介入，她才沒有遭到攻擊。但是，逃出教堂時，有很多人，包括幾名婦女，衣裳都被扯爛了。

兄弟會教堂的牧師是個勇氣可嘉的反戰鬥士。儘管橫遭如此暴亂事故，他後來還是堅定邀請我前往教堂發表演說。但是，這一次，暴民放火燒了布道講壇，演說被迫取消。只有這兩次，我遭遇了和死神擦身而過的血腥暴力場面。其他的聚會活動都安然無事。但是，媒體唯恐天下不亂的渲染力道如此之大，搞得好些和平反戰圈外的朋友憂心忡忡，不時地就來勸我：「那些暴民窮追猛打，毫不留情，你何苦還要堅持上場發表演說？」

一九一八年，我因爲發表和平反戰宣傳，入獄服刑四個半月。[24]幸虧得到亞瑟・貝爾福（Arthur Balfour, 1848-1930）[25]居中協調，我獲得頭等牢房的禮遇，服刑期間，只要不從

---

24 一九一八年，羅素在反徵兵聯盟（No-Conscription Fellowship）發行的《論壇周報》（*The Tribunal*），撰寫了數篇社論，遭到倫敦地方法庭，以違反《保護國土法案》判處第二分區牢房六個月徒刑。在貝爾福介入幫忙之下，改判第一分區牢房四個半月徒刑。服刑地點爲倫敦南部的布里克斯頓監獄（Brixton Prison），不用接受嚴酷的訓誡，勞役活動，還可以自行布置牢房，穿便服，購買外賣的飲食。五月入獄，九月出獄，完成《數理哲學導論》，還寫了一百多封信，他自稱就像是「無事一身輕的假期」。

25 亞瑟・貝爾福（Arthur Balfour, 1848-1930），英國保守黨政治家，曾經擔任下議院領袖、首相、財政大臣。一九一八年，羅素案件上訴期間，貝爾福擔任外交大臣。羅素和貝爾福先後擔任過亞里斯多德學會的會長。

事和平反戰宣傳，就得以隨心所欲讀書寫作。監獄生活還算滿愜意，沒有外務纏身，無須面對艱難決定，不用擔心有人來電，工作也不會無端受到干擾，還可以專心讀好多書。這期間，我完成《數理哲學導論》（*Introduction to Mathematical Philosophy, 1919*），開始構思《心靈的分析》（*Analysis of Mind, 1921*）撰寫筆記素材。我對囚友非常感興趣，依我所看，他們的道德水平絕對不比其他人低下，不過智力水平可能稍有遜色，否則也不至於逃不過牢獄之災。對於頭等牢房以外的囚犯，尤其是習慣於閱讀寫作的文人，監禁生活眞是嚴酷駭人的懲罰。多虧了貝爾福，我不用經歷如此不堪的酷刑。入獄當天，典獄長親自到大門口迎接，他詳細記錄我的個資。他問了我的宗教信仰，我回答說：「agnostic（不可知論者），」他問怎麼拼寫，然後嘆了口氣：「嗯，世上有很多不同的宗教，但我相信他們全都信仰同一位上帝。」這樣斬釘截鐵的高論，讓我心情大好，整整一個禮拜。

一九一八年九月，我獲釋出獄，戰爭顯然已近尾聲。最後幾個星期，我和大多數人一樣，希望全都寄託在美國總統威爾遜提出的十四點和平綱領，以及國際聯盟。戰爭的結束來得如此風馳電掣，充滿戲劇張力，根本沒有時間好好調整心情，來適應這翻天覆地的新局勢。十一月十一日早上，我獲知即將停戰的消息，比一般民眾早了幾個小時。我跑到街上，拉住一個比利時阿兵哥，跟他說了這個消息，他興奮的用法語說：「Tiens, c'est chic!（天哪，帥呆了！）」我走進一家菸草店買香菸，女店員聽我說就要宣布停戰了，她眉開眼笑喜孜孜：「這消息眞是讓人太高興了，終於可以擺脫那些德國俘虜。」十一點鐘，官方停戰消息正式宣布，我走在托登罕宮路（Tottenham Court Road）。不到兩分鐘，所有商店、辦公室的人全都湧上街頭。他們隨手攔下公車，叫司機送他們到想去的地方。我還看到兩個素昧平生的男女，當街相擁熱吻。大家都欣喜若狂，我也很高興，但是內心孤獨一如既往。

從邏輯到政治

第一次世界大戰的震撼，使我摒除了不少偏見，重新思考若干基本問題，也爲我提供了一種全新的活動，得以跳脫反覆思索數理邏輯難題而不得其解的茫茫苦海。我也因此養成了一種習慣，把自己視爲無有超自然力量的浮士德，思索如何對抗一次大戰這個當代惡魔梅菲斯特（Mephistopheles，《浮士德》故事裡引誘浮士德出賣靈魂的邪魔）。

儘管沒有完全放棄邏輯和抽象哲學，但是我對社會問題的關心日益加深，尤其是關於戰爭的起因，以及預防戰爭的可能方法。相較於以往數理邏輯的鑽研，我發現這些方面更是讓我焦心勞思，難竟其功。箇中棘手之處在於欲竟其功端賴能言善道的說服之力，而我過去所受訓練和經歷卻是全然派不上用場。

我對於社會問題的興趣由來已久，也始終覺得殘酷暴行特別恐怖，因此對戰爭深惡痛絕。一八九〇年代，有一段時日，受到魏柏夫婦的影響，我曾若即若離加入帝國主義陣營，也一度響應波耳戰爭（Boer War）。[26]但是，一九〇一年初，我經歷了類似教徒所說的

26 指第二次波耳戰爭，一八九九至一九〇二年，英國與南非川斯瓦共和國和奧蘭治自由邦之間的戰爭。

「信仰轉變」。心中猛然湧現，天地之大孤絕一身的寂寞感，著了魔似的急切想要尋得出路，解脫此等悲涼孤絕。轉瞬之間，我幡然醒悟，一改先前對波耳戰爭的立場，不再信服嚴刑峻法和嚴厲管教，對於私密關係爭強鬥勝的態度也轉趨多所保留。我把此等轉變經歷的前因後果，寫進《自由人的崇拜》（*The Free Man's Worship*）。[27]但是，接下來長達十年，我和朋友懷海德全心投入寫作《數學原理》（*Principia Mathematica*）[28]，殫智竭力，心無旁顧，直到完成堪比希臘神話赫拉克勒斯（Hercules；或譯海克力斯），斬妖除怪的十二項不可能任務，終於才讓我重獲精神自由，理性和感性都做好準備，轉向投入思索戰爭引發的新任務。

大戰爆發沒幾天，我就被政治和個人心理的緊密關聯震驚不已。群眾的行動意向深受集體的激情感受左右，於此同時，我也恍然領悟，集體激情並不是大多數政治理論家所強調的

27 最初發表於一九〇三年，屬於羅素柏拉圖形上學時期的代表作，內容主張放棄爭取個人小我幸福的鬥爭，驅逐一切暫時渴望，燃燒熱情尋求永恆目標，這就是解放，就是「自由人的崇拜」。

28 懷海德與羅素（Alfred North Whitehead and Bertrand Russell），《數學原理》（*Principia Mathematica*）共分三卷，一九一〇（第一卷）、一九一二（第二卷）、一九一三年（第三卷），Cambridge: Cambridge University Press。內容主要論述所有數學眞理，原則上，都可以透過一組數理邏輯的公理和推理規則，予以證明。

那樣。當時，我對心理分析毫無所悉，後來我發現，我針對好戰群眾的觀察所建立的諸多想法，居然與心理分析學者的見解有頗多契合互通之處。我看到了，和平世界的基礎絕無可能建立在好戰嗜殺耽溺妄爲的群眾之上。我想我也看到了，內外交迫的諸多挫敗如何把人們推向暴戾、殘酷的衝動漩渦。在我看來，除非改革能改變個人的性情，否則改革成果絕無可能穩固持久。成年人的性情是多種原因的產物，包括：嬰兒期的經歷、教育、經濟、私密關係順遂與否等等。一般而言，人們對於自己生活的成功或失敗感受，也會相對比例反映在他們對彼此的友善或敵對程度。不過，這並不適用於所有人。有些聖人可以忍受不幸，而不至於怨天尤人；還有些生性兇殘之徒，人生的順遂成功也不會讓他們變得慈眉善目。終究而言，政治主要還是取決於民眾的性情。民眾性情是兇殘暴戾，抑或是祥和良善，會隨著局勢而有所變化。一九一四年八月初以來，[29]我始終堅信，人類事務唯一可望穩固持久的進步方向，就是增進群眾的祥和良善之氣，以及減輕兇殘暴戾的狼性。

一九二〇年，造訪俄羅斯時，我發現那個國度的哲學，與我的信念截然不同，那種哲學骨子裡充滿了仇恨、武力和獨裁專制。我對戰爭的看法和社會輿論民情格格不入，俄羅斯的

---

29 一九一四年八月三日，德國向法國宣戰。八月四日，德軍入侵中立的比利時，繼續向法國推進；英國向德國宣戰；俄國準備跟德國和奧匈帝國開戰。

動態讓我惶悚驚懼，左翼觀點開始變得疏離隔閡。我一直處於政治獨行俠的狀態，在此期間，西方左翼人士一點一點開始意識到，俄國共產黨並沒有創造出天堂。

在莫斯科官方詮釋的馬克思主義哲學，一如我原本所相信的，我發現了兩項巨大的錯誤，一是理論面向的錯誤，另一是情感面向的錯誤。

理論面向的錯誤在於認爲，在所有凌越他人的權力形式當中，唯一應該徹底唾棄的就是經濟權力，而且經濟權力與「財產」所有權有著共同的外延。在這種理論中，其他形式的權力，軍事、政治和宣傳等等權力，全都被忽略了，並且無視於大型經濟組織的權力其實集中在少數主管人員，而不是由所有名義上的所有者或股東共同分享。因此，他們認爲，如果國家成爲唯一的資本家，剝削和壓迫就必然會消失；然而人們卻沒有意識到，這將會把個人資本家擁有的剝削、壓迫權力，全部轉而集中落入國家官員的手中，不只於此，還會無限擴增其他更多的剝削、壓迫權力。

情感面向的錯誤在於假設，通過仇恨鼓動的革命運動，可以促成實現美好的理想世界。那些主要動機是仇恨資本家、地主而投入革命運動者，仇恨成性，一旦勝利之後，習性使然免不了就要另尋新的仇恶對象。如此一來，在心理機制驅動之下，整肅、屠殺富農階級，以及勞改集中營等悲劇，自然而然就輪番上陣。我或許可以信服，列寧和早期革命同志可能是抱持造福人類的願望而投入革命運動，但是礙於心理學和政治理論的錯誤，他們後來卻是創造了地獄而不是天堂。在我來看，這是非常重要的課題，如果要在人際關係的組織取得理想的結果，正確思維和正確感覺兩者必然無可或缺。

短暫訪俄之後，我前往中國，遊訪講學將近一年，這期間的親身經歷，讓我更清楚見識到亞洲問題的牽連深遠。當時的中國處於無政府狀態；俄羅斯政府管制太多，而中國卻是政府管理太少。在中國傳統，我發現許多令人欽佩的東西，但很明顯，這些都無法倖免於西方和日本洶湧而至的貪婪襲掠。我衷心期盼，中國蛻變成現代化的工業國家，一如她被迫抵抗的列強那樣軍威壯盛。我希望不久的未來，能夠出現美國、俄國和中國三強鼎立的和平態勢，而新中國將不會擁有昔日世界強國的那些積弊陋習。如今，這些期望已然逐步實現。

我從來沒能全心全意相信，這世上存在可以治癒所有弊病的萬靈丹。相反地，我越來越覺得，造成世界紛擾不斷的主要原因就是對某些教條的狂熱信仰，而那些教條根本沒有足夠的證據支持。民族主義、法西斯主義、共產主義，以及現今的反共主義，無一例外，全都產生了千軍萬馬的偏執狂熱追隨者，赴湯蹈火捍衛狹隘的信條，散播難以言喻的無窮恐懼。所有的狂熱主義，或多或少，都有我在莫斯科馬克思主義信徒發現的缺陷——他們的動力來源多半是立基於仇恨。

我這一生當中，一直渴望能有一大群的人類，能夠體驗到熱愛和平的有志之士已經感受到的全人類休戚與共的美好感覺。這種渴望常常強烈到足以使我陷入自欺欺人的處境。我想像過自己追隨自由主義、社會主義或和平反戰主義，但沒有一樣，我能夠死心塌地徹底奉行無疑。在我腦海裡，疑神疑鬼的理智質疑心聲，當我最希望它保持沉默時，總是一直對我竊竊私語，叫我遠離同行者的輕率熱情，將我拋向荒涼蕭索的孤獨絕境。世界第一次大戰期間，我曾與貴格會、不反抗主義者、社會主義者共事，雖然我坦然接受自己不受歡迎的處境，也願意承受忠言逆耳而帶來的不便，但我還是堅持告訴貴格會成員，我認爲歷史上許多戰爭都是有道理的；我也堅定對社會主義者坦承，我對國家專制暴力感到憂心。他們聽了我這樣說，通常會滿臉狐疑看著我，雖然繼續接受我的幫助，心底卻已認定我不是他們的同路人。從小，不論做什麼事情，嚴肅的或玩樂的都一樣，我一直都感到孤獨的痛苦。但是，一九三九年之後，這種孤獨的感覺漸漸淡化了，因爲過去十五年以來，在許多重要議題上，我的觀點與大多數同胞大致漸趨一致。

一九一四年以來，世界的發展走向與我心目期望的差距頗大。民族主義抬頭，軍國主義高漲，人類自由卻萎縮了。世界上許多地區，文明程度不進反退。兩次大戰的勝利，反倒是大大摧毀了我們浴血捍衛的許多美好文明。未來可能爆發比先前兩次世界大戰更恐怖的戰爭，這樣的恐懼心理給所有思維和感覺全都蒙上揮之不去的陰霾。科學可能帶來的毀滅，會糟糕到甚麼地步，沒人能夠預知。但是，即便憂患意識如此沉重，還是存在有些理由，容或不是那麼明顯，讓我們能夠抱持謹慎的希望。就技術而言，現在是有可能使全世界和平共榮，徹底廢除戰爭，甚至完全消除貧困也不無可能。只要人們多點心思去關注自己的幸福，少點心思去追求敵人的痛苦，這些理想就有可能實現。過去，有許多實體的障礙擋在人類追求福祉的道路上，現在唯一的障礙只剩下人類自己的心靈。在我們與世界和平昌盛的千禧年之間，只阻隔著仇恨、愚蠢和謬妄信念。如果任由這些心靈的邪魔糾纏不清，我們就難逃史無前例的浩劫。但是，也許吧，面對如此空前大浩劫的驚嚇之下，或許可以讓我們的世界清醒過來。

信念：拋棄與保留

一八九八年間，在好友摩爾（G. E. Moore, 1873-1958）[30]鼓勵下，我拋棄了黑格爾學說，開始發展自己的哲學。倫敦大霧期間，如果有公車朝著你駛來，首先你會看到昏暗之中出現一團模糊的影像，然後才逐漸意識到那是一輛車子，包含有若干部件，還載有乘客。根據黑格爾的學說，第一眼所見的模糊影像比後來形成的印象來得更正確，因爲印象會受到分析式智能的誤導衝動而頻生錯誤。這種觀點非常不合我的脾胃。我和古希臘的哲學家一樣，比較偏好希臘山海景色那樣的清晰輪廓和明確區分。首次拋開黑格爾時，我很高興能夠相信這世界多采多姿，無奇不有。我心中的想法是：「黑格爾說，世界只有一個絕對的眞實；但在康德哲學中，**確實**有十二個範疇。」或許感覺有些奇怪，我在乎的主要還是關於如

30 喬治·愛德華·摩爾（George Edward Moore, 1873-1958），英國哲學家，與羅素一同被認爲是分析哲學的主要創始人，主要貢獻爲後設倫理學，知名作品有《倫理學原理》、《常識的辯護》。摩爾是羅素在劍橋大學三一學院的學弟。二十世紀初，摩爾、羅素與維特根斯坦等人，反抗英國哲學界主流的新黑格爾主義，根據十九世紀末，德國哲學家弗雷格創始的基本理念，正式建立「分析哲學」。

何陳述事實而不扭曲失眞，但我印象特別深刻的居然是這個多樣性的軼事。

拋開黑格爾之後那幾年，我樂觀而急切地爆發大量反其道而行的信念。我認爲，凡是黑格爾否定的必屬眞實。他堅持沒有絕對眞理。在他看來，最接近絕對眞理的管道就是探求關於「唯一絕對」的眞理（the truth about the Absolute）；不過，即便這一點，也並不是很眞實，因爲那對主體和客體做了不甚適切的區分。因此，我基於叛逆而堅持認爲，存在無數多的絕對眞理，尤其是在數學方面。黑格爾主張，所有的區分都是虛幻，宇宙其實更像一鍋糖漿，而不是一堆子彈。因此，我反其道而行就要主張：「宇宙確實就像是一堆子彈。」按照我當時秉持的信條，子彈粒粒分明，每顆都有嚴格而精確的界限，而且各自的絕對性完全如同黑格爾主張的「唯一絕對」那樣眞實。黑格爾曾聲稱，透過邏輯已經證明了數、空間、時間和物質都是虛幻不實；但是，我發展了一套新的邏輯，使我能夠確認這些全都是眞實存在，就如同任何數學家所希望的那樣眞實。一九〇〇年，我在巴黎國際哲學大會發表一篇論文，文中論證空間的點和時間的瞬間確實存在。總而言之，我的論點是，每當黑格爾關於某物不存在的證明是無效的，只要數學家運用起來方便，就可以假設該物確實存在。畢達哥拉斯和柏拉圖都曾接受數學來形塑他們的宇宙觀，我也很樂於追隨他們的腳步。

在這個地中海澄明天堂裡，出現了一條毒蛇，那就是懷海德。有一回，他對我說：「你認爲，世界是日正當中晴朗無雲所見的樣子；我則認爲，世界比較像是破曉時分深睡初醒所見的模樣。」我覺得他這話實在令人不悅，但我也看不出如何可能證明，我的偏見有比他的偏見來得高明。最後，他還向我示範如何把數學邏輯技術應用於他那混沌無序的世界，並給它穿上主日禮拜服裝，好讓數學家可以安心檢視而不受驚嚇。從他那裡學來的這套技術，頗得我心，所以我也不再要求，赤裸的眞理應該達到如同主日盛裝的數學眞理一樣好。

儘管我仍然認爲，這是科學處理這個世界的一條正確途徑；但是，我也開始思索，赤裸眞實穿戴的數學和邏輯外袍，可能有著更多亟待深入剖析的層次，遠超過我的想像，而且我原本認爲的表層只不過是做工精良的外袍而已。以數字（numbers）爲例：當你在算數時，你其實是在清點「物」（things）的數目，然而「物」乃是人類爲了自己方便而發明的。這層道理，在地球表面，可能不太顯而易見，因爲低溫的緣故，地球表面維持一定程度的外觀穩定性。但是，如果人們生活在太陽上，那裡只有永不止息的氣流旋風，除此之外，別無任何的「物」。很明顯地，如果你生活在太陽上，永遠不會形成「物」的概念，而且也永遠不會想到要算數，因爲根本沒有「物」可以讓你去清點。在這種環境下，黑格爾哲學似乎就會是常識，至於我們所認爲的常識，反而更像是奇思幻想的形上學臆測。

這些反思促使我重新思考，數學的精確會不會只是人類的夢想，而不是可能透過認知而逼近的眞實存在屬性。我以往傾向認爲，任何事情當然都有確切存在的眞相，儘管可能很難，甚至根本沒有可能，確切無疑地辨識那必然就是怎樣的眞相。比方說，假設你有一根木棍，長度大約一公尺。在我還相信數學眞相的快樂時期，我想我應該會說，你的木棍肯定是一公尺稍微長一點，或短一點，或者正好就是精確的一公尺。但是現在，我應該會承認，有些木棍可能比一公尺稍微長一點，有些可能稍微短一些，但是絕無可能確認任何木棍正好就是分毫無差的一公尺。實際上，「正好是精確的一公尺長」，這一說法並沒有確切的意義。

就事實而言，所謂的「精確性」（exactness），乃是古老的希臘神話，只存在於柏拉圖的永恆理型天堂。柏拉圖認爲，在人世間找不到「精確性」的棲居家園，這點想法無疑是正確的。對於我的數學靈魂，天性與畢達哥拉斯、柏拉圖神會心契，前述事實的確令人頗爲遺憾。我也只能試著自我安慰，儘管如此，數學仍是操控自然的必要工具。比方說，如果你想要建造戰艦或炸彈，或是想要培育新品種的小麥，使其比過往所有品種都能在天寒地凍的極北之域順利豐收，這些都必須求助於數學。戰斧或手術刀可以用來奪人性命，兩者都是可以有效達成目標的工具。在過去，數學似乎像是手術刀，但現在其實可能更像戰斧。不過，只有在現實世界的應用當中，數學才會呈顯戰斧的粗疏無文性質。在其自身領域之內，數學則保留了手術刀乾淨俐落的精確性。數學和邏輯的世界，在其自身領域之內，依然令人心悅誠服；但這是想像的領域。如同音樂和詩歌一樣，數學必須存活在人爲完美的理想領域，而不是置身於處處惹塵埃的凡間人世。

稍早之前，我說過，在反抗黑格爾之下，我開始認爲世界更像是一堆子彈，而不是一鍋糖漿。總體而言，我仍然認爲這想法正確無誤。不過，我也逐漸領悟到，本來確信眞實存在的成堆子彈，不無可能有些徒具虛名。在我最初信仰原子論（邏輯原子論）的時期，我傾向認爲，任何字詞只要能用來傳達特定意涵，就必然指涉某種事物，而且我還進一步認爲，這意味該等字詞必然指涉某種眞實存在的「實物」（THING）。但是，對於邏輯學家而言，最感興趣的諸多字詞，卻很難符合這樣的觀點，其中就包括：「若」（if）、「或」（or）、「非」（not）之類的邏輯字詞。我曾努力想去相信，在某些邏輯學家混沌幽玄的邊緣角落（limbo），確實存在此等字詞所指涉的物，而且在未來邏輯學家精誠所至金石爲開的努力之下，或許有可能在更趨近邏輯的理想宇宙，從而見識到此等字詞所指涉的實物。

我一度對於「若」、「或」、「非」還算感覺滿意；但是，對於「儘管如此」（nevertheless）這類的字詞，卻有頗多猶疑。在我的奇幻動物園，遊走著一些荒誕無實之物，例如：「黃金的山」和「當今的法國國王」，儘管它們可以在我的奇幻動物園來去自如，但都有著一個奇特的共通點，那就是全都是實際上不存在的虛無之物。到現在，還是有一些哲學家相信，存在有諸如此類的虛無之物，而此等信念也成爲存在主義的哲學基礎。但是，就我而言，我已經轉趨認爲，許多字詞和片語在個別孤立的時候，其本身往往不具有指涉實物的意涵，只有在整體句子的脈絡輔助之下，才得以形成指涉實物的意涵。因此，我不再冀望在天堂遇到「若」、「或」、「非」。經由繁複技術的峰迴路轉，我重新找回的觀點，讓我比過往尋覓的諸多臆測之路更要趨近常識世界。

儘管歷經這番轉折變遷，我仍然保留不少五十五年前秉持的邏輯信念。我相信，世界是由無限數量的小單元組成，而且在邏輯所能證實的範圍來看，即使其他小單元不存在，每個小單元依然精確地如其本然而存在。我完全拒絕黑格爾的論述：「所有的實在必然都屬於心靈或精神」（all reality must be mental）。我不認爲，有人可能各持己見，爭辯實在必然是各自主張的不同版本。懷海德可以說服我接受，數學家的時間、空間是出自心靈的精密繁複人造工具，但他並沒能說服我，此等工具是憑空出現的，自然界並沒有存在其本源的實在之物；而且我相信，他本人也沒有如此想法。我仍然認爲，我們可能思考存在於有生之靈的思維和感覺以外的世界，而且只能透過自然科學來了解該等世界。我仍然認爲，我們只能透過觀察實測來認識該等外在世界，而不是透過複雜的思辨論述，來思索世界應該是如何。

在我思想生活重心致力於數學邏輯的那段時期，我仍然對社會議題非常感興趣，一有時間就抽空投入參與，包括：抗議關稅改革，爭取婦女投票權。我參選過國會議員，也曾投入協助大選活動。但是直到一九一四年，社會議題才成爲我深切關注的重心。

希望：實現與破滅

在我有生八十二年的歲月當中，世界變化之大，相較於歷史上的任何時期，有過之而無不及。年輕時，世界安定太平，世人普遍不想有天翻地覆的大變革，只盼望有類似英國發生的那種緩步漸進的演化。當時的強權，清一色都是歐洲諸國（大多數人都沒有想到美國，內戰元氣大傷的美國，仍處於百廢待興的態勢。）歐洲列強當中，除了法國之外，其餘都是君主制，而法國也只在我出生之前兩年才廢除了君主制。

我政治意識萌發之初，英國首相是保守黨的迪斯雷利（Benjamin Disraeli, 1804-1881），舉國沉浸於帝國主義的蜜月期。在此時期，維多利亞女王成爲印度女皇[31]，迪斯雷利首相夸夸其談太平盛世，榮光盡歸大英帝國。[32]「太平」是指與俄國不交惡征戰；「榮

---

31 一八七六年，迪斯雷利領導的國會通過皇家頭銜法案，維多利亞取得印度女皇頭銜，一八七七年在新德里加冕。

32 維多利亞女王支持迪斯雷利首相的領土擴張政策，認爲大英帝國的擴張是文明、善良的舉措，以保護土著民族免遭外國勢力侵侮和極權惡法迫害。一八八一年，迪斯雷利去世，女王淚如雨下，並爲迪斯雷利立碑悼念：「永懷感激的君主和朋友維多利亞立」。

光」則是指塞浦路斯諸島，如今卻淪爲英國顏面盡失的世界級燙手山芋。英國沙文主戰論者（Jingo）一詞，也是在這些年問世。英國軍事霸權無所不至，在阿富汗戰爭、祖魯戰爭，以及第一次波耳戰爭顯露無遺。耳濡目染的家庭教養之下，我從小就不喜歡大英帝國擴張，而傾向擁抱小英國（Little Englander）信條，打從心底排斥這些軍事侵略行動。不過，小英國信仰倒也不全然眞誠。即便信奉小英國的小孩子，看到大英帝國威震天下的氣勢也會情不自禁欣喜雀躍。

貴族和封邑世家，權勢和聲望仍舊如日中天，未顯頹勢。我叔叔與企業大亨千金結婚時，祖母頗爲自家雍容大度而引以爲豪，因爲她很開明，沒有反對這樁她眼下紆尊降貴的「交易婚姻」。大不列顛帝國之外，主宰其餘地區的是大英以東的三大帝國：德意志、奧地利和沙俄。當時，沒有人想到，這些帝國不久就會成爲過眼雲煙，儘管德意志帝國是在我出生前一年（一八七一年）才成立，而沙俄帝國遲早將會通過議會憲政體制（至少西方自由主義論者是如此設想）。

從小耳濡目染，造就我成爲熱衷樂觀自由主義的信徒。我衷心期盼，全世界逐步邁向議會民主、人身自由和權利解放，尤其是當時歐洲列強（包括英國）的殖民屬國。我希望，世人在有生之年都能見識到，自由貿易倡議推手科布登（Richard Cobden, 1804-1865）[33]揆

33 理察・科布登（Richard Cobden, 1804-1865），英國自由貿易政策的主要倡議者。

情度理的民主風範，還有雄辯滔滔的才情睿智；我也殷切盼望，有朝一日，國族主義終將趨向式微，逐步迎來普世人文主義。家嚴、家慈都是彌爾（John Stuart Mill）的門徒，反對男尊女卑，在這方面，我承襲家風，勉力發揚光大。[34]儘管一九一四年之前的數年間，烏雲蔽日世局堪憂，但仍存一線樂觀希望，只要齊心致力修正外交政策，應能避免風雨欲來的大浩劫。

當年，我認為美好的事物，至今我依舊認為美好如昔。只不過，其中有一些已經消逝不復，另外一些則漸行漸遠，再也不見當年黃金時代的榮景。整體而言，英國本土的發展大致符合我的期盼。婦女獲得投票權之後，民主體制日臻完善。在不侵害個人權益自由的範圍內，穩健推行溫和社會主義。對於私領域的道德規範，比在維多利亞時代寬容許多。受薪階級的生活水準大幅提升。死亡率，特別是嬰兒死亡率，顯著降低，同時也沒有引發人口爆炸的災難。這些都是長足的進步，而且我毫不懷疑，在承平時期，英國民眾的平均幸福程度，比我年輕時要高出許多。

34 彌爾曾經允諾羅素的父親，等羅素出世之後，擔任他的教父。但是沒等到羅素出生，彌爾就過世了。羅素早年有一段時期，思想深受彌爾影響，包括：邏輯、自由、女權、倫理學、社會政治理論、社會主義等等，有學者稱之為羅素的「彌爾時期」。

但是，當我們把目光轉向國際，情況就迥然不同了。昔日沙皇專制王權已經讓自由主義人士不寒而慄，如今繼起的專制政權更是高壓殘暴，變本加厲。昔日奧匈帝國百般壓迫臣屬諸國，曾被視爲反動的不二象徵，帝國崩滅江山變色，新崛起的莫斯科後來居上，高壓統治襲捲當年奧匈帝國大片江山。中國歷經長年群龍無首的紛擾動亂，崩分離析，生靈塗炭，浩劫重生卻搖身一變成爲窮兵黷武的一方之霸。至於美國，我父母心目當中的自由主義聖地，如今卻陷入儼然反自由的險境，儘管危機四伏，但仍有希望化險爲夷。更有甚者，在這全球危機濃雲密布之下，還籠罩著舉世聞之色變的原子彈戰爭。

相較於維多利亞時代，舉國歡欣的樂觀榮景，當今世界可謂天壤之別，成長於不同時代的人，要去適應如此懸殊的時代實非易事。希望渺茫，實現遙遙無期，很難不讓人萌生放棄念頭。心灰意冷之下，曾經無限推崇的價值，似乎再也不值得拼命捍衛。或許紀律嚴苛的監獄確實是人類應得的歸宿，至少在絕望無助的時刻，魔鬼就會貼近耳際發出如此呢喃催眠。但是，人性終究還是有根本的尊嚴，會挺而抗拒這類陰險提議。我不會讓偶發狀況左右我對善惡是非的判斷。我也不會因爲奴隸大軍可能打贏戰爭，就去稱頌這樣的組織。總之，新時代的危機前所未見，避險之道也沒有前例可循；然而，我們並不能以此爲藉口，而去改變關於美好生活或理想社會的看法。

願意去適應現實世界，通常是備受讚揚的美德，就某些方面來看，確實也是名符其實。矇眼不面對事實，或不情願承認未符眾望的事實，這些都是不好的。但同樣也很糟糕的就是，認爲時勢所趨或當權所在必然都是正確的，或是認爲接受事實就代表必須向惡勢力低頭。更有甚者，比起有自知的屈從惡勢力，更等而下之的就是自欺欺人，否認那是惡勢力。當我發現，大而無當的管控體制之下，個人自由處處受限，我就不會睜眼說瞎話，持續堅持說該等體制是件好事。或許在某些過渡時期有其必要，但不應就此默許任何值得仰慕的社會必然得容許如此體制。

我仍然想要，而且也持續抱持希望，我年輕時認爲不錯的事物，無論是關於個人或社會，早晚都能實現。第一，確保國家安全，免於現代戰爭威脅之類的極端災難；第二，消除全世界的赤貧；第三，確立國家安全和經濟福祉之後，進而提升普世的寬容和友善態度；第四，在不妨害社群的原則下，使個人享有充分機會發揮主體性和創造力。只要人們願意，這些希望都有可能實現。在此同時，人類生活也確實面臨，紛擾難安的組織化仇恨和相互滅絕的威脅。我衷心期盼，人們遲早會感到厭煩，不再苟且偷安忍受如此痛不欲生的生活。在個人私領域，如果有人過著這樣的生活，無疑會被視爲喪心病狂的瘋子。假設，我買了手槍，並威脅要射殺鄰居，而且我們所在的社區沒有法律和警察，不用懷疑，對方肯定也會買手槍以求自保。如此一來，我想，他和我應該都會覺得，這樣的生活比起先前更令人難以忍受。但是，即便如此，我們如此可笑又可悲的舉動，應該也遠不及當前諸多國家的荒唐離譜，而這些國家的領導階層理應還是各國最英明睿智的人上之人。

當我思索，對於現今世界局勢，我自己可以做或應該做些什麼，我發現自己陷入左右爲難的處境，內心縈繞著兩種對立觀點來回拉鋸，一邊是魔鬼代言人，另一邊是爲民喉舌的公共事務評論家。過去四個世紀以來，祖上數代戮力從公，維護公益不遺餘力。因此，我從小就養成天下興衰、匹夫有責的使命感，積極發聲議事論政。在我內心深處，這種根深蒂固的呼喚，感性的衝動，遠比理性的驅力影響更爲深遠。

相對地，魔鬼代言人的聲音，至少有某些部分是理性的。「你難道看不出來，」這位憤世嫉俗的傢伙譏誚嘲諷：「這世界要變成什麼模樣，哪是你一己之力就能搞定？天下蒼生是生是死，全看赫魯雪夫（Nikita Sergeyevich Khrushchev, 1894-1971）[35]、毛澤東和杜勒斯（John Foster Dulles, 1888-1959）[36]，這幫高高在上的大人物臉色，哪容得我輩凡夫俗子插手多嘴。他們一聲令下，要我們死，我們就只能認命去死；要我們活，我們就不得不偷生苟活。你那些書生之論，他們不會讀啦，就算翻開來瞧瞧，也只會覺得全是狗屁不通的書呆子傻話。你八成也忘了，你現在可不是活在一六八八年，那年頭，你家祖輩和一小撮諫臣策

35 尼基塔・赫魯雪夫（Nikita Sergeyevich Khrushchev, 1894-1971），蘇聯最高領導人，蘇聯共產黨中央委員會第一書記，以及蘇聯部長會議主席等重要職務。

36 約翰・福斯特・杜勒斯（John Foster Dulles, 1888-1959），美國共和黨籍政治人物，艾森豪總統任內的國務卿。冷戰早期重要人物，主張強硬態度對抗蘇聯。

士，向君王上疏獻策，或許還有可能從善如流，甚至廢黜昏君，另立賢明。如今時代大不同了，做人要懂得識時務為俊傑，不然就會像你一樣，肝腦塗地謀政議事，到頭來，終歸是白費心機，一場空。」

也許魔鬼代言人所言不無道理，但也有可能大謬不然。或許獨裁者並不像表面感覺那樣舉世無敵；或許民意、輿情仍有可能多少撼動他們的心意，而著書立說或許有助於影響民意、輿情。因此，不管他如何譏誚嘲諷，我都會堅持下去。他的冷嘲熱諷終究有其限度，「嗯，好吧，」酸言酸語略見收斂：「寫書議事論理，應該也不算什麼壞事，至少可以使你遠離無理取鬧。」就這樣，我選擇繼續寫書，至於究竟能帶來什麼好處，我也不得而知。

如何活到老

我這篇文章，標題雖然叫做「如何活到老」（How to Grow Old），但是要談的，其實是「如何長春不老」（How *Not* to Grow Old），這是我一生很重要的課題。

我的第一個忠告是慎選祖先。在這方面，感謝祖上有保佑，除了雙親盛年早逝之外，我選到的其他祖輩個個表現不俗。祖母、外祖父、外祖母，全都活到八十多歲。祖父六十七歲辭世，不算特別長壽，但也不差了。若是追溯更久遠的祖輩，就我所知，只有一人沒能活到高壽，死因是如今罕見的「疾病」：斬首。

我的曾祖母，是吉朋（Edward Gibbon, 1737-1794）[37]的好友，活到九十二歲高壽，子孫滿堂，對她敬畏有加。外祖母生了十個孩子，一個在嬰兒期夭折，還有多次流產。外祖父過世之後，她致力推動女子高等教育，聯合若干人創設吉爾頓學院（Girton College），對於爭取女性選擇醫療專業的權利，不餘遺力。她常常提及，自己在義大利遇到一位年邁紳

37 愛德華・吉朋（Edward Gibbon, 1737-1794），英國歷史學家，著有《羅馬帝國衰亡史》（*The History of the Decline and Fall of the Roman Empire*）（London: Strahan & Cadell, 1776-1789）。

士的往事，她見那紳士愁眉不展，就問他何以如此，他哀嘆說剛與兩個孫子分開，心裡很難過。「老天慈悲啊」，她大嘆一口氣：「我膝下孫兒七十二人，如果每次有一個告別，我就要愁眉苦臉，那人生肯定悲慘到活不下去囉！」他用義大利語，不可置信的回道：「*Madre snaturale*（逆天而行的母性）！」

身爲她的七十二個孫兒當中的一員，我其實還滿贊同她這種處世泰然的人生哲理。年過八十之後，她發現自己夜夜睡不入眠，索性就養成習慣，從午夜到凌晨三點，燈下展讀科普圖書。我想她應該不曾有空閒時間，去注意到年事老邁這回事。在我看來，這應該是保持青春不老的靈丹妙藥。如果你興趣廣泛，熱衷投入許多活動，並且有所發揮和貢獻，那你就沒有理由去想著自己活了幾歲，那不過是統計數字，更別說是虛耗時間，去擔憂來日無多。

關於身體健康方面，由於我生病經驗不多，所以也沒能提供什麼有益的忠告。我吃喝都是隨心所欲，只要沒辦法保持清醒，想睡就去睡。我從沒要求自己遵循任何養生之道，不過現實生活當中，恰好我喜歡做的事情大多有益健康。

在心理健康方面，老年人要防範兩種危險。第一件，就是要避免沉湎於過往歲月，活在回憶裡，惆悵緬懷逝去的美好時光，或是哀愁感傷過世的親友，這些全都無濟於事。逝者已矣，來者可追，老年人應該把心思朝向未來，去思量還有哪些事情可以去做。這並不總是那麼容易辦到，過往的包袱會越來越沉重。垂暮之年，很容易讓老人家想不開，老覺得過去的情感生活多采多姿，心智也比較靈活敏銳。即便事實的確如此，那也應該盡可能學習釋懷，而且若是能夠遺忘，或許過去事實上也不太是自己所想的那樣值得念念不忘了。

其次，也需要避免纏著晚輩不放，冀望從年輕人汲取青春活力，藉以返老回春。膝下兒孫長大成人之後，自然各有各自的人生，如果你還像他們小時候一樣牽腸掛肚，放不開，除非他們六親不認，否則你很可能成爲他們的負擔。我這意思並不是說，對兒孫都應該漠不關心，長輩的關心應該用頭腦好好想過，盡可能是止乎情理的慈祥，但不要流於無所節制的情緒化。在動物圈裡，一旦下一代能夠自我打理生活，就放手不管了，但是人類嬰兒期比較長，爲人父母者很難做到這一點。

我認爲，要擁有成功的老年生活，最佳途徑就是對個人身外事物抱持濃厚興趣，而且多多投入相關公益活動。在這方面，長期的人生經驗確實可以碩果累累，而且經驗累積的人生智慧可以充分發揮，不至於給人倚老賣老的壓迫感覺。一味要求成年子女不要犯錯誤是沒有用的，因爲他們不會聽你的話，而且從錯誤中學習也是教育不可或缺的要素。但是，萬一你對於自家以外的人事物都漠不關心，除非兒孫晚輩始終願意接受你跟前護後的關切，否則你可能會發現生活空虛毫無意義。即使他們願意接受你的關切，你也必須意識到，儘管仍可在物質方面滿足他們的需求，譬如：協助生活所需財務、零用錢，或爲他們編織衣衫，但你絕對無法指望他們會眞心喜歡你纏住他們不放。

死亡的恐懼陰影，可能會讓有些老人愁苦鬱結。對於年輕人而言，這種憂慮是情有可原的。年輕人有理由擔心命喪沙場，原本期待的大好人生就給平白剝奪了，難免會有壯志未酬身先死之類的遺憾怨懟情緒。但是，人到老年，嘗遍人間甘苦悲喜，一生大事和心願多半已告完成，若是還貪生怕死，那未免有些悲涼猥瑣難堪。克服死亡恐懼的最好方法，至少在我看來，就是逐漸擴展興趣，不要一天到晚只想著自己，直到自我高牆一點一點卸除，然後個人小我涓滴融入宇宙生命的大河。

是的，人生在世，不妨看作一條河流：初始潺潺細流，狹窄渠道蜿蜒前進；繼而輕狂激流奔竄奇巖巨石，直奔瀑布狂瀉而下；漸漸地，河面開闊寬廣，堤岸退卻漸遠，水靜無波無瀾；最後，河入大海，河海無分，無我自在，圓融無礙。人到老年，若能如此觀省一生，就不會害怕死之將至而抑鬱難解，因爲他所關心的一切將會世代相承不斷流傳下去。再說，如果風燭殘年，體力衰弱，精神不濟，壽終正寢倒也不見得是壞事。我很希望自己能夠老當益壯，活到老，做到老，後繼有人，而且有可能完成的志業都已實現，如此也就心滿意足，不枉此生了。

轉載自《變動世界的新希望》（*New Hopes for a Changing World*）[38]

---

38 羅素（Bertrand Russell），一九五一年，《變動世界的新希望》（*New Hopes for a Changing World*），London: George. Allen and Unwin。

八十生辰回顧

八十將屆之齡，人生該做的事可以合理設想泰半已告完成，至於還沒做的應該就沒有那麼重要了。孩提時期以來，我認眞追求的生活目標有二，多年來互不搭邊，直到近年才漸趨合一。一方面，希望確認是否能找到任何確切無疑的知識；另方面，盡一切可能創造更幸福的世界。

直到三十八歲之前，我大部分精力都專注在第一項目標，這期間，懷疑論的困惑如影隨形，儘管百般不願意，也不得不接受如後的結論：一般接受的知識大部分都無可排除合理的懷疑。我對於知識確定性的殷切渴求，多少就像信徒教友對於信仰的虔誠仰望。我一度認為，數學有可能比其他領域更容易找到確定性。但後來我發現，許多數學證明，雖然老師總希望我們全盤接受，其實充滿謬論；而且，若是眞有可能在數學發現確定性，那勢必是一種全新形態的數學，比迄今認爲健全的數學具有更堅實的基礎。

然而，隨著研究工作持續推進，我不時想到大象與烏龜的寓言。打造了大象撐起數學世界之後，我卻發現大象腳步踉蹌，馱負的數學世界搖搖欲墜；於是，趕緊著手打造烏龜補救，以防止大象不支倒地。只是，這救援的烏龜也沒有比大象更安穩，歷經二十年的努力和掙扎之後，我終於不得不承認，我已經無能爲力，沒辦法打造出徹底免於質疑的數學知識。然後，第一次世界大戰爆發，我的思想轉而聚焦於人類的苦難和愚昧。在我來看，不論苦難或愚昧，絕對都不是人類無可避免的宿命。只要人類不自我毀滅，我堅信，透過智識、耐心和說服力，遲早終能引領人類脫離自作自受的災厄。

基於這些信念，我始終抱持相當程度的樂觀，儘管年事漸長，少不經事的天眞樂觀轉趨有所保留，無憂無慮的日子也越來越遙遠。但是，我仍然完全無法認同那些宿命論者的觀點，認爲人類生來就注定苦厄不斷。導致過去和現在不幸的原因並不難理解。人類史上層出不窮的貧窮、瘟疫和飢荒，一直都是由於人類以自然的主宰自居，予取予求逆施妄爲而招致的惡果。長久以來，遍及各地的戰爭、壓迫和酷虐，也無一不是源自於人類之間的仇恨相向。陰鬱悲觀的信條助長了病態的苦厄，將人們推向惶惑憂戚的心靈深淵，外在的繁華富足完全無濟於事。

所有這一切都不是必然，就算不幸發生，也總有足以克服的已知方法。現代世界，如果有某些社區不幸福，那是因爲社區住民自己選擇使然。或者，更確切地說，是因爲社區根深蒂固的無知、習慣、信仰和激情，對他們而言，比社區住民的幸福甚至生命更重要。我發現，生活在當前危險時代，有許多人似乎對於苦難和死亡有著難以言喻的迷戀，一旦提到希望，反而會激怒他們。他們認爲，希望是虛妄的非理性意念，而絕望坐視，逆來順受也只是面對事實不得不然的反應。我沒辦法同意這些人的看法。大難臨頭，需要每個人積極投入智慧和活力，才有可能保存希望，而消極絕望者往往缺少這樣的活力。

我的後半生，經歷了人類史上的一段悲慘年代，世局險惡每況愈下，曾經看似篤定無疑的勝利，如今儼然飄忽即逝的過眼雲煙。年少時期，維多利亞時代的樂觀精神是那麼理所當然。人們無不認爲，全球各地必能井然有序迎來自由、繁榮，並且滿懷希望，世上的暴虐、苛政和不公不義，終將相繼絕跡。鮮少有人憂懼大戰惶惶難安。幾乎沒人料想得到，十九世紀只是過去歲月和未來野蠻世代之間的短暫插曲。生於安樂的人們，很難適應當今世界，不論感情和理智都很爲難。以往合情合理的觀念，如今卻顯得不合時宜。在某些方面，昔日備受珍重的自由，如今處處受制難以爲繼。至於其他方面，特別是在國際之間的關係，過往重視的自由卻轉而變成災難的潛在源頭。如果世界要掙脫目前的險惡淵藪，那就必須找出新思維、新希望、新自由，以及重新建立對於自由的適當約束與框限。

我無法自詡，已經在社會、政治問題方面完成重大貢獻。寄託於教條或明確的福音，譬如：共產主義之類，或許比較容易取得強大成效。但是，就我個人而言，我不相信人類需要的是任何不容置疑的指南或教條。我也無法全然服膺於任何僅只局部解決人類生活的方便巧門。有些人主張，一切都取決於制度，只要制度良好必能迎來黃金盛世。另外也有人認爲，眞正需要的是改變人心，相較之下，制度的影響其實不大。以上這兩種觀點，我都無法接受。制度塑造性格，性格轉化制度；兩者的改革需要攜手並進。如果，希望個人能保留相當程度的自主性和靈活彈性（這也是理應保留的人性本質），那就絕對不能逼迫所有人死守同一套模子，不容變通。或者，換個比喻方式來講，訓練成整齊劃一的螞蟻雄兵。多樣性必不可少，儘管這排除了人們對單一福音的普遍信仰。但是，要宣揚尊重多樣性的理念很困難，尤其在困厄如麻的時代更是難上加難。或許只有等到人類從慘痛經歷學到教訓之後，才有可能幡然醒悟。

今生今世，上下尋索已近尾聲，該是時候回顧一生成敗得失。從小我就立志要做大事，挑戰艱鉅任務。六十一年前，三月料峭春寒，白日灼灼，我獨自漫步於柏林的蒂爾加滕森林公園，腳踩滿地的融雪，當下我決定撰寫兩系列的書：一系列是從抽象出發，逐漸具體；另一系列是從具體出發，逐漸抽象。最後，透過綜合，將純理論和社會實踐哲學圓滿整合，如此就可算大功告成。時至今日，除了最終的綜合部分仍然未竟全功，這兩系列的著作大致已告完成，推出之後頗獲好評與肯定，也影響了許多人的想法。就此而言，我算是小有成就。

但是，欣慰此等成就之餘，還是難掩遺憾，一是外在世界的失敗，另一是我個人的失敗。

首先，外在世界的失敗：蒂爾加滕森林公園如今遍地荒蕪，當年三月早晨，我漫遊園區，通過布蘭登堡城門，現在已成爲兩大敵對帝國的邊界，高牆屏障檔不住怒目齊射的敵視灼光，冷峻態勢隨時可能將人類推向萬劫不復的深淵。共產、法西斯、納粹相繼進逼，我心目當中所有美好而珍重的事物節節敗退，在阻擊邪惡勢力的同時，反制陣營也賠上了許多原本力圖維護的事物。自由被認爲軟弱無用，而寬容也被迫披上叛亂的外衣。過去的理想如今慘遭全盤否定，以往免於嚴厲檢視的教條或信念，再也無從贏得民心景仰膜拜。

其次，我個人的失敗：理智思維對於現實世界無足輕重，這讓我的精神生活陷入永無休止的內戰。一開始，我懷抱近似宗教信仰的意念，虔誠擁抱柏拉圖永恆世界，數學韶光熠爍，宛如但丁《神曲》〈天堂篇〉的終章頌歌（Last Cantos of Paradiso）。然而，我後來領悟到的結論卻是：永恆世界其實毫無意義，至於數學，也不過是嘗試不同語言來說明永恆世界的技藝。我起初篤信無疑，相信無須涉入鬥爭殺戮，只要愛、自由與勇氣，就能夠征服世界。但是，我後來卻支持了慘絕人寰的戰爭（第二次世界大戰，支持對納粹德國開戰）。在這些方面，我算是一敗塗地。

但是，在這些讓人垂頭喪氣的失敗之下，我仍然明白，在某些方面，確實有足以揚眉吐氣宣稱勝利之處。我構思眞理的理論方式或許錯了，但是我認爲眞理存在的想法並沒有錯，而且確實值得我們堅信不移。我或許錯誤認爲人類世界無須太久就能邁向自由、幸福，而事實卻證明並非如此；但是，我認爲理想世界終究有可能實現，如此想法並沒有錯，而且抱持希望，擁抱願景，努力去追求，逐步縮短現實與理想的差距，這當然有值得肯定的價值。我一生都在追求修身和淑世的雙重願景。在個人修身方面，我關切如何成爲高尚美德的謙謙君子；如何洞察世間人生百態，在塵俗紛擾的時刻，適時提供指點迷津的人生智慧。在淑世方面，發揮想像力，構思人類可能創造的理想社會，人們都能自由成長茁壯，仇恨、貪婪和嫉妒全都找不到可供汲取的養料，而自行凋零殞落。我相信的這些事情，還有這個世界（儘管充滿如此多的恐怖災厄），始終讓我毅然挺立，無所撼搖。

第三部　來自記憶的肖像

一八九〇年代的劍橋師長

北上劍橋忽焉已過六十六載，回想當年，比起如今悠閒許多，而劍橋更是悠閒中的悠閒。從笑看師道的大學生眼光來看，那年代的劍橋師長概略可分三類。第一類，滑稽好笑，引人發噱；第二類，中規中矩，無聊乏味；最後是稀有品類，我輩學子孺慕仰望的大師。

不打誑語，有些老師的怪癖眞是有夠怪。有位研究員，單腳不良於行，大家都知道他有一種樂此不疲的小把戲，把火鉗擺進壁爐炭火，冷不防就取出燒到紅熱的火鉗，追著座上賓客，作勢殺人謀命。我後來明白，只有客人在他身旁打噴嚏，才會引發怒火殺機。由於他不良於行，遭他攻擊的人總能及時逃脫，也沒人特別在意他的小怪癖。我有時會去找他喝茶聊天，只要一看到他把火鉗往火裡擺，二話不說，馬上腳底抹油。除開此等反常場面，他平時還算和氣可親，而且也從來沒人想把他關起來。我的數學老師就沒那麼幸運，他發瘋了，但沒有學生注意到，最後他只能被關起來，不過這算是特例。

其次，怪癖等級稍微低一些，我記得有兩位老師，一位是奧斯卡·布朗寧（Oscar B. Browning, 1837-1923，一般都稱他OB），另一位是美術教授。這兩位宿敵相互較量，看誰比較有榮幸招待腓特烈皇后（Empress Frederick, 1840-1901，德意志皇帝腓特烈三世的王后）。美術教授似乎略勝一籌，他有一次對我說：「眞是傷透腦筋，儘管我竭盡全力婉拒，腓特烈皇后仍然堅持與我共進午餐，第二次。」就在同一天的傍晚，OB面露疲態，嘆氣說道：「我一整天可都忙著追皇后。」要他開口承認和任何皇室成員沒有私交，簡直難如登天。勉爲其難的說詞或許就是他提到薩克森（Saxony）國王的說法：「我跟他很熟，十分眼熟。」OB趣事多到說也說不完。他體型矮胖，中廣腰身，其貌不揚。某次美男子選美比賽，大學部學生惡作劇，大舉灌水買榜，讓他異軍突起，勇奪第二名（我親耳聽他吹噓這座大獎）。據說，有一次，丁尼生（Alfred Tennyson, 1809-1892，英國桂冠詩人）訪問劍橋，國王學院研究員設宴相迎，研究員逐一報上大名，輪到OB時，他趨前說道：「我是布朗寧。」丁尼生看著他說：「你不是。」不過，我無法擔保這項傳言確鑿無誤。

就讀大學時，大師風範早已一去不復返，但不時仍可聽聞前輩遙想當年的奇人軼事。任何時候，只要有人提議改革，就會有一位大師發表高論，而且一字不差：「每當有人提議採取這類的措施，我會自問兩道問題：『舊制度是否效用不彰？』；『新制度是否可能效果較佳？』我看不到有任何理由支持這兩道問題答案都是肯定的，因此我投票反對這項提議。」另外，有人提議從今以後研究員不再需要擔任神職，這項顛覆傳統的提議讓某位大師佛然不悅。若干研究員一股腦拼命辯稱，研究員的神職和教職可能會相互干擾。這位大師駁斥此等論點，他的見解如後：「羅馬皇帝紫袍加身，依照慣例就成爲占卜團（College of Augurs）的一員。但是，這並沒有期待他就應該承擔餵食聖雞的神職。」這些傳誦多年的古風軼聞，在我進入劍橋之前，就已經不復當年盛況。就我記憶所及，勉強稱得上狗尾續貂的只有一事，有一位阿拉伯語教授，出乎眾人意料，居然投票給自由黨。問他為什麼，他回答說：「格萊斯頓先生（Gladstone, 1809-1898）[1]公務纏身，就無暇撰文談論《聖經》。」

然而，怪人異事畢竟是少數例外，大多數的劍橋學人都屬中規中矩，絕少落人笑柄，但也難得幽默風趣。但是，平淡無奇之中，偶爾仍會冒出難能可貴的例外。我記得有一位數學講師，我本來總覺得他很無趣，直到有一次，在流體力學的課堂，他講解連著蓋子的容器在浴缸中旋轉的問題，有個學生發問：「你是不是忘了作用在那個蓋子的離心力？」老師倒抽了一口氣，回答說：「過去二十年，我都是用相同的方法解答這道題目，不過你說的沒錯。」從那一刻起，我們都對他多了一分敬意。

同窗學友和我仰慕的師長，對我們影響相當深遠，即使有些師長和我們的專攻領域沒有任何關聯，對我們的影響仍然極為重大。比方說，韋瑞爾（Arthur Woollgar Verrall, 1851-

1 威廉・格萊斯頓（William Ewart Gladstone, 1809-1898），英國自由黨政治家，四度出任首相，以善於理財著稱。

1912）[2]，他是研究尤里庇底斯（Euripides，西元前約四八〇至四〇六年）[3]的專家，語鋒機智風趣內蘊深厚學術功力。當格蘭維爾—巴克（Granville-Barker, 1877-1946）[4]打算改編演出吉伯特・墨瑞（Gilbert Murray）翻譯的尤里庇底斯劇本，他來到劍橋請教韋瑞爾，希臘神話邁錫尼古城的盧舍樣式。韋瑞爾回答：「目前是還沒有人知道，但是稍後，哈里森小姐就會告訴你。」他晚年飽受關節炎之苦，先是雙腳殘廢，後來其他部位的肌肉也陸續失能。儘管宿疾纏身飽受煎熬，他依舊神采奕奕，絲毫不減昔日機智風趣，只要還保有言辭鋒芒，就不會讓心智或未來展望受到肉體殘疾影響。韋瑞爾夫人篤信唯靈論，不時抱來一大堆自動書寫的神靈畫符。由於他的本業需要長年埋首爬梳古希臘文，花點時間把那些亂七八糟的字跡理出頭緒倒也難不倒他。只不過，我想他的態度恐怕就不會是神靈所希望的那樣虔敬。

---

2 亞瑟・伍爾加・韋瑞爾（Arthur Woollgar Verrall, 1851-1912），英國古典學者，劍橋大學三一學院教授，專精古希臘劇作家翻譯、詮釋和評述。

3 尤里庇底斯（Euripides，西元前四八四至四〇七年），古希臘三大悲劇大師。

4 哈利・格蘭維爾—巴克（Harley Granville-Barker, 1877-1946），英國演員、導演、劇作家、經理、評論家和理論家。

再來，就是亨利・西季威克（Henry Sidgwick, 1838-1900）[5]，他是哲學界碩果僅存的功利論代表。當年，成爲研究員仍然需要簽署《三十九信條》（Thirty-Nine Articles），而他也本持良知誠心完成簽署。若干年過後，他開始覺得不妥，儘管無須再次簽署，但是他不想違背良心，毅然決然辭去研究員頭銜。此舉大大加快了廢除這項不合時宜的規定。就才氣而論，他不算一流哲學大師，但知識分子的風骨和氣節絕對無懈可擊。他的夫人是亞瑟・貝爾福（Arthur Balfour, 1848-1930）[6]的姊姊，但是他對妻家小舅子的政治立場並不苟同。波耳戰爭開戰頭幾個月，他就直言表示，這對未來學童十分方便，大英帝國剛剛好就在一九〇〇年垮臺。

他講課倒不是那麼有趣，上過課的學生後來都會明白，每堂課總會有個笑話，只是這個笑話聽完之後，全班注意力就開始渙散了。他有口吃，對於這點，他倒是頗懂得善加應用。有位自詡滿腹經綸的德國學者曾對他說：「我們德語有『*Gelehrte*』（德語，意思

5 亨利・西季威克（Henry Sidgwick, 1838-1900），英國功利論哲學家，倫理學家和經濟學家。劍橋大學的騎士橋講座倫理哲學教授。

6 亞瑟・貝爾福（Arthur Balfour, 1848-1930），英國保守黨政治家，曾經擔任下議院領袖、首相、財政大臣，外交大臣。

是指『飽學之士』），你們英語沒有。」西季威克回答說：「有的，你們有『*Ge-Ge-Ge-Gelehrte*』，我們稱呼他們『*p-p-p-p-prigs*』。」[7]

很遺憾，他與名氣相當的理查・傑布爵士（Sir Richard Jebb），兩人之間有一段滿嚴重的過節。傑布爵士是希臘文教授，也是大學議會的委員。當時議會討論要新開一條道路，直達紐漢學院（Newham College），西季威克大力催生這條新路，因爲他的夫人當時就擔任該學院院長，一旦這路開通，上下班就省事多了。可是，這條路徑會穿過傑布家的花園，這樣已經夠嘔了，議會居然還決定給命名爲「西季威克大道」（Sidgwick Avenue），這下子就眞是讓傑布氣炸了。校園之間還流傳西奇威克對傑布品頭論足的風涼話：「他閒閒沒事如果不是挖空心思往自己臉上貼金，就是全挪用來專注如何怠忽職守。」至於這則傳言有幾分可信，我就不打包票了。

韋瑞爾和哲學家鄰居詹姆士・沃德（James Ward）之間也有點小風波，起因是這兩戶人家的女主人約好共用一只花園的小豬浴缸，但沒多久就傳出兩人抱怨對方付出沒自

---

7 譯者按：這回答是通過把德語「*Gelehrte*」拆成兩個字根「*Ge*」和「*lehrte*」（教導或說教），對應英語「*p-p-p-p-prigs*」（臭—臭—臭—臭屁連連、自命不凡的酸秀才），用來暗指對方「滿肚子迂腐酸水，好爲人師的虛矯公子哥兒」的反諷意味。

己多。但是吵歸吵，倒沒有鬧得太嚴重，而且也給平淡生活增添些許餘興火花。對於詹姆士・沃德，儘管有這場小豬浴缸風波，但我對他仍是敬愛甚篤，他在我探尋哲學路上有提攜大恩，儘管後來我不太認同他的路線，但對於他多年的諄諄教誨和親切關照，我仍然銘記在心。

還有若干先進，我也頗感興趣，不過我對他們生平所知不多。《金枝》（*The Golden Bough*）的作者詹姆斯・弗雷澤爵士（Sir James Frazer, 1854-1941）[8]就是其中一位。研究員可以免費在餐廳用餐，身爲蘇格蘭人的弗雷澤當然不會無視於這樣的優惠。研究員如果遲到超過一刻鐘，就得罰錢，但是爲了塡飽肚子，就得瓜分研習時間，哪怕只是一分一秒，都會讓弗雷澤懊惱滿腹。因此，他總是遲到，剛好一刻鐘，才及時踏進餐廳。

還有喬治・達爾文爵士（Sir George Darwin, 1845-1912）[9]，他的父親正是鼎鼎大名的查爾斯・達爾文（Charles Darwin, 1809-1882）[10]，想當年查爾斯・達爾文就讀劍橋大學

---

8 詹姆斯・弗雷澤（James Frazer, 1854-1941），蘇格蘭社會人類學家、神話學和比較宗教學的先驅。

9 喬治・達爾文爵士（Sir George Darwin, 1845-1912），英國天文學家和數學家。查爾斯・達爾文的次子。

10 查爾斯・達爾文（Charles Darwin, 1809-1882），英國博物學家、地質學家和生物學家，其最著名的研究成果是天擇演化。

時，校方還認爲他學業成績差強人意，難稱資賦聰穎，不夠格取得優等生榮譽學位，勉爲其難只授予及格文憑。但是自此以後，劍橋的智識水準江河日下，他的幾個兒子全都順利晉升教授。喬治・達爾文爵士是知名的數學物理學家。有一天，我赴約去他家吃午餐，到了他家之後，發現他和另一位數學名師，勞勃・鮑爾爵士（Sir Robert Ball, 1840-1913）[11]，俯身察看一臺故障的計算機器。只見兩位大師手忙腳亂，敲敲打打弄了老半天，還是不見起色，這時，達爾文的美籍夫人悠悠走來，不急不徐說道：「給加上幾滴縫紉機的潤滑油不就得了。」她的方法果眞立即奏效。

學院中人有一項特徵就是長壽。我大一新生那年，三一學院的三大巨頭，院長、副院長、資深研究員，全是年高德劭之輩。二十年後，我回到母校擔任講師，他們依舊精神煥發不減當年，絲毫未顯老態。我父親小時候就讀哈羅公學（Harrow School），這位院長當年就在他們學校擔任校長。有一天，院長請我們去他宿舍吃早餐，當天正好是他弟媳婦的生日，她一走進餐廳，他就說道：「妹子，過了此刻，你就壽比伯羅奔尼撒之戰了。」副院長站姿總是直挺挺，活像清槍推彈的鐵桿兒，只要出門在外，頭上一定戴著紳士高頂帽，哪怕

11 勞勃・鮑爾爵士（Sir Robert Ball, 1840-1913），愛爾蘭天文學家，專研天文、力學、數學等領域，創立螺旋理論。

是三更半夜祝融來襲，奪門而出之前也沒忘了先把帽子戴好。據說有一回，他看到丁尼生竟然將水摻入一八三四年份的波特酒，從那時起，就再也不讀他的詩作了。在三一學院的大食堂晚餐開動之前，院長和副院長會用拉丁語一人一句交替念出一長串的餐前禱告文。院長採用歐陸發音，副院長則是一絲不苟，堅持傳統英文古調。雙聲調一搭一唱，奇妙的對比，還眞是讓人精神爲之大振。資深研究員是制度改革後碩果僅存的末代研究員，在舊制度底下，二十二歲取得終身研究員職位之後，就無事一身輕，僅存的任務就是按時領取津貼。這項絕無僅有的任務，他倒是執行得滴水不漏。總之，從他二十二歲以後，再也沒有人知道，他還有做過其他任何工作。

正如這位資深研究員的情況所顯示的那樣，終身職的保障眞的非常徹底。只是，此等制度結果好壞參半。出類拔萃者得以無後顧之憂，精益求精；但是，泛泛之輩也不無可能因此尸位素餐，無所事事。失職、怪誕甚至精神錯亂，都可得到包庇，然而眞正脫俗超凡的奇才，當然也同在庇護之列。儘管容或有瘋癲、懶散之輩，但劍橋終究不失爲遺世獨立的樂土，容許心智獨立之士無憂無慮，盡情自由揮灑。

劍橋同窗

一八九〇年十月初，我北上劍橋就讀大學的那一刻起，一切都很順遂。開學第一個星期，所有住宿生都很熱絡來跟我打招呼，這些人後來也都成爲我的同窗好友。起初我不明白他們何以如此，後來才發現原來是懷海德的緣故，他是負責審核獎學金的委員，他跟大家提起新生當中最值得關注的有桑格（Sanger）[12]和我。桑格和我同屆，同樣主攻數學，也獲頒新進學者獎（minor scholar）。他和我都入住惠威爾學舍（Whewell's Court），輔導老師魏柏習慣把課堂講義交給他教的班級傳閱。有一次，我看完一本講義之後，必須轉交給桑格。在此之前，我從沒和他見過面，當下看到他書架上的藏書，著實讓我頗感驚嘆。

我說：「我看到你架上有一本德雷珀（Draper）[13]的《歐洲思想發展史》[14]，這書寫得

---

12 查爾斯・珀西・桑格（Charles Percy Sanger, 1871-1930），英國律師。羅素在劍橋三一學院的同窗，主修數學、道德科學／經濟學。

13 約翰・威廉・德雷珀（John William Draper, 1811-1882），英國出生的美國科學家、哲學家、醫師、化學家、歷史學家和攝影師。

14 德雷珀（John William Draper），一八六四年，《歐洲思想發展史》（*History of the Intellectual Development of Europe*），New York: Harper Brothers。

很出色。」

他說：「你是我遇過頭一個知道這本書的人！」

就這樣，雙方話匣子打開，欲罷不能談了半個鐘頭之後，就此結下了一輩子的深厚情誼。我們就所做的數學研究，交換筆記，比對進度，切磋心得。我們在神學和形上學方面見解相通；但是在政治方面則是各持己見（他當時是保守黨，後來轉爲工黨）。談話間，他還提到了蕭伯納，只是我那時還不知道有這號人物。我們常一起做數學題目，他解題速度超快，很多次，我問題都還沒讀懂，他就已經差不多解題結束了。大四那年，我們都專攻道德科學（moral science），不過他選的是經濟學，我則是選哲學。我們同期晉升研究員。他和藹可親，是學術殿堂難得一見的好好先生，他對我的子女從小疼愛有加，他們都視他如慈父，多年之後，對他愛慕有增無減，讓我自嘆弗如。我從沒見過有人能像他那樣，把敏銳理性和暖心感性完美融合於一身。他後來當上了御前大法官法庭（Chancery）的出庭律師，合作編纂的《繼承法基礎》（*Jarman On Wills*），筆力雄健剛勁，立論氣勢磅礴，在法學界享有盛名。他也是非常傑出的經濟學家，而且精通不計其數的多國語言，包括匈牙利馬扎爾語（Magyar）和芬蘭語之類的冷僻語言。我以前常和他結伴前往義大利徒步旅行，他總是讓我出面和投宿的店家交涉，但是當我費力想讀懂義大利文的意思時，我發現其實他對義大利文的通曉程度比我強多了。一九三〇年，他溘然長逝，我痛失摯友，久久無以平復。

大學第一個學期，我還結識了許多好友，主要得感謝懷海德的美言推薦。最要好的是戴維斯家的兩兄弟，哥哥克朗普頓（Crompton Davies），和弟弟西奧多（Theodore Llewelyn Davies）。父親是柯比朗斯戴爾（Kirkby Lonsdale）教區牧師，屬於廣教派，此教派觀點源自於F. D.墨里斯（F. D. Maurice）；還是傑出的學者，譯有金典版柏拉圖《共和國》。戴維斯家育有六兒一女，克朗普頓和西奧多是家裡排行最小的。有此一說（我相信應該屬實），他們六兄弟念中學和大學一路都是拿獎學金完成學業，完全沒有跟家裡伸手拿錢。他們家兄弟多半相貌俊帥出眾，尤其是克朗普頓，他有一雙空靈迷人的湛藍眼睛，時而眼神淘氣燦笑，時而正色凝神英氣煥發。西奧多排行老么，能力最出色，也最得人緣。

我和他們初識時，兩兄弟同擠一間學校宿舍。兄弟倆都在期限內升上研究員，但沒有晉升爲駐院研究員（沒能住進校園內的研究員宿舍）。之後，兩人一起住在西敏寺附近僻靜巷弄的小房子。他們兩兄弟都很精明幹練，志氣高遠，積極熱情，志向和見識也大致相通，西奧多的人生觀比克朗普頓較爲務實。他曾在多位保守黨財政大臣任內擔任機要祕書，期間屢屢遭逢其他閣員強力施壓，他總能成功說服上司堅持自由貿易政策。他工作勤奮難以置信，卻總是有辦法挪出時間給所有朋友的孩子買禮物，而且禮物總是送得恰到好處。認識他的人都很喜歡他，就我所知，如果能夠嫁給他，應該沒有任何女生會不欣喜雀躍吧。不過，他早就心有所屬。一九〇五年春天，他的屍體在柯比朗斯戴爾附近的湖中被發現，顯然他是在前往車站途中跳進湖裡，潛水時不小心撞上了暗礁，這年他才三十四歲。

我對克朗普頓的最早記憶，是在學院螺旋向上的樓梯間遇到他，四下漆黯無光，他靜靜走著，不發一語，突然間，就一口氣念出「猛虎，猛虎，烈焰灼灼……」（Tyger, Tyger, burning bright...），整首詩鏗鏘有力，從頭到尾一字不漏。在此之前，我從未聽過布萊克（William Blake, 1757-1827）[15]，這首詩震撼之大，讓我頓時感到天旋地轉，只能連忙靠牆站穩。

是什麼使克朗普頓如此令人愛慕敬重，同時又讓人開心暢快呢？關鍵不是在於他的理智才華，而是他有著濃烈的愛恨感性，妙趣橫生的幽默，還有堅若磐石的正直誠懇。他聰穎過人，對芸芸眾生充滿大愛，卻又對凡俗之輩蔑視憎惡。不過，他也絕非聖人。我們都還很年輕的時候，有一次，我和他到鄉間散步，我們擅自闖入農家的田園，農家主人跑過來趕我們，大聲叫罵，怒氣沖沖，面紅耳赤。克朗普頓作勢把手擱在耳背，慢條斯理地說：「方便喊大聲一點嗎？我聽不太清楚欸！」那農家主人氣急敗壞，拼了老命想把嗓門扯開，結果反倒完全說不出話來。

克朗普頓不修邊幅，每每惹來朋友好說歹說，勸他衣服別那麼邋遢，如此習性還曾鬧出讓人匪夷所思的笑話。話說西澳打官司意圖脫離澳洲聯邦，他服務的律師事務所受委任承辦此案，並排定在國王更衣廳（King's Robing Room）開庭審理。據說有人無意間聽到克朗

15 威廉・布萊克（William Blake, 1757-1827），英國詩人、畫家，浪漫主義文學代表人物。

普頓打電話給國王內侍（Chamberlain，內廷官務大臣）：「近日，我注意到我這身褲子似乎不太體面。據我所知，此案將在國王更衣廳審理，也許廳內還有國王陛下穿過留下的禮褲，不知可否相借解圍？」

我在劍橋認識的另一好友是哲學家麥塔嘉特，他個性比我還害羞內向。有一天，我聽到有人敲門，聲音很輕，我就回答：「請進。」但是沒有人開門進來。我又說了一遍：「請進，」並且把聲音略爲提高了一些。門總算開了，只見麥塔嘉特站在門口踏墊。這時的他已經是學生聯誼會的會長，即將成爲研究員，而且他在形上學方面聲名卓著讓我由衷敬佩，但是他很害羞，一直站在門口不好意思進來，我也沒有比他不害羞，所以也不敢請他進來。就這樣，不曉得僵持了多久，到最後我也不清楚他是怎麼進到房裡來。從那以後，我常去找他吃早餐，只是他的早餐出了名的寒傖。實際上，任何人只要上門見識過一次，後來再去必然都會自備雞蛋一顆。

麥塔嘉特是黑格爾學派，當時正值盛年，意氣風發，對我輩後學影響極大，不過日後回頭來看，我認爲他所帶來的影響，倒也不是全然正面。在他影響之下，我也一度信服黑格爾學派，約莫兩、三年之久。一八九八年以後，儘管不再追隨他的哲學見解，但彼此情誼仍在，直到一戰期間，他要求我不要再去看他，因爲受不了我的意見。後來，他更進一步主導摘除了我的講師資格。

在劍橋最初幾年，我還結識了洛易斯・狄金森（Lowes Dickinson）和羅傑・弗萊

（Roger Fry），並且成爲長年好友。狄金森是個文質彬彬的紳士，情感細膩，極富感染力。他升上研究員的時候，我還是大學部學生，我意識到，我好些直言無諱的老實話，很可能太過尖銳，苦苦逼人，而讓他深感受傷。世局紛擾每每讓我激憤痛下針砭，而這卻徒然加深他鬱結難消的憂愁。直到晚年，每次和他見面，我都很膽戰心驚，深怕自己毫無保留的「實話實說」，會讓他的沉重哀愁更加難以承受。或許，「實話實說」並不是最貼切的字眼。我眞正的意思是，我這樣一種議論時局的作風，讓人感到義憤塡膺難以忍受，無非是要激起同仇敵愾的情緒。他曾經對我說，我很像是柯蒂莉亞（Cordelia，李爾王的小女兒），但是我總不能說他很像李爾王。

有滿長一段時間，我心中始終認爲，劍橋臥虎藏龍，肯定還有許多深藏不露的高人，一旦有緣遇上比我高明的才子，我應該當下就能認出來。但是，到了大二那年，我發現，校內所有聰明頂尖的人物，我都已經見識過了，結果卻落得悵然若失之感。所幸，大三的時候，我遇到了大一新生G. E.摩爾（G. E. Moore），幾年下來，他充分體現我對於天才的想望。當年的他眉清目秀身材高挑，氣質超塵絕俗，才情非凡卻又熱情洋溢，直追斯賓諾莎。他有一種近乎完美無瑕的純潔秉性。我從沒成功誘使他說謊話，只有一次，我略施小計才告得逞。

「摩爾，」我問說：「你一向都是實話實說嗎？」

他回答：「也沒有啦。」我相信，這應該是他說過的唯一謊話。

和我一樣，摩爾也受到麥塔嘉特的影響，有一段時期信奉黑格爾學派，但是爲時不長，他比我更快就脫離了，而且主要就是和他幾番長談的緣故，促使我最終放棄了康德和黑格爾。他比我小兩歲，儘管如此，卻給我的哲學觀帶來極大的影響。摩爾的朋友圈，私底下的一項餘興節目就是看他點燃菸斗。他會先點燃火柴，然後開始和人爭論，直到火柴燒到手指。然後，他就再點燃另一根火柴，就這樣，直到整盒火柴全部用光爲止。毫無疑問，這對他的健康是好事一件，因爲這讓他多出了很多不抽菸的時刻。

再來，是特雷維揚（Trevelyan）三兄弟，查爾斯是老大，老二是鮑勃，和我最要好。他後來成爲學養深厚的詩儒，年輕時，他有一種古靈精怪的幽默感。有一次，我們在湖區舉辦讀書會，艾迪・馬許（Eddie Marsh）因爲睡過頭，只穿著單薄的睡衣就趕忙跑來，看看會場有沒有準備早餐可吃。湖畔寒風簌簌，只見他凍得慘白，好不可憐。鮑勃起鬨喊他「冷凍素衣道人」，這封號就此跟著他好長一段時日。喬治是老么，年紀比鮑勃小很多，我是到很後來才認識他。他和查爾斯都有過人的腳力。有一次，我和喬治前往德文郡徒步旅行，我行前跟他約定每天頂多走二十五英里。他眞的也一直都信守承諾。但是，到了旅程最後一天，他就不陪我了，說是還得再走走才不虛此行。

我所有朋友當中，書卷氣首推一指的應該就屬鮑勃・特雷維揚。對他而言，書香迷人妙趣無窮，現實生活反倒索然無味。他們三兄弟都一樣，對世上重大戰役的戰略和戰術如數家珍，只要著名史書有記載，他全都可以倒背如流。馬恩河戰情大亂危機陡升期間，我正好在他家小住。由於是星期天，我們得走到兩英里外，才能買到報紙。不過，他認爲這場戰役不夠有趣，不值得大老遠跑一趟，再說報端描寫的戰爭，盡是瑣碎枝節也沒啥好看。我曾經設計一道問題，還用來測試了許多人，看看他們是否是悲觀主義者。這道問題如後：「如果你有權力能夠摧毀世界，你會去做嗎？」我也拿這問題測試他，得到的回答是：「你說什麼？毀了我的圖書館？想都別想！」他很喜歡發掘詩壇新人，大聲朗誦他們的作品，但每次讀詩之前總會加上一句輕描淡寫的不以爲然：「這不是他最好的詩。」有一次，他向我提起一位新詩人，還說要念幾句詩給我聽，我就跟他說：「好的，不過你可別只念不是他最好的詩。」這可讓他完全呆住了，兩手一攤只好作罷。

對我意義重大的朋友還有很多，我在此沒太多時間從頭細說。艾迪・馬許（Eddie Marsh，後爲晉封爲愛德華・馬許爵士）也是至交好友。另外，還有戴斯蒙・麥卡錫（Desmond MacCarthy）、E. M.佛斯特（E. M. Forster）、萊頓・斯特拉奇（Lytton Strachey），以及凱恩斯（Keynes），這幾位算是年輕後輩，我和他們交情也都不錯。總的來說，我們丹心相鑑，相互勉勵，在各自學術領域奮發進取。儘管志向高遠，但一生一世走來其樂融融，逍遙自得，從未妨礙彼此獨特心性。我們建立的友誼歷久不衰，而且許多人始終堅持年少信念矢志不移。生於群英薈萃的此一世代，我備感榮幸。

蕭伯納（George Bernard Shaw, 1856-1950）

蕭伯納喬松之壽，一生可分三階段。第一階段，四十歲之前，對於社會大眾，他是遠近馳名的樂評家，另外對於較小群的圈內人，他則是備受爭議的費邊社代表人物，令人敬佩的小說家，以及揭穿僞君子虛矯假面的恐怖冷面笑匠。然後，第二階段，他以喜劇作家之姿粉墨登場。起初，他的劇作苦無上演機會，因爲他完全不甩皮涅諾（Arthur Wing Pinero, 1855-1934）的賣座模式；但是戲棚下站久了，連劇院經理也意識到蕭伯納劇作的娛樂性，而他也順勢取得當之無愧的成績。我相信，他在劇作家生涯很早就滿懷希望，有朝一日，可以透過詼諧手法，成功博得滿堂彩，進而傳達想要昭告世人的嚴肅道理。最後，在第三階段，他以先知之姿隆重上場，冀圖直追奧爾良聖女貞德、莫斯科聖若瑟，全民景仰的神聖地位。這三個階段，我都和他有交情，前兩個階段，我認爲，他的確風趣迷人，建樹良多。然而，邁入第三階段之後，我對他的讚賞就不時碰壁。

初聞蕭伯納其名是在一八九〇年，當時我仍是大一新生，結識了一位同屆新生（桑格），他對蕭伯納所寫的《論易卜生主義的精華》（*The Quintessence of Ibsenism*）頗多稱賞；但是，直到一八九六年，他參加倫敦召開的國際社會主義代表大會，我才在和他正式結識。我認識很多與會的德國代表，因爲在此之前，我已經花了好些時日鑽研德國社民黨。他們多半認爲蕭伯納簡直就是撒旦化身，只要遇上爭執場面，他就特別愛搧風點火，並且暗自竊喜。至於我對蕭伯納的看法，則是從魏柏夫婦那裡得來的，我也頗欣賞他闡論費邊主義的一篇文章，他在文中主張，應該避開馬克思，另闢英國特色的社會主義。此時的他仍然略顯靦腆。事實上，依我來看，他的犀利筆鋒，與許多知名的幽默家一樣，無非是作爲預防敵意嘲諷的自衛武器。這時期，他還是初試啼聲的劇作家，一票好友窩在我的公寓，聽他讀劇。他面容發白，神色緊張，語氣微顫，完全看不出他後來給人的凜然霸氣。此後不久，他和我在魏柏夫婦位於蒙茅斯郡的宅邸做客，當時他正在鑽研戲劇寫作技巧。他會把所有角色的名字寫在方形的小紙片上，每當寫作一幕戲的時候，就會把棋盤擺在眼前，貼上那幕戲所有角色名字的紙片。

有一回，他和我騎腳踏車出遊，碰上意外事故。我當下眞怕他的職業生涯就要提前報銷。他才剛學騎腳踏車，猛不妨衝向我的腳踏車，這一撞非同小可，他整個人騰空翻飛，跌落二十英尺之外，背部著地。然而，他卻若無其事，站起身來，跨上腳踏車，揚長騎去。但是我的腳踏車卻給撞壞了，只好去坐火車回家。那列火車速度很慢，每站停靠月臺，蕭伯納都會牽著腳踏車出現，把頭探進我坐的車廂，嬉皮笑臉。我想他應是沾沾自喜，認爲由此可以證明茹素比較健康耐撞。

前往阿德爾菲臺地（Adelphi Terrace）[16]的蕭伯納府上赴宴，那經驗也頗爲奇妙。蕭伯納太太[17]相當賢慧能幹，她爲丈夫專門準備的蔬食套餐簡直天上美味，座上賓客大開眼界讚嘆不絕，紛紛笑稱盤中傳統佳餚相形之下根本糟粕。茶餘飯後，蕭伯納少不了大聊特聊他最鍾愛的趣譚。他說，每次去探視叔叔，叔叔就會一頭埋進毛氈旅行袋，然後把袋子關起來假裝自殺。這時，蕭伯納夫人就會擺出無言以對窮極無聊的臉色，如果有人正好坐在她旁邊，可得小心千萬別露出聽得津津有味的神情。不過，這絲毫無損她對先生的體貼入微。我記得一次餐會，席上有位年輕嫵媚的女詩人，殷殷期盼能向蕭伯納朗讀自己寫的詩作。餐會結束，賓客陸續離席，蕭伯納私下告訴我們，這位女詩人遲遲沒走，就是因爲心願未了的緣故。然而，當我們告辭時，我們發現她走出大門準備離去，想來蕭伯納夫人應是若無其事委婉勸退了這位女士。不久以後，這位女詩人找上了威爾斯，登門獻身求歡遭拒，竟而當場刎頸自盡。聽聞此訊驚愕之餘，也讓我打心底對蕭伯納夫人的處事圓融周全更加敬佩。

蕭伯納夫人對先生悉心照料無微不至，絕非養尊處優清閒不管事的貴氣夫人。有一年，

16　蕭伯納夫妻住在阿德爾菲臺地十號頂樓兩層，樓下是魏柏夫婦創設的倫敦政經學院。

17　夏洛特・佩恩・湯森德（Charlotte Payne Townshend, 1857-1943），出身愛爾蘭富商家庭，政治活動家，費邊社成員，魏柏夫婦的朋友，倫敦政經學院金主。

即屆八十高齡的他們和魏柏夫婦，前來南方之丘（South Downs）[18]寒舍做客，這屋裡有座塔樓，登高遠眺景色絕美，所有人都爬梯上樓，蕭伯納走在最前面，蕭伯納太太墊後。他一路往上爬，話匣子一開，講得不亦樂乎，只聽她的聲音從底下飄了上來：「老爺子，別只自顧著講話，腳底要是閃神，踩空了，可不好！」只是，老蕭似乎沒把夫人的提醒放心上，仍然老神在在，一句接著一句，講個沒完沒了。

蕭伯納對維多利亞時代虛矯、僞善風氣生花妙筆的抨擊，不只惠人良多，而且大快人心，他對英國的功勞無疑值得國人給予至高謝意。維多利亞時代虛矯風氣盛行，挖空心思矯飾虛榮。當我還年輕的時候，眾人全都戴著溫良恭儉讓的假面。此等虛矯作風，蕭伯納深感不屑，因此初出社會，就徹底拋諸腦後。文人雅士圈裡流傳一種關於蕭伯納的說法，認爲他不是超乎尋常的自負，而是異於常人的直白。不過，我後來回顧，前述看法可能並非事實。親眼目睹的兩樁事件，讓我對此確信無疑。

第一次是在倫敦，祝賀伯格森（Henri Bergson, 1859-1941）的餐會，蕭伯納也是獲

18 羅素與第二任妻子朵拉（Dora Black）開辦的「燈塔山實驗學校」（Beacon Hill School，或音譯爲「畢肯山實驗學校」），就位於南方之丘山頂的電報大樓（現登錄爲歷史建物），校園座落於兩百多英畝的森林和山谷，紫杉、山毛櫸高聳入雲，還有悠遊自在的野鹿、兔子、白鼬、黃鼬。

邀出席的賓客。此外，還有若干哲學領域的專家學者，他們對伯格森的態度比較偏向專業嚴謹。輪到蕭伯納發表賀詞，只見他侃侃而談伯格森的哲學，活靈活現《長生》（*Back to Methuselah*）[19]序幕的戲劇化演出。然而，他渾然忘我的戲劇化詮釋，讓滿場專業哲學家聽得難掩不耐，伯格森於是操著法語口音，委婉說英語打斷：「Ah, no-o! It is not qvite zat!」[20]但是，蕭伯納臉不紅氣不喘，回答道：「哦，親愛的小老弟，你的哲學，我可是比你了解得更透澈喔！」柏格森掐緊雙拳，險些沒給氣炸，費了好大勁，才給按捺下來，而蕭伯納卻仍舊自信滿滿，滔滔不絕。

第二起事件，是與位尊年長的馬薩里克（Thomas Masaryk, 1850-1937）之間的會面。馬薩里克時任捷克斯洛伐克總統，率團出訪倫敦，祕書長聯絡若干人士，說馬薩里克總統想在上午十點，官方行程開始之前，和大家先見個面，我也忝列其中。當我依約抵達時，發現其他受邀者只有蕭伯納、威爾斯、斯溫納頓（Frank Arthur Swinnerton, 1884-1982，

19 蕭伯納（George Bernard Shaw），一九二一年，《長生》（*Back to Methuselah*），直譯《回到瑪士撒拉時代》或《千歲人》，London: Constable。

20 柏格森這句話把英語「*quite that*」，講成帶有法語口音的「*qvite zat*」。他的原本是要說，「Ah, no-o! It is not *quite that!*」；這整句的意思是說，「啊，不是喔，不太是那樣！」

英國文學家）。只有蕭伯納遲到，我們其他人全都準時赴約。他一到，就直接走向這位大人物：「馬薩里克，捷克斯洛伐克的外交政策全盤皆錯。」他大言不慚，一連講了十來分鐘，語畢沒等馬薩里克開口，就掉頭離開了。

如同許多言詞犀利的人一樣，蕭伯納也認為言辭機敏足以代表智慧。哪怕蠢不可及的觀念，只要透過他能言善辯的唇舌，都可以講得頭頭是道，讓反對者啞口無言，呆若木雞。有一回，在紀念山繆・巴特勒（Samuel Butler, 1835-1902）的「烏托邦晚宴」（Erewhon Dinner）[21]，我碰見他，令人驚訝的是，他居然把這位聖人的每句話都當成金言玉律，甚至連那些純屬笑話的戲謔理論也照單全收，例如：《奧德賽》是出自女人的手筆。巴特勒對蕭伯納的影響遠大於大多數人的理解，他對達爾文的反感就是受到巴特勒的影響，繼而也導致他對於伯格森的仰慕。好笑的是，巴特勒用來反駁達爾文而採取的諸多觀點或藉口，後來卻又成為蘇聯官方強力推行的正統信條。

蕭伯納很難按捺內心對科學的輕蔑，不時地就愛說三道四。像托爾斯泰一樣，任何事情只要他不明白，他都無法相信其重要性。我認為，他激烈反對活體解剖，並不是基於對動物

---

21 「Erewhon」是「nowhere」的逆寫，巴特勒（Samuel Butler），一八七二年，諷刺維多利亞時代的小說《埃魯洪逆向理想國》（*Erewhon, or Over the Range*），London: Trubner & Co.。

的憐憫，而是不相信活體解剖所能提供的科學知識。我覺得，他之所以長年茹素也不是由於人道考量，而比較是爲了禁慾的緣故，這在他的戲劇作品《長生》終曲，表露無遺。

蕭伯納最厲害之處就是唇槍舌戰的絕技，只要對手露出愚蠢或鄉愿的苗頭，他絕對毫釐無差緊咬不放，痛宰對方陣營，讓戰友大呼過癮。一戰之初，他出了一本小冊子《關於這場戰爭的常識》[22]。儘管他沒有標舉和平反戰的立場，但由於拒絕苟同當局和擁戴者虛矯表態的泛道德高調，因此惹惱了一大票自詡愛國不落人後的英勇志士。他這樣獨排眾議的堅持，毫無疑問，確實值得讚佩；然而，後來他卻自甘墮落，淪爲諂媚蘇維埃政府的可憐蟲，搖身一變，針砭力道盡失，也遺落了洞燭莫斯科弄虛作假的本領。

儘管他辯才無礙，但在提出自家論點時倒是沒那麼出色，往往凌亂而沒有頭緒，直到晚年接受馬克思主義體系之後，他的論點才比較有條理可循。蕭伯納擁有許多值得高度讚賞的素質。他無畏臧否，不論眾口交譽抑或觸犯眾怒，他都義無反顧，直言不諱。對於不值憐憫之人，他絕不留情；但是對於理當手下留情的無辜者，他時而也顯得有失厚道。總體而言，我們可以說他確實成就頗多好事，不過他帶來的傷害也從沒少過。在破除偶像崇拜和掃

22 蕭伯納（George Bernard Shaw），一九一四年，《關於這場戰爭的常識》（*Common Sense about the War*），New York : New York Times Co.。

蕩傳統陋習方面，他的表現可圈可點；但是，在自立偶像、供人仰慕方面，他的成績就相形遜色許多。

赫伯特・喬治・威爾斯（H. G. Wells, 1866-1946）

我首次和威爾斯見面是在一九〇二年，共效聯誼會（Co-efficients）的聚會，這個聯誼會是由希德尼・魏柏（Sidney Webb）創立，宗旨是希望召集社會賢達，集思廣益，共創效能，會員大約十來人，其中有些人我已不復記憶。

在我仍有印象的會員當中，最卓然出眾的首推愛德華・格雷爵士（Sir Edward Grey），其次是麥金德（H. J. MacKinder，後來也晉封爵士），他是牛津大學地理學講師，也是當時地緣政治學新興的德國領域權威。關於他的傳聞軼事頗多，我覺得最有趣的是，他和非洲土著嚮導攀登吉力馬札羅山（Kilimanjaro，非洲第一高峰），這位嚮導除了行經部落之外全程都是赤腳，而他本人則是穿著派對漆皮舞鞋。

再來，還有埃墨里（Amory），以及風度翩翩的海軍司令貝萊爾（Bellaris），他與死對頭人稱軍中儒俠的湯米・鮑爾斯（Tommy Bowles），雙雄競逐金斯林區（King's Lynn）的國會代表席次，長年纏鬥難分難解。貝萊爾最初是自由黨，鮑爾斯是保守黨。但是若干年之後，兩人互換政黨，貝萊爾轉而投入保守黨，而鮑爾斯則投向自由黨。如此一來，他們在金斯林區的對決得以繼續延燒互不相讓。一九〇二年，正是貝萊爾從自由黨轉投保守黨的過渡時期。

另外，我還記得威廉・海溫斯（W. A. S. Hewins），他是倫敦政經學院的首任校長。有一回，海溫斯告訴我說，他從出生以來一直接受羅馬天主教的傳統教養，但成長過程，對大英帝國的信仰逐漸取代了對教會的信仰。他熱烈反對自由貿易，並成功促使首相張伯倫（Joseph Chamberlain）改變心意，轉而推行關稅改革。他有讓我看，在張伯倫公開支持關稅改革之前，他們之間的通信，因此我明白他對於促成這場改革著力甚深。

我原本對威爾斯一無所悉，連名字也未曾聽聞，直到聽了魏柏談起他已邀請威爾斯加入共效聯誼會，我才注意到這位魏柏口中的青年才俊作家。魏柏告訴我，威爾斯文風直追朱爾・凡爾納（Jules Verne, 1828-1905，法國通俗科幻小說家），還說他希望這些通俗作品可以讓他名利雙收，以便將來獻身從事比較嚴肅的工作。

與會期間，我很快就發覺，大多數會員發表的高見，我礙難苟同，多談無益。除了威爾斯和我之外，其餘會員都支持帝國主義，對於英德大戰一觸即發，也不見他們有太多擔憂。只有他和我無法苟同如此觀點，而這也拉近了我們的距離。他信奉社會主義，當時直斥大戰愚蠢至極（儘管日後態度有所轉變）。格雷爵士堅持反對意見，強烈主張應該聯合法國、俄羅斯組成抗德陣線，雙方意見相持不下（兩年之後，保守黨政府開始採納該政策，並在格雷爵士出任外交大臣後，全力推動該政策，先後簽訂英法協約、英俄協約，合稱三國協約）。我強烈反對，認為此政策將會直接引發世界大戰，但是除了威爾斯之外，沒人同意我的看法。

這場聚會讓我們因政治立場惺惺相惜而結緣，會後我邀請威爾斯賞臉，偕同夫人蒞臨牛津近郊巴格萊伍德（Bagley Wood）的寒舍作客，結果差強人意，稱不上圓滿成功。威爾斯竟然不顧我們在場，當面取笑他太太考克尼腔調太重（Cockney accent，東倫敦勞工階級的英語方言），在我看來，這項指控似乎更適合用在他自己。

還有更難堪的場面，導火線是他的近作，《彗星來臨的日子》（*In the Days of the Comet*），書中描繪地球穿過彗星尾巴，拖曳的奇特氣體籠罩地球，使得全球民智大開，最重大的結果表現如後：㈠眼見即將爆發的英德大戰，經由兩國和平協議，終於順利息戈止戰；㈡所有人都熱情擁抱自由戀愛。威爾斯爲此遭受媒體窮追猛批，主要不是因爲他鼓吹和平反戰，而是因爲他宣揚自由戀愛。他有些氣急敗壞，顚三倒四辯解說，他沒有宣揚自由戀愛啊，就只是預言彗星尾巴的特殊氣體可能帶來的後果，況且也沒有評論該等後果是好或壞。在我看來，這些似是而非的說詞，不過是爲了迴避輿情公憤的違心之論，我問他：「爲什麼你先是宣揚自由戀愛，後來又推說沒有？」他回答說，版稅收入不豐，光靠存款利息不足支撐餘生所需，得等一輩子不愁吃穿，才有餘裕公開鼓吹自由戀愛。或許，那時的我對人品要求太過嚴厲，因此他這番回答讓我頗爲反感。

這次失望之約過後，我和他鮮少有機會見面，這種情況一直維持到第一次世界大戰結束。因爲他先前雖然不贊同對德開戰，但是到了一九一四年，他卻一反昔日態度，變得極端好戰，甚至喊出「以戰止戈」的口號。他說，他「熱血激昂，全力支持對抗普魯士軍國主義之戰。」早在開戰之初，他就高喊普國攻勢強碰固若金湯的列日（Liège）要塞絕對會全軍覆沒；然而不到一兩天，列日防線就被攻破了。雖然，希德尼・魏柏與威爾斯同樣支持主戰立場，但彼此關係也開始漸行漸遠，部分原因是基於道德方面的難以苟同，此外還有私人恩怨，就是威爾斯處心積慮，奪取魏柏在費邊社的領導地位。威爾斯的好幾本小說，均有影射對魏柏夫婦的敵意，而且雙方交惡從未平息。

第一次世界大戰結束後，我和威爾斯的關係再次變得比較和好。我很欣賞他的《歷史綱要》（*Outline of History*），尤其是前面的部分，而且發現他在書中許多方面的觀點，我也頗能認同。威爾斯的創作包山包海，善於組織龐雜素材。他個性海派非常健談，談笑風生，絕無冷場。議論場合，常見他目光炯炯，滔滔雄辯，可以感覺他是眞心熱衷討論話題，而比較不是出於喜歡對談者的緣故。

有一段時期，我常在週末前往他在艾塞克斯郡的寓所作客，星期天午後，他會招呼賓客前去拜會鄰居華威夫人（Lady Warwick）。她對工黨的支持相當積極投入。華威莊園有一座大池，池畔環繞好幾尊龐然大物的翠綠瓷蛙，愛德華七世贈送的，既新潮又傳統矛盾並蓄，要找到可以和這位夫人暢談無礙的話題，還眞的有點兒難度。

威爾斯的創作成就主要在於以量取勝，品質稱不上特別卓越，儘管不容否認他在某些方面確實也有足以稱道之處。他的拿手好戲就是挖空心思，摹寫異想天開情境之下的群眾行爲，《世界大戰》（*The War of the Worlds*）就是箇中代表作。他有若干部小說，刻劃入木三分的主角，似乎都頗有作者自我投射的影子。在政治方面，他也是促使英國民眾重視社會主義的關鍵人物。他的政治立場和個人倫理觀點，對戰後世代的書迷影響力相當可觀。他的知識或許難登堂奧，但也稱得上是包羅萬象。然而，人非聖賢，難免會有些弱點。比方說，他不太能忍受自己聲望下滑，爲了贏回群眾掌聲，每每做出妥協讓步，而這也使得他的立場搖擺前後矛盾。

他懷抱民胞物與的同理心，但也因而難免感染群眾歇斯底里的激情反應。遭受輿論的非議抨擊，譴責他傷風敗俗或感情不忠，煩悶難耐之下，他也不免寫出一些二流故事試圖自我平反，例如：《主教的靈魂》（*The Soul of a Bishop*）；另外，還有短篇小說〈拉布拉多之旅〉（In Labrador，改寫自一九一二年長篇小說《婚姻》（*marriage*）），描寫一對失和夫妻，眼見爭執火爆，關係降到冰點，爲了化解僵局，勉爲其難相偕前往拉布拉多渡假，沒料到卻碰上不速之客的野熊，最後在夫妻齊心之下，化險爲夷，也挽救了瀕臨破裂的婚姻。

我最後一次見到他，當時他可能已經自知來日無多，語重心長談到左派分裂自亂陣腳所造成的傷害。儘管他沒有明講，但我猜想他應是希望社會主義陣營能和共產黨有更密切的合作。這和他年輕壯盛時期的觀點大相逕庭，那時他常取笑馬克思的鬍鬚，並且極力告誡世人千萬不可輕信新馬克思主義的謬論。

威爾斯的重要貢獻主要是他釋放了思想、想像力的空間。他讓想像力盡情馳騁，勾勒出諸多可能發生的社會，其中有些令人嚮往憧憬，有些則是讓人退避三舍，從而鼓舞年輕人得以自由發揮，盡情構思原本不太可能想像的社會現象。有時候，他呈現的故事給人光明、樂觀的希望；不過，也有些故事瀰漫前途無明的氣息，例如：悲觀色彩濃厚的《盲人之鄉》（*Country of the Blind*），可以說就是透過現代語言來重新詮釋柏拉圖的洞穴寓言。形形色色的諸多烏托邦，雖然本身不是很扎實可信，但也堪稱精心摹繪，或許有可能啟迪思路，在未來世代開花結果。

他總是理性，免於落入現代人容易蒙蔽的諸多迷信。他相信科學方法，態度健康，激勵人心。儘管世局紛擾很難不憂心喪氣，但他總能保持樂觀，相較於當前盛行的萎靡悲觀，如此積極入世態度更有可能贏來光明前景。綜而言之，我認爲，威爾斯在促進當代思潮，以理智和建設性的態度檢視社會制度和人際關係，居功厥偉。我期盼能有後人接下他的棒子，儘管目前我還不清楚有哪些人足以繼承他的位置。

約瑟夫・康拉德（Joseph Conrad, 1857-1924）

我與約瑟夫・康拉德結識於一九一三年九月，居中介紹人是雙方相識的友人奧托琳・莫瑞爾夫人（Ottoline Morrell, 1873-1938）。在此之前，我對於康拉德的作品已經久仰多年；然而由於沒人介紹，我也不便冒昧求見。約定拜會之日，我滿心殷切趕往他位於肯特郡阿什福德（Ashford）附近的住所。我對他的第一印象是有些詫異的感覺。他的英語帶有相當濃的外國口音，舉止也絲毫沒能讓人聯想到大海。他是道道地地的波蘭紳士，渾身上下散發貴族氣度。他對海洋的感情，對英國也同樣，都帶有浪漫的情懷，足以保持距離的美感而不致摩擦汙損。他對海洋的熱愛，從很小的時候就開始了。他稟告雙親一心嚮往水手生涯，他們勸他不如投效奧地利海軍；但是，他心中渴望的是冒險、熱帶海洋，還有闇黑森林神出鬼沒的祕境河流，而海軍生涯並不能滿足這方面的渴望。後來，他還是決定前往投入英國商船工作，家人憂懼不安，但他心意已決，不容動搖。

任何人從他的書中或許都能看出，他的道德感非常嚴格，在政治立場方面，則是強烈不認同革命人士。在大多數意見方面，他和我難得有共識；但在大是大非的根本立場方面，我們卻是極爲契合。

我和康拉德的交往經驗，迴然有別於我以往和其他人的情況。我們見面次數不多，實際交往時期也不算長。我們的生活，從外觀來看，幾乎不太有交集；但是，對於人生展望和人類命運，倒是有頗多心心相印的看法。正因爲如此，打從相識之初，就深切感到一見如故的契合。我們相識後不久，他寫給我的信中寫道：「一種深深的欽佩之情，如果有一天，你再也不想見到我，或是明天就忘了我的存在，我對你深深的佩服之情，至死也不會改變。」我這樣引述，似乎有些顯得不夠謙虛，還請讀者見諒。我的用意無非是想表達，他的這段文字也正是說出了我內心深處對他的眞切感受。

在他的作品當中，我最佩服的是《黑暗之心》（*The Heart of Darkness*），這部描寫恐怖主題的小說，主角是心智薄弱的理想主義者，隻身闖入黑暗恐懼籠罩的熱帶森林，面對蠻荒異族瀰漫的沉重孤寂，終遭心魔啃噬而瘋狂。這個故事，在我看來，將他的人生哲學發揮到淋漓盡致。我覺得，他認爲文明和道德可容忍的人類生活，就像踩在炙熱的熔岩上，危機四伏，隨時可能粗心踩破而沉沒火海深處，雖然我不確定他是否會接受如此的描寫。他非常明白，人們很容易陷入各式各樣的激情瘋狂，而這也促使他深刻堅信紀律的重要性。或許有人會說，他的觀點，與盧梭各執對立兩端：「人天生枷鎖桎梏，但可以迎向自由。」[23]就此

23 譯者按：盧梭（Jean-Jacques Rousseau），1762年，《社會契約論》（*Du contrat social ou Principes du droit politique*）有言：「人天生自由，卻無處不受枷鎖桎梏」（L'homme est né libre, et partout il est dans les fers）。

而言，我相信康拉德應該會說，人之所以可以達到自由之境，不是通過縱容衝動本性，或是恣意妄爲不受控制，而是能夠爲了實現重大目的而克制迷妄橫流的衝動。

在政治方面，儘管他對政治體系難得有興趣，但是他還是有一些強烈的情感，其中最值得注意的就是對英國的熱愛和對俄國的憎恨，這兩方面在《祕密探員》（*The Secret Agent*）都有入木三分的著墨；《西方之眼》（*Under Western Eyes*），則是筆力千鈞，傾全力刻劃對沙俄帝國和革命政權的深惡痛絕。對俄國的厭惡可說是波蘭人的傳統，以至於他容不得自己對托爾斯泰（Tolstoy）或杜思妥耶夫斯基（Dostoevsky）有一絲一毫的賞識。他曾經告訴我，屠格涅夫（Turgeniev）是他唯一敬佩的俄國小說家。

除了愛英國、恨俄國之外，他對於政治並沒有太大關注。他關心的是個人在面對天地不仁，再加上人類之間敵意交迫，如何不敵內心善惡拉扯，終而步上毀滅絕路。孤寂的悲劇，盤踞了他大部分的心思和感情。《颱風》（*Typhoon*）就是他最具代表性的創作。這篇小說描寫個性樸直的船長，本著大無畏的勇氣，堅定不搖的意志，臨危不亂，指揮船隻衝破驚濤駭浪。風暴平息後，他寫了一封長信給妻子，細說經過。他寫來平鋪直述，對他而言，這事情再簡單不過，就只是履行船長本分的職責，就如同任何人都會期待船長應有的作爲一樣。但是，透過他的敘述，讀者清楚見識到他膽識過人的英勇壯舉，還有堅忍承受的險惡經歷。不過，這封信在他寄出之前，只有一個船員偷偷看了，除此之外沒有其他人知道信裡寫了哪些內容，因爲船長夫人收到信，只看了前頭幾句，嫌他寫得乏味，隨手就給扔了。

孤寂和對陌生事物的恐懼，是盤踞康拉德創作心靈的兩大主題。《海隅逐客》（*An Outcast of the Islands*），和《黑暗之心》一樣，都是關於對陌生事物的恐懼主題。短篇小說《艾美・福斯特》（*Amy Foster*）[24]，則是融合這兩大主題，交織譜寫成淒婉動人的故事。話說南歐斯拉夫（South Slav）農民楊柯・古洛（Yanko Goorall）遭人誘騙前往美國掏金，不料途中海難沉船，船上所有同行的人全都葬身海底，只有他一個人漂流到英國肯特郡的海濱村落。所有村民都對他戒慎排擠，惡行惡狀，只有出身卑微的女僕艾美・福斯特伸出援手，爲飢寒交迫的楊柯送上麵包和衣物，兩人相濡以沫，日久生情，雖然結婚育有一子，然而楊柯終究難以排解思鄉之苦，積鬱成疾，發高燒神智錯亂，譫言妄語說的都是老家斯拉夫的話語。艾美嚇得抱著孩子，棄他而去，獨留他孑然一身，無所依倚，命絕他鄉。有時候，我不免會想，康拉德客居英倫不知承受了多少像這小說人物那樣的孤寂，而他又是透過何等的堅強意志來抑壓心中糾葛難解的情結。

康拉德的觀點遠非現代，現代哲學主要有兩大派：一派是源自盧梭（Jean Jacques Rousseau, 1712-1778），主張紀律是沒必要的，應該加以摒棄；另一派主紀律是必要的，

24 《艾美・福斯特》（*Amy Foster*），一九九七年，改編拍成電影《碧海奇緣》（*Swept from the Sea*）。

個人應該接受外部施加的紀律，在極權主義可以發現這一派最完整的發揮。康拉德遵循較古老的傳統，主張紀律應該發諸內心。他鄙視個人缺乏發諸內心的紀律，也憎惡僅是由外部施加的紀律。

在這些方面，我發現自己與他心有靈犀，頗多相契。我們第一次見面，就一見如故，相談甚歡，好像穿透重重客套，直搗話題熾熱核心，如此神妙體驗空前未有。我們凝神對望，恍惚迷離，心流交融宛若化境。那感覺如此濃烈專注，就像熱戀中的情人。於此同時，卻又眼界大開，海闊天空。與君一席話，如癡如醉，告辭臨去之時，悵然若失，再也沒能平常心照舊過活。

在戰爭期間或之後，直到一九二一年，我從中國返回英國之前，我都沒有再見到康拉德。那年，吾家長子出世，我希望，請康拉德考慮，在不涉繁文縟節的情況下，讓犬子認他爲教父。我寫信給他：「懇請仁兄惠允同意，吾兒取名約翰・康拉德。家父、祖君、曾太公均以約翰爲名，康拉德乃愚弟心目謙謙君子之大名。」他欣然接受，以教父身分送了一只受洗禮杯當作見面禮。

那一年，我大部分時間都住在康瓦爾郡（Cornwall），所以和他見面機會不多，而他的健康狀況也日益虛弱。然而，他還是不時寫信給我，展信讀來備感窩心，尤其是其中有一封信，還談到我寫的關於中國的書，他在信中寫道：

「我對華人向來頗有好感，甚至在泰國昌達汶（Chantabun）潛入私人宅院意圖謀害我（和其他人）的華人，或是在曼谷漏夜翻箱倒櫃把我的錢財搜刮一空，這位老兄還算好心，把翻亂的衣服刷拭乾淨並折疊整齊，好讓我翌日清晨有乾淨衣服換穿，然後才摸黑消失在暹羅夜幕（只不過，對這宵小之徒，好感是要少了些）。這麼些年來，我也接受到不少華人盛情厚愛。此外，還有一晚，與曾大使的祕書在飯店陽臺談天，交換對敘事詩《支那老千阿辛》（*The Heathen Chinee*）的閱讀心得，我對華人的全部了解都是來自這本書。但是，閱讀了你關於中國問題的論述，我覺得極爲有趣，也開始對他們國家的未來感到悲觀。」

他接著寫道，我對中國未來的看法「讓人脊背發涼」，他還指出，我將希望寄託在國際社會主義，更是叫人毛骨悚然，他評述說，這所謂的國際社會主義，「我看不出有任何明確的涵義。我至今沒能發現任何人的著作或談話，足以說服我，哪怕是片刻也好，讓我能夠挺而反駁，我對人類所在世界深根固柢的宿命感。」他繼續又說，儘管人類已經飛上天空，「但他的飛行不是像飛鷹一樣，而是如同甲蟲，你肯定有注意到，甲蟲飛起來是多麼難看可笑、愚蠢彆扭。」悲觀的字裡行間，流露著清明而透澈的眞知灼見，相較之下，我對中國問題的客觀，就顯得淺薄得一廂情願，相形見絀。我必須說，到目前爲止，事實證明他所言不虛。

這封信是我和康拉德的最後一次聯繫，此後我們便不曾相聚。有一次，我走在路上遠遠看到他，他就站在藝術會館大門口（我祖母生前的宅院），和我不認識的男人交談，看起來談得很認真，我想不宜打擾，於是沒打照面就離開了。沒想到不久之後，他就過世了，我心裡很遺憾，當時如果不要顧慮那麼多就好了。如今，這座宅院已經不在了，毀於希特勒之手。我想，康拉德也逐漸被世人遺忘。但是他那深情而熾烈的貴族氣息，猶如井底仰望的恆星，在我的記憶熠熠生輝。我希望，我可以讓他的光芒照耀世人，就如同照耀我一樣。

喬治・桑塔耶納（George Santayana, 1863-1952）

我和喬治・桑塔耶納首次相見，是在聖殿花園（Temple Gardens）的一處屋頂，那是一八九三年六月，白天相當悶熱，向晚時分，氣溫稍微轉涼，我們眺望倫敦景色，分外心曠神怡。苦讀十年，我甫結束數學榮譽學位考試（Mathematical Tripos），緊接著即將投入哲學研究。我是經由哥哥的介紹，認識了桑塔耶納，哥哥告訴我他是哲學家，我因此懷抱孺慕之情仰望他，仰之如海闊天空，讓我對他更加景仰不已。當年，他有著一對聰穎慧詰的眼眸，相當好看。我聽著他的談話，內心頗爲崇敬，他渾身散發一股罕有的氣息，完美融和了美國和西班牙的特質，讓人不禁悠然神往。至於他當天談話的內容，我已經記不得了。

在我對他有更深了解之後，我發現我們某些方面心靈相契，但是在更多方面則是各有主見，難以苟同。他自稱個性疏離超脫，不太容易眞情流露。儘管雙親都是西班牙人，他卻是在美國波士頓長大，大學就讀哈佛，畢業之後，留任母校，教授哲學。儘管如此，他始終覺得自己是流亡在外的西班牙人。美西戰爭，他激切站在西班牙一方，如此表現或許並不意外，因爲他父親曾經出任（西屬東印度群島菲律賓）馬尼拉總督。任何事務只要牽動他的西班牙愛國情操，他通常的疏離超脫氣息就會消聲匿跡。夏天的時候，他常常前往西班牙古城亞維拉（Avila）同母異父姐姐家裡度假。有一次，談到古城生活，他娓娓道來當地婦女如何倚窗憑欄，跟路過的熟識男子打情罵俏，事後再前去教堂懺悔告解，以彌補此等消遣罪過。我脫口說道：「這聽起來滿蠢的。」他正襟危坐，嚴肅表示：「她們將一生都花在兩件大事：愛情和宗教。」

他容許自己仰慕古代希臘人和現代義大利人，甚至墨索里尼也不例外。但是，他打心底瞧不起阿爾卑斯山以北的任何民族。他眞心覺得，只有地中海民族才有思辨的能力，因此只有他們才可能成爲眞正的哲學家。依他所見，德國和英國的哲學充其量只是邯鄲學步難成大器。對於北國之邦，他欣賞的是運動員和實業家。他和我哥哥交情甚篤，我哥哥對於探索玄思奧義，向來不太感興趣，所以相安無事。但是，他對於我投入哲學研究，則是帶著其情可憫的含蓄態度，頗像他看待其他北國哲學家一樣，總覺得我們是自不量力，徒勞而無功。不過，這一點倒是從沒妨礙我們相處甚歡的情誼，因爲我的愛國自信心與他旗鼓相當。

桑塔耶納私底下的爲人就如同他書中展現的風貌。個性溫文儒雅，處事謹小愼微，鮮少情緒激切。就在馬恩河戰役（Battle of the Marne）之前數天，德軍大舉壓境，巴黎淪陷似乎已成定局，他對我說：「我想，我得走一趟巴黎，因爲我的冬季貼身衣物還在那兒，萬一落入德國人手中，我會感覺不舒服。另外，我還有一本書的手稿也留在那裡，過去十年來，寫作這本書讓我投入了不少心力，不過，對於這本手稿的下落，我倒是沒有特別放在心上。」後來，馬恩河戰役開打，這趟旅程也就打消了。

在劍橋的時候，有一段時日，我們幾乎天天見面，有一天晚上，他對我說：「明天，我要去塞維利亞（Seville）。我希望置身於無須約束激情的地方。」我想，對於像他那樣少有激情可約束的人，會有如此態度似乎也不足爲奇。

他的自傳記載了一則軼事，描寫我哥哥費了好大的勁，終於撩動他勉爲其難同意出遊。話說，我哥哥有一艘遊艇，那一次，他邀請桑塔耶納搭乘遊艇出遊。遊艇停泊離岸邊有段距離，必須踩過一條狹窄的木板才能上船。我哥哥輕輕鬆鬆就跑過去了，可是桑塔耶納很害怕掉進泥沼裡。我哥哥伸手拉著他，但是很不幸，桑塔耶納的平衡感眞的不是普通差，兩個人搖搖晃晃，就栽進河岸凝滯不動的泥淖。桑塔耶納回憶當時情景，仍然心有餘悸，他寫道，當下簡直不敢置信，我哥哥居然脫口說出那樣有失伯爵身分的用詞。

桑塔耶納的個性，拘謹而近乎古板龜毛，這方面的故事俯拾皆是。他的衣服總是保持整潔，即便外出到鄉野巷弄，他也總是穿著光可鑑人的漆皮鈕扣踝靴。我想，一般讀者若有足夠智識，應該不難從他的文筆風格猜出此等人格特質。

儘管他並非虔誠信奉天主教的教徒，但無論在政治和社會方面，他無不大力擁護天主教。對於一般民眾，他看不到任何理由可以期望他們應該會信仰某種眞理。相對地，他卻是渴望民眾能夠崇仰審美理想，而這實則是近乎神話的虛幻渴望。如此態度使他自然對新教理念抱持敵視態度，這也導致秉持新教理念者對他多所抨擊。威廉·詹姆斯（William James, 1842-1910）就批評他的博士論文，「趨於完美的迂腐學究味」（the perfection of rottenness）。儘管哈佛同事多年，但兩人對彼此都難得有好感。

以技術角度來看，我從不認爲桑塔耶納是嚴肅的哲學家，儘管我認爲他在文藝評論方面提出不少非凡見解，影響與貢獻或許値得敬重。他的書寫披著美式新潮風格，多少遮掩了他思想骨子裡的極端保守本質。西班牙的淵源，使他不僅支持天主教（舊教）的政治立場，不遺餘力捍衛西班牙古老傳統；再者，他在哲學方面，也著力極深，致力恢復十三世紀的經院哲學（Scholasticism，又稱士林哲學）。他沒有像新托馬斯主義者（Neo-Thomists）那樣，直接鼓吹復古的經院哲學，而是迂迴轉進的手法推出新瓶舊酒，因此一般讀者不容易看清楚他的觀點來自何處。但是，如果要說他的觀點完全等同於中世紀經院哲學觀點，那也不盡公允。持平而言，他的思想淵源固然有不少來自聖托馬斯（St. Thomas），但更多則是來自柏拉圖。不過我也覺得，如果他和聖托馬斯能夠見上一面，應該會心心相印一見如故。

在純哲學領域，桑塔耶納最重要的著作有兩部，分別是《理性的生活》（*The Life of Reason*），以及《存有的領域》（*Realms of Being*）。《理性的生活》[25]，一九〇五年出版，桑塔耶納從五個方面來論述理性的生活，分別是：「常識的理性」；「社會的理性」；「宗教的理性」；「藝術的理性」；「科學的理性」。我個人感覺，這本著作不太可

25 桑塔耶納（George Santayana），一九〇五至一九〇六年，《理性的生活》（*The Life of Reason*），New York, C. Scribner's Sons。

能吸引讀者去追求他心目中的那種理性生活。那樣的生活太沉靜，就像純粹的旁觀者，太過缺乏激情，儘管激情或許必須加以控制，但至少對我而言，任何有價值的生活必然不能缺乏激情。《存有的領域》[26]，出版於一九二七至四〇年，堪稱桑塔耶納學術生涯的巔峰巨作，包括四卷，分別是：《本質的領域》、《物質的領域》、《眞理的領域》、《精神的領域》。如同桑塔耶納的其他哲學著作一樣，這本書也省去麻煩，沒有花費心力去提出立論根據，而且他所陳述的許多內容，尤其是關於本質的部分，泰半忽略大多數現代哲學家認爲重要的著作。他完全忽略了現代邏輯，然而現代邏輯的進展，對於經院哲學甚爲關注的普遍性（universals，或譯共相）古老問題，其實帶來了不少饒富新意的闡明新方向。從某種意義上講，桑塔耶納的《本質的領域》似乎預設了某種程度的普遍性實在。要是我們因此就直接說此一主張是錯誤的，那或許有些輕率；但是，這確實也是桑塔耶納的一種特徵，那就是，他往往隨性假定自己主張的眞確性，而又完全不花費心力去提出支持其眞確性的任何根

26 桑塔耶納（George Santayana），《存有的領域》（*Realms of Being*），共四卷：第一卷，一九二七年，《本質的領域》（*The Realm of Essence*）；第二卷，一九三〇年，《物質的領域》（The Realm of Matter, 1930）；第三卷，一九三七年，《眞理的領域》（*The Realm of Truth*）；第四卷，一九四〇年，《精神的領域》（*The Realm of Spirit*），New York : Scribner's Sons。

據。

桑塔耶納的一生活躍時期，大都在哈佛擔任哲學教授，儘管如此，他在文學領域的重要性或許遠勝於哲學領域。在我看來，他的風格可能不太是哲學家應有的風格。就如同他的漆皮靴子一樣，過於柔軟光滑。閱讀他的著作，給人的印象就彷彿順著溪河而下，水面風平浪靜一望無際，幾乎看不見河道本身。但是，不時隆起的岬角會乍然映入眼簾，你這才驚覺那是先前未見的景致，因爲前進過程太平順了，以至於你絲毫沒有意識到船在河道的運行。整個閱讀過程，就像紙上夢遊，字句暢讀無阻，但是幾頁讀下來，卻完全記不得寫的是何許涵義。

儘管如此，桑塔耶納在哲學方面惠我良多，我由衷感謝。年少時期，我認同摩爾（G. E. Moore）的觀點，相信善惡自有客觀本性。桑塔耶納在《教義之風》[27]的批評，促使我放棄此等觀點。然而，我始終無法像他那樣處之泰然，安心接受善惡本無客觀的信念。

桑塔耶納寫了很多文學批評，其中一些很出色。有一本名爲《盧塞修斯、但丁和歌德的

---

27 桑塔耶納（George Santayana），一九一三年，《教義之風》（*Winds of Doctrine: Studies in contemporary opinion*），London: J. M. Dent & Sons。

三位哲學詩人》[28]，因爲我說他對兩位義大利詩人比對德國詩人好，這讓他心裡頗爲受傷。他寫歌德的部分，頗爲吃力磨心，思想上認可，但性情卻厭惡，兩股力量天人交戰。我發現，他在性情反應方面有趣多了，也希望他能放手揮灑多一些。

他對英格蘭情有獨鍾，他創作的《英倫獨白》[29]，任何愛國的英倫子民讀來想必都會心有戚戚焉。他有一本小說，其中把我哥哥描寫爲反派人物（實際上，他們交情頗爲深篤）。他的自傳包含若干卷，其中有相當大的篇幅，就是關於他的西班牙氣質和波士頓環境扞格衝突而引發的趣味。他不只一次誇耀自己的母親，話說她寡居波士頓期間，幾乎足不出戶，新英格蘭的朋友看在眼底甚感憂心。於是，派人代表登門問候她都是如何打發日子，她悠悠回答說：「還好啦，我多半時間都忙著保持冬暖夏涼，沒閒工夫心慌發悶。」母親這番回答，顯然深得其心，而這自然也讓他很難在新英格蘭抱持既來之則安之的感情。

桑塔耶納寫了很多關於美國文化的文章，不過他對美國文化評價並不高。其中，有一篇

---

28 桑塔耶納（George Santayana），一九一〇年，《盧塞修斯、但丁和歌德的三位哲學詩人》（*Three Philosophical Poets: Lucretius, Dante, and Goethe*），Cambridge, Harvard University Press。

29 桑塔耶納（George Santayana），一九二二年，《英倫獨白》（*Soliloquies in England and Later Soliloquies*），New York: Scribner's Sons。

標題：「美國哲學的仕紳傳統」[30]，是他在加州大學發表的演說，主旨是批評美國的學院精神與國家精神格格不入所帶來的影響。他表示，美國精神雖然充滿活力，卻也如同非利士人那樣市儈鄙俗。我自己遊歷美國各大學的感覺是，如果校園建築採用摩天大樓樣式，而不是仿傚哥德風格，學院精神和整個國家精神似乎會比較趨於和諧一致，而這也正是桑塔耶納的觀點。不過，我覺得相同之中還是有些差異。桑塔耶納卓爾不群，蔑視流俗，自得其樂；相對地，我發現，如果硬逼我採納如此態度，我會痛苦難耐，渾身不自在。孤芳自賞和不經意流露的鄙夷輕蔑是他的缺點，因此儘管他可以贏得眾人欽佩，但卻很難讓人由衷愛慕。

但是，陳述我對他的評斷之餘，也得呈現他對我的評斷以茲平衡，否則難免讓人覺得我對他有失公允。他對我的評論如後：「即使羅素洞察力達到最敏銳的境界，他的觀察敏銳力道總也太過集中，關注焦點僅及於顯微鏡下的視野；儘管擁有超乎常人的清晰眼光，但一次只看單一事物，或是單一歷史、政治的作用元素；見樹而不見林，對於單一元素洞燭入微，卻也讓他盲目不察其餘之物。」而且，他還有些匪夷所思，直指我屬於宗教保守主義之流。關於這一點，我就留給讀者自行判斷。

---

30 桑塔耶納（George Santayana），一九一一年，《美國哲學的仕紳傳統》（*The Genteel Tradition in American Philosophy*），University of California Press。

桑塔耶納對於古老美好年代的緬懷愛慕之深，倘若他有足夠能力，應該會很樂於大力推廣，但是他似乎從來沒體會到，如此一來世界將會變得了無生機，不再有任何新創的美好事物。假如他身處伽利略的年代，他應該會指出伽利略的文學成就不如盧克萊修（Lucretius，西元前九十九至五十五年左右）。但是，盧克萊修的哲理詩作闡述的是已經存在若干世紀之久的古老學說。我懷疑，德謨克利特（Democritus，西元前四六〇至三七〇年左右）和伊比鳩魯（Epicurus，西元前三四一至二七一年），最初提出該等新學說的年代，當時的人們或許不太能感受到如同盧克萊修的詩作那般賞心悅目的美感。或許，他們比較幸運吧，他們的作品已經佚失不存，而我的看法充其量只是一種臆測。仍然不可否認的是，新的東西從來沒有古老的東西那樣古色古香，思古幽情的懷舊崇拜與推陳出新的追求卓越，總是很難相容並存。正是基於這個原因，所以我認爲，桑塔耶納的主要貢獻是在文學，而不是哲學。

阿弗烈・諾斯・懷海德（Alfred North Whitehead, 1861-1947）

我與懷海德的第一次接觸，是在一八七七年，更確切地講，我見到的不是他本人，而是他的父親老懷海德。當時，我所接受的教育都說地球是圓的，但是我信得過自己感官所見（地球明顯就是平的），因此拒絕相信如此說法。懷海德的父親剛好是教區牧師，領受神召前來開導我。教會權威如此彌天蓋地，讓我覺得眞該做個實驗，徹底檢驗孰是孰非。於是，我開始在地上挖洞，看看這一路挖下去最後是否會貫穿通往地球的另一端。當他們告訴我，這樣做哪有可能解決問題，我的懷疑精神又整個生氣煥發。

直到一八九〇年，我成爲劍橋大學新生，修了懷海德開設的靜力學，才第一次見到他本人。他指定全班同學，預習課本第三十五節，然後他轉向我說：「你不需要讀了，因爲你都已經懂了。」話說，早在十個月前，申請入學獎學金的考試，我就有引用到那一節的數學公式。時隔那麼久，他居然還記得這件事情，當下讓我又驚又喜。他對我的友善還不止於此。他根據對我獎學金考試的印象，愼重其事告訴大學部聰穎冠絕的學生，要他們特別注意我這號人物。就這樣，開學短短一個禮拜，我就和他們全都結識了，其中有不少人還成了我的終身摯友。

在我從大學生逐漸邁向成爲獨立作家的過程，懷海德的指導給了我相當多的啟發。尤其是一八九五年，我申請成爲研究員的論文，更是這轉進過程的重大轉捩點。放榜前夕，我前去請益，結果他對我的論文嚴詞批評，絲毫不留情面，儘管不失公允，卻也讓我大受打擊，就像鬥敗垂頭喪氣的公雞，心中默默打定主意，乾脆不等隔日放榜，就和劍橋揮別了。不過，後來得知哲學系教授詹姆斯・沃德（James Ward, 1843-1925）[31]對我的論文多所讚賞肯定，才讓我打消此一念頭。在我得知順利入選爲研究員之後，懷海德夫人責怪他對我批評太嚴苛了，但他爲自己辯解說，這是最後一次，能以老師的身分來指點我。一九〇〇年，當我開始探索自己的想法，幸運得很，他接受了我的說服，認同該等想法的確有進一步發展的價值。於是，我們就以此爲基礎，展開了十年的合作，共同完成一本大書[32]，全書都是我們兩人通力合作的心血結晶，並沒有任何部分是由我們個別一人獨力完成。

---

31 詹姆斯・沃德（James Ward, 1843-1925），英國哲學家、心理學家。英國唯心主義、心理學哲學、泛心論（Panpsychism），主張宇宙萬物皆有心靈或精神，即使無機物也不例外，也譯爲萬有精神論。著名學生包括：羅素、分析哲學後設倫理學家G. E.摩爾、心理哲學家喬治・斯托特（George Frederick Stout）等人。

32 《懷海德與羅素》（*Alfred North Whitehead and Bertrand Russell*），《數學原理》（*Principia Mathematica*）共分三卷，一九一〇（第一卷）、一九一二（第二卷）、一九一三年（第三卷），Cambridge: Cambridge University Press。內容主要論述所有數學眞理，原則上，都可以透過一組數理邏輯的公理和推理規則，予以證明。

在英國，懷海德只被視爲數學家，直到赴美之後，美國人才發現他也是哲學家。[33]他和我的哲學見解分歧漸深，因此不再可能繼續合作。而且他去了美國之後，我就很少和他見面。一次大戰期間，我堅持和平反戰立場，他完全無法接受，兩人歧見日深，對於彼此相左的立場，他比我寬容得多。至於意見分歧而導致我們情誼日漸疏遠，我犯的過失則是比較多。

一次大戰最後幾個月，懷海德的幼子不幸陣亡，年方十八歲。[34]遭逢巨變，讓他悲痛欲絕，如果不是有強大的道德紀律支撐，幾乎沒有精神再繼續工作下去。喪子之痛，在很大程度上，促使他的思想（從數學、物理）轉向哲學，也導致他揚棄單純機械論宇宙觀的

33 懷海德學術生涯早期，主要聚焦數學、邏輯和物理。一九一〇年代末期至一九二〇年代初期，逐漸轉向科學哲學和形上學。一九二四年，六十三歲，應邀赴美，擔任哈佛大學哲學系教授。

34 懷海德的幼子，艾力克・阿弗列・懷海德（Eric Alfred Whitehead, 1898-1918），一次大戰，服役英國皇家陸軍航空隊，一九一八年三月十三日，於法國聖歌班森林（Forêt de Gobain）上空飛行任務陣亡，得年十九歲，羅素文中誤記寫成「十八歲」。一九一九年，懷海德出版的《論自然知識原理》（*An Enquiry Concerning the Principles of Natural Knowledge*）扉頁獻辭：「本書獻給艾力克・阿弗列・懷海德／皇家陸軍航空隊／一八九八年十一月二十七日生，一九一八年三月十三日卒／聖歌本森林上空陣亡／捐軀赴難保衛心之所向城市於不墜／一生樂章祥和無有戾氣／十全十美。」

信仰，另尋解脫出路。他的哲學非常晦澀，有許多地方，我至今未能領略。他曾有一段時間傾向康德主義，而我對康德的評價並不好，後來當他開始發展自己的哲學，受到伯格森（Henri Bergson, 1859-1941）相當程度的影響。他對於柏格森宇宙統一性的主張印象深刻，並認爲只有透過此等論點，科學推理才可能得到合理的證成。我的性向則是使我朝往相反方向發展，不過我也懷疑，單靠理性是否就可能決定我們哪個人比較接近正確。喜歡他觀點的人可能會說，他的目標是要給一般大眾帶來慰藉，而我則是給哲學家帶來不安。反之，贊成我觀點的人可能反駁說，我逗樂一般大眾，而他則取悅了哲學家。無論哪種說法比較符合實情，我們終究走上了截然不同的哲學之路，儘管如此，兩人深厚情誼卻是始終不渝。

懷海德有著非比尋常的廣泛興趣，他的歷史學養更是讓我嘖嘖稱嘆。有一次，我偶然發現，他的床頭擺的居然是保羅・薩爾皮（Paolo Sarpi, 1552-1623）的《天主教特倫托大公議會全史》（*History of the Council of Trent*），這是一本極其冷僻的嚴肅歷史著作。無論談論什麼歷史話題，他總能提出發人深省的史實材料，比方說，他可以從伯克（Edmund Burke, 1729-1797）的政治觀點，連結到伯克對於倫敦市政的諸多關注旨趣；他可以暢談胡斯派（Hussite）民俗信仰與波西米亞銀礦之間的關係。後來，沒有其他人再跟我提起這個話題，直到幾年前，有人寄給我一本學術專著，研究的正是此一主題。我不清楚，懷海德當初是從哪裡得到這方面的訊息。但是，最近我從約翰・肯納里爾・皮爾先生（John Kennair

Peel）那裡獲悉，懷海德的訊息來源可能是呂佐伯爵（Count Lützow）的《波西米亞簡史》（*Bohemia: An Historical Sketch*）。懷海德渾身散發溫文爾雅的氣質，同時又不失幽默風趣。我讀大學時，還有人給他取了「小天使」（Cherub）的綽號，這樣俏皮的綽號，對於晚些年才認識他的人，或許會覺得不太得體，但在當時其實還挺相配的。

懷海德家族來自英格蘭東南部的肯特郡，聖奧斯定（St. Augustine）[35]前往英格蘭傳布天主教以來，懷海德家族世代相傳擔任肯特地方教區神職工作。呂西安・普萊斯（Lucien Price）編纂的《懷海德對話錄》（*Dialogues of Alfred North Whitehead*），記錄了他和懷海德在美國的若干對話。懷海德談到十九世紀初葉在薩尼特島（Isle of Thanet）走私盛行的情況，當時在牧師的許可之下，居民走私白蘭地之類的酒就藏放在教堂的地窖。「有好幾次，就在禮拜儀式進行中，聽到有風聲傳來，查緝私酒的大隊人馬已經出發上路，全體會眾馬上停止禮拜，齊心協力連忙把私酒搬走，連牧師也跟著動手幫忙搬。由此可見英國國教

---

35 西元五九五年，本篤會修士奧斯定（Augustine，俗譯奧古斯汀），奉羅馬教皇格里高利一世（Gregory the Great，聖額我略）之命，前往英格蘭傳揚福音，將信仰異教的盎格魯・撒克遜人歸信基督教。六世紀的英格蘭，劃分爲許多交戰王國，其中最強大的就是艾塞爾伯特（Æthelberht, 550-616）統治的肯特王國，因此被選爲奧斯定在英格蘭傳教的起點，建設座堂、神學院，並在各地成立教區。五九七年，奧斯定成爲坎特伯里總教區首任大主教。他被認爲是英國使徒，也是英國教會的創始人。

（聖公會）和一般民眾的生活有多麼的休戚與共。」就我所知，薩尼特島在懷海德家族有著相當重要的地位。他的祖父是從謝佩島（Isle of Sheppey）移居到薩尼特島，根據懷海德的說法，祖父的朋友之間相傳，祖父曾寫了一首聖歌，包含下列的莊嚴讚美詞句：

> 羔羊與獅子的上主，*Lord of the Lambkin and the Lion,*
> 耶路撒冷和錫安山的上主，*Lord of Jerusalem and Mount Zion,*
> 彗星與行星的上主，*Lord of the Comet and the Planet,*
> 謝佩和薩尼特島的上主！*Lord of Sheppey and the Isle of Thanet!*

我很高興，與他的第一次會面是在薩尼特島，因爲相較於後來在劍橋，在這島上有更多可以讓懷海德率眞自在、眞情流露的私密角落。我還有一種感覺，普萊斯的那本書，其實應該改稱爲《他鄉異國的懷海德》（*Whitehead in Partibus*），「他鄉異國」指的不是英格蘭以外，而是薩尼特島以外。

他有時興致一來，也會輕鬆閒聊我祖父的趣事，說他老人家就是因爲處理羅馬天主教在英國大肆擴張的問題而苦惱不堪，所以才會勸阻懷海德的姊姊，求她千萬不要脫離英國國教。這事讓他津津樂道之處在於，他姊姊根本沒有可能會脫離英國國教。懷海德的神學觀點不是中規中矩的正統派，不過他的性情倒是保留了牧師家庭的氣息，在他後來的哲學著作也嗅得出這種氣味。

懷海德爲人謙沖自牧，最大不了的自誇就是他很努力才保有些許的缺點。他從不介意閒聊自我調侃的故事。話說劍橋有一對大齡姐妹，她們的言談舉止活脫就是小說《克蘭福德鎮》（*Cranford*）維多利亞時代英格蘭鄉村未婚大齡女子的寫照。實際上，她們觀念還滿前衛的，見解也頗爲大膽，改革運動從來不落人後。懷海德好幾次悻悻然苦笑，談起他初次見到她們的情形，兩姊妹的外表眞是讓人誤會大了，心底就暗想拿些聳動的說詞嚇嚇她們，應該會頗爲逗趣。沒料到，當他提出一些稍微激進的言論時，她們卻是一派輕鬆：「哦，懷海德先生，您這番高見還眞是讓我們姊妹倆喜出望外。」言下之意不難聽出，她們在此之前一直認爲他是保守反動派的中流砥柱。

工作當中的懷海德，有著超乎常人的專注力。某個炎夏之日，我作客住進他在格蘭切斯特村（Grantchester）[36]的溪畔磨坊古宅，我們的朋友克倫普頓・戴維斯（Crompton

36 一八九八至一九〇六年，懷海德一家住在格蘭特切斯特村（距離劍橋約三英里）的溪畔磨坊古宅（Old Mill House，大約建於十六世紀）。羅素和懷海德合著的《數學原理》，部分的研究寫作即是在這兒完成。古宅有一座花園，房頂牆壁爬滿開花的藤蔓，還有可能是喬叟種下的紫杉。附近鄉野小橋流水景觀迷人，喬叟、拜倫、華茲華斯都曾駐足留下文學作品。

Davies）來訪，我就帶他去花園，去和主人打個招呼。懷海德坐著寫數學。戴維斯和我就站在他面前，相隔不超過一碼（九十公分左右），我們看著他一頁接著一頁寫下一大堆符號。他完全沒有看到我們，過了好一會，我們倆人就懷著敬畏的心情，悄悄走開了。

熟識懷海德的人，通常可以發現他有許多不爲外人得知的特質，那是泛泛之交者難得看到的一面。在社交場合上，他給人的感覺理性、和順、不慍不火，但他並不是完全冰冷毫無情感，而且肯定不是沒有人情味的「理性怪人」。他對妻子兒女情深意切，他也始終深知宗教的重要性。年輕時期，他深受紐曼樞機（Cardinal Newman, 1801-1879）[37]的影響，全心全意信仰羅馬天主教，只差沒有正式皈依。宗教信仰苦尋不著的部分，他從紐曼後期的哲學找到了。如同其他生活紀律嚴明的人一樣，他很容易陷入苦悶鬱結的自言自語，當他感覺自己孑然一身，腦海就會浮現子虛烏有的缺點反覆自我折磨。婚後最初幾年，家境困窘讓他壓力頗爲沉重，儘管如此，經濟問題從未影響他專心投入自認重要但收入不豐的工作。

他其實擁有不錯的實務能力，只是在我和他往來最密切的那段時間，並沒有太大的空間

---

37 聖若望・亨利・紐曼（Saint John Henry Newman, 1801-1879），原爲聖公會牧師，一八四五年皈依羅馬天主教，成爲天主教神父。一八七九年，擢升爲樞機。十九世紀英國最重要的神學家之一，勇於提出有關宗教信仰的許多問題，深入探討信仰本質及教義發展，神學與教育思想深刻影響天主教哲學與大學教育。

可以讓他發揮。有些人對於他的印象，只停留在抽象思考、不食人間煙火，但是讓這些人料想不到，他其實還滿精明幹練，面對會議爭端總能處理得面面俱到。他大有可能成爲稱職的行政主管，只差有一項缺點，就是常常收信不回。我有一次在撰寫論文反駁龐加萊的論點，遇到有些問題急需釐清，於是寫信請教他。他沒有回信，所以我又寫了一封，還是不見回信，我只好發電報給他，結果依然音訊全無，於是我又發了一封覆電費已付的電報給他。到最後，索性跑一趟布羅德斯泰爾（Broadstairs）[38]，當面向他求教。不少朋友也領教過他的此等習性，所以只要有任何人意外收到他的來信，大家都會起鬨齊聚爲收信者獻上祝賀。懷海德自我辯解說，如果要一一回信，那就沒有時間留給原創工作了。我認爲，他給的這個辯解已然邏輯完備，無有可能增減或修正任何其他的答案。

懷海德可說是無以倫比的完美老師。他與學生往來總是發諸眞心的關愛，詳悉每位學生的優缺點，並且善於激發個別的最大潛能。他對待學生從不採取壓抑或譏諷的態度，不會擺出師者高高在上的架子，也沒有任何差勁老師可能發生的惡形惡狀。我深深認爲，所有與他相交的青年才俊，受到薰陶鼓舞之餘，應該都會像我一樣，對他產生恆久不渝的眞摯情感。

38　布羅德斯泰爾（Broadstairs），英格蘭肯特郡東部薩尼特島上的沿海城鎮，倫敦以東約一百三十公里。

魏柏賢伉儷，希德尼與碧翠絲（Sidney and Beatrice Webb）

魏柏賢伉儷，希德尼（Sidney Webb, 1859-1947）與碧翠絲（Beatrice Webb, 1858-1943），是我認識多年的好友，有一段時間，我還與他們同住，在我認識的夫妻檔之中，他們絕對稱得上是天作之合的佳偶。不過，他們對於羅曼蒂克的愛情或婚姻觀點卻是毫無好感。依他們所見，婚姻不過是人類爲了讓本能需求得以適應社會生活，從而發展形成的法律架構體制。結婚最初十年，魏柏太太時常有感而發：「婚姻呐，套句希德尼的口頭禪，就是情感的廢紙簍。」多年過後，只稍微有了一點兒的轉變。每到週末，他們通常會作東，邀請一對夫婦到府上作客，到了週日下午，兩對夫婦就會結伴出門散步，希德尼陪同作客的太太，碧翠絲則陪同作客的先生。走了一段路之後，希德尼就會說：「我知道，碧翠絲這時一定在跟你先生說：『套句希德尼的口頭禪，婚姻呐，就是情感的廢紙簍』」，至於希德尼是否眞的有這樣說，那就不得而知了。

我是和希德尼先認識，那時他還未婚，單身的他給人的感覺遠遠不如他們兩人在一起之後。他們的結合可說是天生絕配。簡單地說，通常是她先有想法，然後由他付諸實行。就我所知，他勤勉力行程度似乎無人能及。當他們撰述關於地方政府的書籍時，會廣發問卷給全國各地的所有官員，請他們惠予卓見，並承諾如期回覆的官員可以優惠價格合法預購未來出版的新書。當我把房子出租給他們時，看著那位死忠支持社會主義的郵差，每天送來千百封問卷回函，眞不知道他內心是備感榮幸能爲他們服務，還是爲此而苦惱不已。希德尼本來是低階文官，經過勤奮不懈的努力，終於擢升爲高階文官。他個性比較中規中矩，不喜歡有人拿政治理論之類的嚴肅問題開玩笑。有一回，我湊趣對他說，民主政治至少有個優點，那就是國會議員應該沒有可能比選民更愚蠢，因爲不論他有多麼愚蠢，總會有更愚蠢的選民來選他當代表。希德尼神情嚴肅，面露慍色，咬著牙說道：「這種論調，我不喜歡。」

魏柏夫人興趣比先生廣泛。她普遍關懷天下人，而不是僅限於社會認爲有用之人。她深具宗教情懷，但是並沒有皈依任何正統教派，儘管身爲社會主義者，她和英國國教走得比較近，因爲這是屬於國家建制的宗教。她家中連她在內共有九位姊妹（譯者按：碧翠絲排行第八，上有七位姊姊，另外還有一個弟弟，但是兩歲夭折，後來還有一位妹妹），父親波特（Richard Potter, 1817-1892），白手起家的企業資本家，克里米亞戰爭期間建造軍隊營舍而致富。他信奉哲學家赫伯特・斯賓塞（Herbert Spencer, 1820-1903）[39]的社會進化

39 赫伯特・斯賓塞（Herbert Spencer, 1820-1903），十九世紀英國哲學家，社會達爾文主義之父，也稱社會進化論，將達爾文物競天擇「適者生存」的生物學理論應用於人類社會。達爾文、赫胥黎、彌爾都是和斯賓塞同時代的著名英國哲學家和科學家。

論，而魏柏夫人就是這哲學家最顯耀的教育理論產物。我母親（Katherine Louisa Russell, 1844-1874）[40]娘家與碧翠絲家比鄰而居，她形容當年的碧翠絲是「社交蝴蝶」，對此我甚感抱歉。不過，倘若家母能看到後半生的魏柏太太，對她的觀感應該會有所好轉。當碧翠絲的社交興趣轉向社會主義，她就決定從費邊社的青年才俊挑選交往對象，尤其是人稱費邊社三傑的魏柏、蕭伯納和格雷厄姆・華萊士（Graham Wallas, 1858-1932）[41]。這仿如顛龍倒鳳的「帕里斯的三大女神選美」，最後雀屏中選的是希德尼，成爲壓倒群雄的男版美神阿芙柔黛蒂（Aphrodite）。

希德尼完全自食其力，而碧翠絲則有父親雄厚財力庇蔭。碧翠絲家承統治階級心態，而希德尼則沒有。既然繼承娘家財富當靠山，一輩子衣食無虞，他們於是決定奉獻餘生，專心致力於研究和高等教化。他們在這兩方面都取得了驚人成就。十多本的著作是夫妻合作的心血結晶，而倫敦政經學院則是希德尼辦學長才的卓越貢獻。我認爲，如果沒有碧翠絲自信滿

---

40 凱瑟琳・路易莎・羅素（Katharine Louisa Russell, 1842-1874），安伯利子爵夫人（Viscountess Amberley），羅素母親，女權運動、婦女教育、婦女選舉權、節育倡導者。三十二歲過世，羅素兩歲。

41 格雷厄姆・華萊士（Graham Wallas, 1858-1932），英國社會心理學家、教育家。魏柏夫婦、蕭伯納、華萊士都是英國社會主義、費邊社領導人，一八九五年，共同創辦倫敦政治經濟學院。

滿的支持，單憑希德尼本身的能力應該難以達到如此豐功偉業的境界。我曾經問她，年少時期，是否有過羞怯的感覺。「噢，沒有，」她回答說：「每當我走進賓客濟濟的廳堂，如果有感覺些微的膽怯，我就會對自己說：『沒什麼好怕的，你是全世界最聰明國家，最聰明階級，最聰明家庭，全家最聰明的，你有什麼好怕？』」

儘管在很多重大事情方面，我不同意魏柏夫人，然而我眞心喜愛又敬佩她。首先，我最讚佩的就是她的強大能力。其次，我也特別敬仰她的剛正堅毅：她獻身公益不遺餘力，儘管難免私心好勝，但她從未以私害公。我喜歡她，因爲她對待有私誼之交的友人，總是溫善體貼，親切備至。不過，她在宗教、帝國主義和國家崇拜的看法，實在讓人難以苟同。其中的國家崇拜，更是費邊社的精髓所在，在我看來，這也導致魏柏夫婦和蕭伯納姑息縱容墨索里尼和希特勒，最荒誕乖謬的莫過於對蘇聯政權一味歌功頌德而毫無批判。

凡人難免也有美中不足之處，魏柏夫婦當然也不例外。我曾和蕭伯納聊到，希德尼感覺似乎少了善體人意的心思，「此話差矣，」蕭伯納說：「你錯怪他了，有一次，在荷蘭，我和他坐在電車上，從袋子裡拿出餅乾來吃。警察押著一名戴上手銬的罪犯走上車廂，所有乘客一陣驚慌騷動，紛紛閃避，只見希德尼趨前走了過去，遞給他一捧餅乾。」自此以後，每當我發覺自己對希德尼或蕭伯納批評可能有失公允，我就會回想起這段小插曲。

魏柏夫婦也有厭惡的人，威爾斯就是其中一個，一來是因爲他冒犯了魏柏夫人一絲不苟的維多利亞時代道德觀，再者則是由於他處心積慮想要推翻希德尼在費邊社的領導地位。

他們對拉姆齊・麥克唐納（Ramsay McDonald, 1866-1937）[42]，厭惡之情也是由來已久，我從沒聽過他們口中說出任何有關他的好話，唯一不懷敵意的一句話是在工黨第一次執政時，魏柏夫人說他是「很理想的備位領導人」。

他們的政黨參與經歷頗爲奇特。最初，他們是結合保守黨團運作，因爲亞瑟・貝爾福（Arthur Balfour, 1848-1930）[43]有意願提供較多政府資金給教會學校，所以頗爲契合魏柏夫人的心意。一九〇六年，保守黨失勢下野，魏柏夫婦轉而加入自由黨，周旋折衝推動了一些無足輕重的政策，成果乏善可陳。最後，幾經考量兩人的社會主義理念，終於決定還是工黨比較志同道合。自此以後，他們終身都是忠貞的工黨黨員。

基於養生與靈修的動機，魏柏太太長年力行斷食。她早上不進食，晚餐也吃得很簡單，唯一堪稱豐盛的只有午餐。她經常午餐時間在家大宴賓客，但是由於早上習慣空腹未食，實

---

42 詹姆士・拉姆齊・麥克唐納（Ramsay McDonald, 1866-1937），英國政治家，蘇格蘭農家女的私生子，社會主義和反戰，一九二四年，領導工黨第一次執政，擔任首相；一九二九年，工黨第二次執政，再度入主唐寧街十號，首相任內與保守黨、自由黨合組聯合政府，另組國民工黨，工黨譴責他背棄勞動階級，開除黨籍。

43 亞瑟・貝爾福（Arthur James Balfour, 1848-1930），出身蘇格蘭貴族，英國保守黨政治家。一八七四年，二十六歲，當選議員。一八八七年，出任愛爾蘭事務大臣，血腥鎮壓愛爾蘭獨立運動，人稱「血腥貝爾福」。一九〇二至一九〇五，保守黨執政，擔任首相。關稅改革爭議辭職下臺，國會改選，保守黨挫敗。

在餓壞了，所以往往午宴設妥，她就搶在所有賓客之前，大步走向宴席，先行入座用餐。儘管如此，她始終相信，餓肚子有助於靈魂昇華。有一次，她煞有其事跟我說，腹中空無一物讓她腦海閃現神奇絕妙的靈光異象。「是啊，」我悠悠回答說：「如果你吃得太少，就會看到暈眩幻影；如果你喝得太多，就會看到群蛇亂竄。」我恐怕她會怪我這是滿嘴的胡言亂語，輕率失禮，無可宥恕。對於太座奉行這種靈修觀的斷食作法，魏柏先生沒有跟著婦唱夫隨，儘管有時飲食安排難免不太方便，但他也絕無怨言譏訕。有一次，我和他們還有一票朋友前往法國諾曼地，住進一家旅館。清晨的時候，她通常待在樓上，因爲無法忍受挨餓看著我們大開吃戒的難受場面。但是，希德尼都會自己下樓來吃麵包、喝咖啡。第一天早上，魏柏太太就吩咐女僕下來餐廳，手裡還拿了一張便條紙寫道：「希德尼早餐奶油沒有了，我們來幫他拿。」她句子裡用了「我們」這個字眼，而希德尼本人，其實早就在一旁吃麵包、塗奶油了。後來，這也成了朋友之間茶餘飯後的笑料。

他們倆夫婦基本上都不相信民主，認爲那是政治人物唬弄或驚嚇一般民眾的手段。我曾經多次聽過魏柏夫人談起她父親對股東會議的描述，所以大致能夠理解她對於政府的觀感最初是從何而來。依她父親的認知，董事的職責就是讓股東安分領受一切，就此而言，她對政府與選民之間的關係也抱持類似觀點。

碧翠絲從小聽父親（波特先生）講述白手起家的發跡故事，耳濡目染之下，讓她面對大人物難得會有沒必要的敬仰感。她聽父親說，當年在克里米亞爲法國軍隊建造冬季營舍，完工之後，前往巴黎請領工程款。為了完成這個建案，他手頭的資金幾乎耗盡，因此這筆款項非常重要。儘管巴黎當局所有承辦官員都承認拖欠這筆款項，但就是遲遲沒有開立支票。最後，他遇到了也來辦理請款事宜的布拉西勳爵（Lord Thomas Brassey, 1836-1918）[44]。波特先生向他訴說自己遇上的麻煩，布拉西勳爵取笑他說：「老鄉哟，瞧瞧你，怎麼連檯面下的規矩都不懂。你得先奉上五十英鎊給部長大人，底下部屬再全部打點每人各五英鎊。」波特先生照辦了，隔天果然順利領到支票。

對於某些人認為旁門左道的手段，只要有助於達成目標，希德尼毫不猶豫就會使用。舉例而言，他曾經告訴我，希望在委員會獨排眾議堅持納入自己主張的條文時，他會提擬一項決議案，該等爭議的條文會在決議案當中兩度呈現。第一次出現時，他會發表冗長的辯論，最後有風度地讓步不再堅持。他肯定地說，結果十次之中有九次，沒有人會注意到決議案後面還有納入原則上相同的條文，如此一來，就沒有人提出異議而順利偷渡通過了。

對於英國社會主義的發展，魏柏夫婦廣招學界才俊，厚實理論根基，厥功甚偉。他們相當程度扮演了早期邊沁學派（Benthamites）在激進運動的類似角色。魏柏夫婦和邊沁學派

44 湯瑪斯·布拉西（Thomas Brassey, 1836-1918），英國自由黨，澳洲維多利亞省省長。一八九三年，維多利亞女王任命為皇家鴉片委員會主席，任務包括研究報告是否應終止印度向遠東（中國）的鴉片出口貿易。

一樣，都有情感索然乾涸、冷峻淡漠的傾向，並相信多情善感之物的合宜去處就只有廢紙簍。不過，邊沁學派和魏柏夫婦一樣，卻也都積極熱絡走向狂熱支持者，廣爲宣傳自家學說。邊沁（Jeremy Bentham, 1748-1832）[45]和勞勃・歐文（Robert Owen, 1771-1858）[46]啟迪了一群情感與理智均衡的知識分子；同樣地，魏柏夫婦和凱爾・哈迪（Keir Hardy, 1856-1915）[47]，徒子徒孫薪火相傳，絲毫不遑多讓。我們不應期待所有人任何方面都能爲人類創造新價值，只要能在某些方面有所貢獻，就可算是不負此生了。魏柏夫婦通過了此一考驗，毫無疑問，如果沒有他們，英國工黨肯定會更加草莽躁動，缺乏組織與方向。魏柏太

---

45 傑瑞米・邊沁（Jeremy Bentham, 1748-1832），英國哲學家、經濟學家、理論法學家和社會改革家。道德哲學原理功利主義（utilitarianism，或譯效益主義）最重要的奠基者，認爲正義行爲的最高原則就是追求最大的快樂。在實踐方面，主張激進社會改革，反對君主專制，提倡普選制度，設計環形監獄。

46 勞勃・歐文（Robert Owen, 1771-1858），威爾斯出身的英國企業家、慈善家、激進社會改革者，倡議烏托邦社會主義與合作社制度運動。

47 詹姆斯・凱爾・哈迪（James Keir Hardie, 1856-1915），出身蘇格蘭，母親是農場女僕，未婚生下詹姆斯，從未上學，礦場童工、罷工、組織蘇格蘭工黨、英國獨立工黨。和平反戰，女性選舉權運動主要顧問。相對而言，凱爾・哈迪主張基督教精神的庶民社會主義，而魏柏夫婦的社會主義，則是學院知識菁英主導，費邊社，帶有外來馬克思主義、無神論色彩。

太的外甥，斯塔福．克里普斯爵士（Sir Stafford Cripps, 1889-1952）[48]，傳承他們兩人的衣缽。在我們這一代，英國民主通過了風雨飄搖的艱辛考驗；我懷疑新世代的他們，能否同樣堅忍不搖，守護英國民主，歷久而彌新。

48 斯塔福．克里普斯（Stafford Cripps, 1889-1952），英國工黨政治家、律師和外交官，出任蘇聯駐莫斯科大使，曾加入社會主義同盟，倡導與共產黨人組成統一戰線，而被開除工黨黨籍。一九五〇年代，擔任財政大臣，推動撙節財政計畫，奠定二次戰後英國經濟復甦基礎。他是魏柏夫人六姊泰瑞莎的兒子。

D. H.勞倫斯（D. H. Lawrence, 1885-1930）

我與勞倫斯的交往，大約維持一年左右，雖然短促，卻相當熱絡熾烈。我們是經由奧托琳・莫瑞爾夫人（Ottoline Morrell, 1873-1938）[49]居中牽線而認識。[50]莫瑞爾夫人對我們

---

49 奧托琳・莫瑞爾（Ottoline Morrell, 1873-1938），英國貴族，文藝圈社交名媛，文藝沙龍女主人、反戰運動人士、回憶錄作家。奧托琳身材高大（一百八十幾公分）、特立獨行，對於文藝人士慧眼獨具，主辦的文藝沙龍，冠蓋雲集，亨利・詹姆士、赫胥黎、維吉妮亞・吳爾芙、葉慈、亨利・蘭姆、奧古斯都・約翰、萊頓・斯特拉奇、羅素、T. S.艾略特、D. H.勞倫斯都曾是座上嘉賓。勞倫斯的《查泰勞夫人的情人》、吳爾芙的長篇小說《達洛維夫人》，可能就是以奧托琳爲藍本。一九〇二年，奧托琳嫁給國會議員菲利普・莫瑞爾（Philip Philip Morrell），兩人熱衷自由主義政治活動，維持開放婚姻，夫妻各自有多段婚外情。奧托琳情人眾多，與羅素也有一段很長的婚外情關係，互通三千多封書信。

50 一九一五年，羅素與勞倫斯在奧托琳的藝文沙龍結識。勞倫斯二十九歲，羅素四十三歲。兩人交往維持至一九一六年初。勞倫斯的《戀愛中的女人》，追求精神戀愛、控制慾、占有慾恐懼本能（勞倫斯最嫌惡的女性類型）女主角赫麥妮・羅迪斯（Hermione Roddice）即是奧托琳的化身；自詡言辭幽默，博學多才，老愛冷嘲諷熱，其實暮氣沉沉，毫無激情的五十歲男爵約書亞・馬利森（Joshua Malleson），則是影射羅素。

都頗爲賞識，也讓我們覺得彼此應該相知相遇。當時，我滿腔和平反戰熱忱，憤世嫉俗的叛逆苦悶無人傾訴，我發現勞倫斯同樣也有滿腹離經叛道的心思。所以，相遇之初，我們一度以爲彼此應該頗有交集，只是後來才恍然大悟，我們千差萬別的懸殊差距其實遠超過各自和德意志皇帝的差異。

當時的勞倫斯對戰爭有兩種態度：一方面，他不可能是全心全意的愛英國，因爲他的夫人是德國人；但是另一方面，他對人類的仇視如此深重，以至於只要英、德持續交惡憎恨，他就會認爲雙方都是有道理的。認清了他的這兩種態度之後，我明白我都難以苟同。不過，我們是逐漸才意識到了彼此的分歧，剛開始的時候，就像新婚一樣確實很和諧融洽。我邀請他來劍橋做客，並將他介紹給凱恩斯和其他人認識。他對這些人鄙夷仇視，私毫不留情面，還說他們「暮氣沉沉，毫無生機」。曾有那麼一段時間，我也覺得他可能是對的。我欣賞勞倫斯的熾熱火花，也喜歡他的活力和激情，我也認同他的信念，這個混亂崩壞的世界需要從根匡正振衰起弊。他認爲眾人之事的政治不能與個人的心理切割隔絕，這一點我頗有同感。我覺得，他是想像力豐沛、縱情馳騁的天才。每當我和他意見相左，我通常認爲或許他對人性的洞察比我更爲深刻。不過日子久了，我開始感受到他內心有一股強烈的力量，驅使他執著於挖掘人世間的邪惡陰暗面，而他對我也有同樣的感覺。

當時，我正在準備一門系列課程，後來集結講義出版了《社會重建原理》（*Principles*

of Social Reconstruction）。[51]他表達也有意願上臺講課，我們之間似乎可以藉著這個機會，試著合作看看。於是，我們就此書信往來交換意見，不過我寫給他的信，後來都給丟失了，而他寫給我的信倒是有留存，並且集結出版。[52]在他的前後通信之中，可以追溯察覺，他逐漸意識到我們在基本看法上的分歧。我對於民主的信仰堅定不移，而他則是早在政客之前就已經發展出整套的法西斯哲學。他寫道：

「我不相信，民主的管控。我認爲，勞工只適合選舉管理者或監察者，來負責處理切身

---

51 羅素（Bertrand Russell），一九一六年，《社會重建原理》（*Principles of Social Reconstruction*），London: George Allen & Unwin。原本標題爲：《人類爲何戰爭》（*Why Men Fight*），是羅素爲反對第一次世界大戰，宣傳和平而撰寫的政治理論著作，充分表述了他的政治哲學理念，並且爲他建立起社會評論家和反戰鬥士的聲望。

52 勞倫斯（D. H. Lawrence），一九四八年，《勞倫斯寫給羅素的書信》（*D. H. Lawrence's Letters to Bertrand Russell*），New York: Gotham Book Mart，收錄了勞倫斯寫給羅素的書信，日期落在一九一五年二月至一九一六年三月之間，總共二十三封，主要包含勞倫斯針對他和羅素計畫合開的系列課程（Lawrence-Russell lecture series），交換意見。另外，還附錄了勞倫斯修改羅素課程大綱草稿的記錄，以及編者哈利・摩爾（Harry T. Moore）寫的序言和導論介紹。

事宜，但就僅止於此。選舉權必須徹底重新設定，勞工階級應選出監工，委任其代理解決切身事宜，除此之外不宜多求。隨著勞工階級崛起，應該從其他階級選出更高階的管理者，如此逐層推選，直到最高層由眞正有頭腦的人擔任最高領導，誠如任何有機物一樣，都不能由愚蠢總統領導愚蠢民眾組成的共和國，而應該選出像凱撒大帝一樣的英明國王。」53

一旦獨裁政權建立，他想當然爾會認爲，他就是那位凱撒大帝。這正是他思維特有的狂人發夢色彩。他從不讓自己觸碰現實。他會侃侃而談如何向芸芸眾生宣揚「絕對眞理」，而且似乎也毫不懷疑群眾一定會洗耳恭聽。我問他要採用什麼方法，是否會把自己的政治哲學寫成書？「不會，在我們腐敗的社會，書面文字永遠都是謊言。」他會前往海德公園，站在肥皀箱上，宣揚「絕對眞理」嗎？「不會，那樣太危險了」（臉上不時浮現老謀深算的詭譎神色）。好吧，我說，那你會怎麼做？這時，他就會岔開話題。

漸漸地，我明白他並不是眞心希望世界變得更美好，而只是耽溺於雄辯滔滔，自言自語埋天怨地，磋嘆這個世界有多麼醜陋不堪。如果碰巧有旁人聽見，當然會讓他更自得其樂；但終究而言，充其量只適合用來豢養一小撮虔誠信徒，讓他們潛心靜坐在新墨西哥荒

53 《勞倫斯寫給羅素的書信》，編號第十二封信，寫於一九一五年七月二十六日。

漢，五體投地領受聖尊的感召。所有這些重點，全都以法西斯獨裁者的口吻，在信裡傳達給我，指令我「必須」在課堂上遵照宣達，前後總共寫了十三個「必須」，還特別畫上底線強調。

他的來信敵意漫流，越來越猖狂恣肆。他在信中寫道：「你那樣活著有哪裡好呢？我不相信你的課程有產生任何益處。都快結束了，不是嗎？死守著遭受詛咒的破船，對著那一班誤上賊船的朝聖者，諄諄告誡那些老掉牙的傳道解惑，能有什麼用處？爲什麼還不棄船跳海？爲什麼不把那些花拳繡腿的戲碼全部清空？當前需要的是無法無天的革命之徒，而不是講經說法的老師或傳教士。」[54]在我看來，他只是停留在坐而談，文筆上的語不驚人死不休。說到離經叛道，我的實踐比他有過之而無不及，我實在看不出來，他有什麼立場來抱怨我。他在不同的時間點，還會搬出不同的招式，來表達他的抱怨。接下來，在另外一段，他繼續寫道：「工作、寫作全面徹底停止，成爲有靈魂的生物，而不是聽命行動的機械器具。社會禮教的大船全部清除乾淨，活出你自己的尊嚴，不要再拼命想成爲有用的工具人。就讓自己百無一用，像一隻鼴鼠，隱居在暗無天日的地道，全憑感覺行動，不假思索。看在老天爺的份上，回復赤子之心，別再追尋聖賢之學。任何事都別再做了，行行

54《勞倫斯寫給羅素的書信》，編號第二十二封信，寫於一九一六年二月十九日，星期六。

好，開始單純活著就好。回到生命的起點，無憂無懼，做回道道地地的赤子，活出大無畏的勇氣。」[55]

然後，他接著寫道：「噢，還有一點，我想請你立遺囑的時候，記得留些遺產給我，好讓我得以活下去。別誤會了，我當然希望你能永遠活著。我只是希望你能讓我成為你某些方面的繼承人。」[56]他的這項心願，唯一的難處就是，倘若我眞的採納他對我的指點遵照執行，我肯定就會赤條條一無所有，哪還有什麼遺產能留給他。

他有一套玄祕的「血液」哲學（philosophy of "blood"），我不是很喜歡。他說：「除了位於大腦和神經的意識之外，還有位於另外一個中心的意識，就是血液意識（blood-consciousness），獨立存在於一般所知的精神意識（mental consciousness）之外。個人在血液中有其獨特的生活、認知，還有其個人的血液存有，這些都和神經、大腦沒有關聯。這是生命的另一半，屬於陰暗面向。當我和女人交合，血液感知衝破所有感知，血液認知壓倒一切認知。我們應該要明白，人擁有血液存有、血液意識、血液靈魂，完整而獨立於精神意

55 同上註。
56 同上註。

識和神經意識之外。」[57]坦白講，在我看來，這些顯然就是垃圾，我強烈拒絕，儘管當時我不知道這樣的思想直接導向了奧斯威辛集中營。

只要有人稍微表示，任何人都有可能對其他人和善相待，他總是氣急敗壞，譏斥指摘。當我基於戰爭造成的苦難而反戰，他就指責我是偽善。「在你內心深處，根本一丁點兒也不是眞心想要和平。你只不過是轉彎抹角、矯揉造作的擺弄姿態，藉此來滿足你搬文弄武戳刺他人和示威鬧事的欲望罷了。要正直滿足內心的欲望，要麼就坦蕩蕩、直接叫陣：『我討厭你們所有人，你們全都是騙子、豬玀，放馬過來，我要讓你們好看』；要麼就鑽回老本行數學，關在那兒，你有可能尋得你想要的眞理。但是，說到和平天使的角色，你就省省力氣吧，我還是比較喜歡提爾比茨（Alfred von Tirpitz, 1849-1930）[58]，由他來扮演和平天使絕對勝過你一千倍。」[59]

現在要去理解，這封信對我造成的破壞影響有多大，其實有相當難度。當時的我傾向於

---

57 《勞倫斯寫給羅素的書信》，編號第十八封信，寫於一九一五年十二月八日。

58 阿弗烈・馮・提爾比茨（Alfred von Tirpitz, 1849-1930），德意志帝國海軍元帥，打造帝國海軍「公海艦隊」，提爾比茨的戰略思維深遠影響德國的海權擴張，也是造成德國與英國關係惡化的關鍵人物。歐洲海軍史上最重型的戰艦，提爾比茨號戰艦，即是以他的姓氏命名。

59 《勞倫斯寫給羅素的書信》，編號第十五封信，評論文明的危險，寫於一九一五年九月十四日。

相信，他應該是擁有某種洞察力，眞的有在我身上看出某些我自己也無從覺察的狀況。當他說我的和平反戰是根植於血液慾念（blood-lust）時，我認爲他的看法必然有其道理。於是，之後二十四個小時，我始終覺得自己不適合活在人世，自殺的念頭反覆翻攪。直到後來，比較健康的反應才開始冒出頭，我的心情總算比較篤定，決心不再任由那些病態念頭繼續糾纏下去。當他說，我「必須」宣講他的學說，而不是宣講我自己的學說，我起而回擊了。我要他記住，他不再是校長，我也不是他的學生。他在那封信的結尾是這樣寫的：

「與全人類爲敵，你就是這樣，心中充滿仇恨慾念。煽動你的不是對虛假謬誤的仇恨，而是對紅塵眾生血肉情慾的仇恨，是把血液慾念偷梁換柱的變態精神慾念。你爲什麼不正大光明接受血液慾念，做它的主人？讓我們做回陌生人吧，我想這樣會比較好。」60

我也是這麼想，不過他似乎從寫信詆毀我的行徑獲得不少樂趣，因此繼續又寄來好幾個月的信，語氣展現差強人意的客套友善，無非爲了維持通信往來不至於氣絕壽終。最後，在

60 同上註。

沒有任何戲劇性的高潮結局之下，這段通信情緣就此曲終人散。

最初，吸引我走向勞倫斯的是他活力四射的強悍性格，以及勇於挑戰世人理所當然之假設的習性。對於橫遭濫用理性之奴隸的罵名，我已頗能處之泰然；儘管如此，我還是有些期待他或許能給我注入一股理性之外的活水。實際上，我也確實有從他那裡得到某種程度的刺激。儘管他對我連番攻訐轟炸，但是如果我沒有認識他，完全由我獨力來完成這本書（《社會重建原理》），我認爲，結果應該也不會比較好。

但是，這並不是說他的想法有什麼可取之處。事後回顧，我也不認爲他的想法有任何價值可言。無非就是生性敏感的潛在獨裁者的狂妄想法，只因爲世界沒有即時屈從，他就大動肝火，四處遷怒。當他意識到還有和他不同的人存在，他就憎惡他們。不過，大部分時間，他只活在自己想像虛構的孤獨世界，放眼盡是魑魅魍魎，殘酷猙獰完全投其所好。他對性行爲的極端強調，能夠合理解釋的理由就是，只有在性行爲當中，他才能強迫自己承認，他不是宇宙唯一存在的人類。但是正因爲此等承認太痛苦了，以至於他把性關係想像成永不休止的鬥爭，每個人都極力想把對方置於死地。

兩次大戰間隔期間，世界被各種吸引力狂吸猛扯撲向瘋狂。在各種理智盡失的吸引力當中，納粹主義的表現堪稱箇中翹楚，而勞倫斯就是這種喪心病狂邪教最勝任愉快的代表人物。至於史達林滅絕人性的冷血理性，我就不確定，是否有任何稱得上改善之處。

我的祖父約翰・羅素勳爵（Lord John Russell, 1792-1878）

先祖父，我印象深刻，出生於一七九二年八月十八日，比詩人雪萊（Shelley, 1792-1822）晚了兩個星期，雪萊短暫的一生，於一八二二年結束。祖父出生那時節，法國大革命正打得如火如荼，他來到人世的那個月，法國皇室殞落。他滿月大的時候，法國掀起九月大屠殺（September Massacres），家中保皇派心驚膽戰，瓦米爾之戰（Battle of Valmy）吹起革命號角，對保皇反動人士展開長達二十二年的掃蕩戰爭。在這場戰爭中，祖父成爲福克斯（Charles James Fox, 1749-1806）[61]的追隨者，拿現在的說法也就是「旅行同伴」（fellow-traveller）。他的第一部著作（未正式出版），扉頁的致謝辭，語帶諷刺題辭獻給當時還擔任首相的皮特（William Pitt the Younger, 1759-1806）[62]。

---

61 查爾斯・詹姆士・福克斯（Charles James Fox, 1749-1806），英國輝格黨資深政治家，小皮特擔任首相期間的主要對手。福克斯激進程度在當時的英國議會可謂無人可及。美國獨立戰爭間，大力譴責派兵鎮壓革命，支持和肯定法國大革命，猛烈抨擊小皮特首相的戰時嚴酷立法，積極提倡政治改革、宗教容忍，努力捍衛自由和少數異見人士的權益，晚年推動廢除奴隸貿易，對當時的政治發展具啟發影響。

62 小威廉・皮特（William Pitt the Younger, 1759-1806），十八世紀晚期、十九世紀早期的英國政治家。

半島戰爭（Peninsular War）期間，祖父周遊西班牙，沒有意願對拿破崙作戰。他還前往厄爾巴島，拜見拿破崙，一如既往，對這位大人物畢恭畢敬，洗耳恭聽。當拿破崙從厄爾巴島返回法國，祖父已是連任兩屆的國會議員，他在議會發言敦促議會同仁不應反對拿破崙。但是，執政的保守黨政府做出反向決定，結果就是滑鐵盧戰役（Battle of Waterloo）。他最大的成就是主導通過一八三二年的《改革法案》（*Reform Bill*），促使英國開啟實現完全民主的進程。保守黨極力反對此法案，情勢危急，幾乎引發內戰。反動派和進步派之間的殊死決鬥，這場派系之爭最後和平落幕，英國倖免於遭受革命戰火蹂躪，祖父居功厥偉。

在此之後，祖父長期從事政治工作，兩度出任首相，只是再也沒有機會一展長才，果斷領導英國度過重大危機。晚年之後，昔日的自由派作風稍趨保守，唯一不變的就是對宗教冷血無人道的仇恨態度未有稍減。他年輕時，任何人只要不是英國教會信徒都難逃政治荼毒迫害。猶太人尤其悽慘，完全不容許尋求國會席位，也不得謀求許多公家機關職位，因爲只有

一七八三年，他獲任首相，時年二十四歲，英國歷史上最年輕的首相。小皮特首相任內，歐洲先後爆發了法國大革命和拿破崙戰爭。小皮特領導英國對抗法國，聲名大噪。創立「新托利主義」（new Toryism），奠定托利黨在他去世後，繼續執政二十多年的基礎，引領英國和平過渡到新階段。

基督徒才有資格在這些單位宣誓就職。

我仍然清楚記得，一八七八年五月九日，就在祖父臨終前幾天，我們家門前的草坪，聚集了一大群人，個個神情肅穆，歡呼聲此起彼落，我自然而然請教他們在歡呼什麼。有人告訴我，他們是帶領一群沒有皈依英國國教的民眾，齊聚祝賀他取得第一個偉大成就的五十週年，紀念廢除《檢覈法與地方公職法》（*Test and Corporation Acts*），非國教信徒不再拒斥於國會議席和公職之外。類似這樣的事件，還有啟迪教化的歷史典故，讓我從小耳濡目染，種下了熱愛公民自由和宗教自由的根苗。多少年以來，許多朋友，不分右派、左派，抵擋不住諸多極權政權的矇惑吸引，紛紛背棄了對自由主義的堅持信念，而我多虧了祖父帶給我的這種深厚情感教養，讓我得以挺住極權狂潮，而不至於隨波逐流、沉淪滅頂。

由於小時候父母雙雙過世，我搬去和祖父同住，共同度過他生命的最後兩年。當時，他身體已經相當孱弱。在我記憶中，他坐在戶外，坐的是裝上輪子的貝斯椅（Bath chair），他還會坐在起居室看書。我的記憶當然不全然可靠，他總是在閱讀國會報告，精裝的國會報告書，每一冊都厚厚一大本，整整齊齊擺滿大廳所有牆壁的書櫃。他當時是在思索一八七六年俄土戰爭的因應行動，但礙於健康情況欠佳，終究是力不從心。

在公共事務方面，祖父經常給人冷峻肅穆的印象，但是私底下在家裡，其實相當和藹可親。他喜歡孩子，就我記憶所及，他從沒喝斥我不要大聲喧嚷，他也不曾板著老人家的臉孔，動不動就對小孩子訓斥教誨。他語言能力很卓越，毫不費力就可以使用法語、西班牙語或義大利語發表演講。他喜歡坐在起居室翻閱《唐吉訶德》（*Don Quixote*）原著，時不時就會看到他搖頭晃腦，朗朗大笑，擊掌叫好。他就像那個時代的自由派人士一樣，對義大利懷抱著浪漫的愛慕之情，義大利政府送給他一座代表義大利的大雕像，感謝他爲義大利統一大業所做的貢獻。這座雕像就擺放在他的起居室，我感覺非常有趣。

祖父屬於現在儼然絕跡的那種貴族改革家，他們的熱情是源於古代經典史籍，例如：《德摩斯泰恩》（*Demosthenes*）和《塔西忒斯》（*Tacitus*），而不是比較晚近的來源。他們敬拜「麗百蒂」自由女神（Liberty），但她的形貌頗爲模糊。另外還有「泰朗尼」代蒙精靈（Tyranny）。他的形象比較清晰些，代表人物包括：君王、祭司和警察等，特別是如果他們是外邦人。此等自由主義的信條啟發了法國的思想革命狂潮，儘管斷頭臺上的羅蘭夫人（Madame Roland）認爲這樣的信條有些太簡單了。此等信條也激發了拜倫，促使他爲希臘而戰。另外，還激發了馬志尼（Giuseppe Mazzini, 1805-1872）[63]和加里波底（Giuseppe Maria Garibaldi, 1807-1882）[64]，以及這兩位人物的英國崇拜者。作爲一種信

63 朱塞佩・馬志尼（Giuseppe Mazzini, 1805-1872），義大利作家、政治家，義大利統一運動的重要人物。創立義大利青年黨，提出「恢復古羅馬光榮」口號，尋求將義大利半島的數個國家統一成爲單一共和國。

64 朱塞佩・加里波底（Giuseppe Maria Garibaldi, 1807-1882），義大利將領、愛國者與政治家。義大利統一復

條，其本質是柔性的文學，詩意和浪漫，但是幾乎沒有觸及現代政治思想占主導地位的經濟學硬事實。祖父小時候，曾有一位家庭教師，卡特萊特博士（Dr. Cartwright），他是動力紡織機（power-loom）的發明者，這項發明是促成工業革命的主要推手。祖父從來不知道他就是這項發明的主人翁，而是欽佩仰慕他的優雅拉丁語，高尚的道德情操，還有他是一位激進運動名人的兄弟。

祖父把民主視爲理想，但絕不急切強求以任何特定方式來促成民主。他贊成採取漸進的方式來擴大民主體制，但我認爲他深信，不論採取何種方式來擴大民主體制，英國改革派的政黨總能從輝格黨的大家族找到適合的領導者。我並不是說他是有意識地相信了這一點，而是那就像是他呼吸的空氣一樣，無須討論就可以認爲理所當然。

祖父居住的彭布羅克山莊（Pembroke Lodge）[65]，位於英國皇家里奇蒙公園中央，距

興運動核心人物，領導許多軍事戰役，號稱「義大利統一的寶劍」。

65 彭布羅克山莊（Pembroke Lodge），位於泰晤士河畔里奇蒙公園的喬治亞式豪宅。山莊位於高地上，可以遠眺泰晤士河谷的美景，一覽無遺。占地十一英畝（四點五公頃），風景優美的園林，可以登高欣賞倫敦市聖保羅大教堂。始建於十八世紀中葉。一八四七年，維多利亞女王封賜給時任首相的約翰・羅素勳爵。一八七六年，伯特蘭・羅素父親過世後，被祖父接至此同住。一八七八年，羅素勳爵去世。一八九四年，伯特蘭・羅素，搬離山莊。目前，登錄爲倫敦市立二級歷史建築，委外經營婚宴會館。

離倫敦市中心約十英里。那是女王封賜的官邸，供祖父和祖母終生居住。在這座宅院，進行了許多次的內閣會議，還有許多名人大駕光臨。有一次，波斯國王蒞臨，祖父爲府上狹小而致歉。波斯國王禮貌回道：「是的，這是一座小房子，但裡面有位大人物。」在這座房子裡，我遇見維多利亞女王，那時我兩歲。三位中國外交官來訪，穿戴當時的中國宮廷禮服，感覺十分新奇有趣。[66]還有，兩名賴比瑞亞（Liberia）的黑人使節來訪，也讓我大開眼界。客廳裡，有一張精美的鑲嵌日本餐桌，是日本政府贈送的禮物。宴會廳的餐具櫃，有兩只巨大的瓷器花瓶，是來自薩克森（Saxony）國王的禮物。在桌子和瓷器櫃之間，有一處狹窄的空間，嚴格禁止我擠身穿行，我總是叫那兒是達達尼爾海峽（Dardanelles）。這屋子的每個角落，留下十九世紀諸多活動或機構的痕跡，而如今都與渡渡鳥（dodo）一樣徒留陳年回憶。

66　這期間，出使英國的中國外交官，最知名者就是光緒二年，清廷任命洋務名臣郭嵩燾（1818-1891），奉命率三十餘人出使英國，這也是中國歷史上第一位駐外使節。光緒二年冬，郭嵩燾啟程赴英。將沿途見聞記入日記，到達英國後，他非常留意英國的政治體制、教育和科學狀況，訪問了學校、博物館、圖書館、報社等，結識了眾多專家學者，並以六十高齡潛心學習外語，還將考察心得編寫成《使西紀程》，書中提出很多中肯的建議，主張中國應向西方學習。據傳，曾紀澤曾向郭嵩燾表示，（前首相）殖民大臣羅素勛爵，乃是中英亞羅號事件交戰的罪魁禍首。

我童年時代的一切，都屬於如今已完全消失的世界的一部分——維多利亞時代的房屋，老舊殘破，蔓草蕪雜，現在不再是英皇封賜的官舍，而是轉手成了一家茶館。私家莊園庭院深深，以前有許多幽僻隱密的角落和祕境坑穴，小孩可以躲進去，遠離一切的打擾，現在已成爲對公眾開放的公園。代表各國君王的宮廷外交官，現在全都消失或變成共和國。字斟句酌的老派文人，每一句敬語套詞似乎都意義深遠。最重要的是，對於絕對穩定的堅定信念，使人們毫無疑問地深信，全世界只會變得越來越井然有序，逐步邁向和英國完全一樣的憲政體制，除此之外，世界任何地方都不會發生任何變化。

人類歷史上，是否曾有過如此一個時代，人們自以爲得天獨厚的幸福，以至於盲目地看不清未來？希臘神話女先知卡珊卓（Cassandra）眞實預言了災難將至，但人們並不相信；祖父那年代的人錯誤預言了繁榮昌盛，人們卻都信以爲眞。倘若祖父能夠來到我們當今世界，他應該會比他的祖父來到十九世紀更加困惑。在強大傳統氛圍成長的人，勢必很難適應當今世界。對於此等困難的深刻領悟，使我們有可能了解，過去似乎悠久無盡期的偉大帝國和偉大體制，如何因爲其體現的政治經驗突然變得一無是處，不再適用於當今時代，摧枯拉朽化爲歷史灰燼。因此之故，我們的時代讓許多人感到茫然困惑，但是在此同時，也給那些有新思想和新想像的人們，帶來了可能卓有成效的挑戰契機。

約翰·史都華·彌爾（John Stuart Mill, 1806-1873）

一九五五年，英國國家學術院，漢莉埃塔·赫茲信託大師講座

要評估約翰·史都華·彌爾在十九世紀英格蘭的重要地位，並不是一件容易的事情。他的成就更多取決於他對於道德的提振，以及對於生命目標的公允評估，而比較不在於任何純粹智識方面的功績。

彌爾對於帶動政治和道德議題的意見風潮，影響非常之大，而且在我看來，都是非常正面的影響。如同維多利亞時代的其他名人一樣，他的傑出學識才情融合了令人景仰的高尚情操。卓越的學識才情給他提出的意見增添不少分量，在當時尤其具有很強的影響力，後世回顧評價則比較有保留。諸多現代潮流也與他的倫理和道德理論扞格不入，但就這些方面而言，我不覺得彌爾時代以來世界有取得任何顯著的正向進展。

從學識方面來看，他可說是生不逢時。早在他出生之前，已經有許多前輩先鋒，開創了某一股學思潮流；而在他之後，又有另一群新世代的先鋒，開創了另一股學思潮流。他的各種觀點，下層結構都是宰制性格的父親在他年少時期奠下的，然而他在此等基礎上建立的理論，很大程度，該等下層結構根本無法支撐。有人告訴我，倫敦不適合建造摩天大樓，因爲那需要有岩石地基才足夠支撐。然而，彌爾的學說，就像建造在粘土上的摩天樓，因爲地基

不斷下沉，以至於搖搖欲墜。在卡萊爾（Thomas Carlyle, 1795-1881）[67]和泰勒夫人（Mrs. Taylor, 1807-1858）[68]的啟迪之下，他增建的新樓層，基本上是不安全的理論。換句話說，

---

67 湯瑪斯・卡萊爾（Thomas Carlyle, 1795-1881），蘇格蘭歷史學家、諷刺作家、散文家、翻譯家、哲學家、數學家和教育家，愛丁堡大學校長。代表作有《英雄與英雄崇拜》、《法國革命史》、《衣裳哲學》、《過去與現在》等。

維多利亞時代極富影響力又充滿矛盾、爭議性的人物，被認爲是聖人賢哲卻又無禮不敬重上帝、尊長，既是道德領袖又對道德絕望，既開明、激進又保守，既是虔誠的基督教徒又多所批判質疑上帝。

卡萊爾在撰寫《法國大革命》過程時，丟失了第一卷的手稿，據說是彌爾借去看，由於手稿雜亂無章，還有大量塗改，結果就被誤當成廢紙給扔了燒毀。

68 哈莉特・泰勒・彌爾（Harriet Taylor Mill, 1807-1858），羅素在此只稱呼這位女士爲泰勒夫人，而沒提到她後來也嫁給彌爾。本名哈莉特・哈迪，是倫敦外科醫生湯瑪斯・哈迪（Thomas Hardy）和哈莉特・赫斯特（Harriet Hurst）的女兒。十八歲，嫁給富商約翰・泰勒（John Taylor），改冠夫姓成爲哈莉特・泰勒。婚後，泰勒夫妻活躍於一神論教會（Unitarian Church），和支持婦女權利的教會牧師威廉・強生・福克斯（William Johnson Fox）交情甚篤。一八三〇年，熱衷參與激進圈子的哈莉特遇見彌爾，兩人情投意合，開始交換婚姻和女權議題的見解。哈莉特深受勞勃・歐文（Robert Owen）提倡的社會主義哲學所吸引，尋求全面改革婚姻法律和婦女獨立，觀念比彌爾激進。一八三三年，哈莉特與丈夫分居，和彌爾前往巴黎，住了

在他的思想，道德和智識永遠處於戰爭狀態：泰勒太太是道德的化身，而父親則是智識的化身。如果一方太過柔軟，另一方就太過嚴苛。就像水銀和金屬的汞齊合金（amalgam）[69]，在實踐上或許有所裨益，但在理論上就有些不連貫一致。

一、《邏輯體系》

彌爾的第一本重要著作是《邏輯體系》（*Logic*）[70]，這本書，毫無疑問，在他的心

六個星期，兩人回到英國之後，仍然過從甚密，儼然社交圈甚囂塵上的八卦和醜聞。一八四九年，約翰．泰勒癌症過世。畏於社會輿情壓力下，哈莉特等了兩年才和彌爾結婚。哈莉特對彌爾的一生及其思想產生重要影響。彌爾在自傳聲稱，哈莉特是他出版的大多數書籍和文章的共同作者。

69 汞齊（amalgam），亦稱爲軟銀，爲水銀與其他金屬的合金，大多成固態，若水銀成分多則呈液態。主要用作於金、銀的冶金或還原材料，亦爲牙齒的塡充物。

70 彌爾（John Stuart Mill），一八四三年，《邏輯體系，推理和歸納邏輯：證據原理和科學研究方法的連結觀點》（*A System of Logic, Ratiocinative and Inductive: Being a Connected View of the Principles of Evidence, and the Methods of Scientific Investigation*），London: John W. Parker。總共有兩卷，一八四三年初版，一八七二年修訂至第八版。

目中，乃是尋求經驗實務的邏輯思考方法之作，而不是思索先驗本質的邏輯思考原理。因此，雖然原創性不是很高，卻仍有其實用價值。他無法預見，演繹邏輯令人驚異的大幅進展，此等發展始於一八五四年，喬治・布爾（George Boole, 1815-1864）[71]的《思維定律的研究》（*Laws of Thought*）[72]，但是直到頗長一段時日之後，後人才證明了這本開先驅創始之作的重要性。

密爾在《邏輯體系》必須談的題材，除了歸納推理的某些部分之外，其餘都只能說是沿襲舊例，新意不多。比方說，他指稱，命題（proposition）是將兩個名詞放在一起而形成，其中一個是主詞（subject），另一個是謂詞（predicate）。我相信，這一點對他來說，似乎是無害的眞理（*innocuous truism*）；然而，這實際上乃是造成兩千年來重大錯誤層出不窮的禍源所在。關於名詞的問題方面，這也是現代邏輯長久以來關切的主題，他所必須談的內容也是完全不夠充適，而且實際上，論述的質量也不如鄧斯・司各脫（Duns

---

71 喬治・布爾（George Boole, 1815-1864），英國數學家、哲學家、數理邏輯學先驅，也是代數邏輯的創始人。

72 布爾（George Boole），一八五四年，《思維定律的研究：關於邏輯和機率的數學理論賴以建立的基礎》（*An Investigation of the Laws of Thought on which are founded the Mathematical Theories of Logic and Probabilities*），London: Walton and Maberly。

Scotus, 1266-1308）[73]和奧坎的威廉（William of Occam, 1287-1347）[74]。

彌爾有一項著名的論點指出，芭芭拉式三段論（syllogism in Barbara；第一格AAA三段論）[75]乃是一種竊題（*petitio principii*）[76]，又稱謬套論結或謬奪結論。他認爲該等論式實際上是從特稱推論到特稱，只能用來衡量某些情況的眞實性，而不能接受爲全稱的普遍學說。比方說，他堅稱，從命題「所有人都會死」，就可以肯定主張「威靈頓公爵會死」，即

---

73 鄧斯・司各脫（John Duns Scotus, 1266-1308），中世紀，蘇格蘭的經院哲學家、神學家、唯實論者。他提出物質具有思維能力的推測，其論據是天主是萬能的，故而可以讓物質具備思維的能力。著有《巴黎論著》、《牛津論著》、《問題論叢》等。

74 奧坎的威廉（William of Ockham, 1287-1347），出生於英格蘭的薩里郡奧坎，就讀大學註冊名字爲「奧坎的威廉」（拉丁文：Gulielmus Occamus，英譯爲William of Ockham）。十四世紀邏輯學家、聖方濟各會修士。據記載，他曾在牛津大學攻讀神學，之後又在巴黎大學求學，能言善辯，被人稱爲「駁不倒的博士」。

75 芭芭拉式三段論（syllogism in Barbara），又稱爲第一格AAA三段論，因爲三段論當中的大前提、小前提、結論三者都是「全稱肯定命題」（A）。

76 竊題（拉丁語：*petitio principii*；英語：begging the question），又稱謬套論結或謬奪結論，意思是指，在論證時蒙混偷渡需要提出質疑的命題，逕自將其預設爲理所當然的前提，進而謬誤地做出不應得的結論，這是一種不當預設的非形式邏輯謬誤。

使提出此主張者從未聽聞威靈頓公爵這號人物，也無損這樣的推論有效性。不過，這顯然是站不住腳的：知道「人」和「會死」這兩個字詞涵義的人，可以理解「所有人都會死」的陳述，但無法就此推斷他從未聽說過的某個人會如何。反之，就算彌爾關於威靈頓公爵的說法是正確的，但是除非個人知道所有已經存在的人，而且也知道未來將會存在的所有人，否則將無法理解這一說法。他的學說主張，其實是從特稱到特稱的推論，只適用於我所謂的「動物歸納法」（animal induction），是正確的心理學，但從來都不是正確的邏輯。只有在「普遍」歸納原則之下，才可從過去的人必然死亡的情況，合法推斷出那些尚未死者也必然會死亡的結論。廣泛而言，沒有普遍前提就不可能得出普遍結論，並且只有在普遍前提之下，才能從不完整的實例枚舉中得出普遍結論。

再者，有些普遍的命題，儘管連一個實際例子也無法舉出，卻沒有任何人可以質疑其眞實性。例如：以下命題：「在公元兩千年以前，沒有任何人會想到的那些整數，總共有超過一百萬個以上。」你沒有可能在不自相矛盾的情況下，給我舉出一個實例，而且你也不能假裝有某人曾經想到了所有的整數。從洛克時代以降，英國經驗主義者提出了諸多知識理論，但都不適用於數學；另一方面，歐陸的哲學家，法國哲學家外除外，過分強調數學，產生了奇思狂想的形而上學系統。只有到了彌爾時代之後，經驗主義的領域才明顯與數學和邏輯領域劃清界限，從而使和平共處成爲可能。

我十八歲，就讀過彌爾的《邏輯體系》，那時我非常偏愛、支持他的立論。但是即使那時，我也不能相信，我們接受「二和二就是四」這樣的命題，乃是基於經驗的類推結果。至於人們如何獲得此一知識，我毫無頭緒，但是我的感覺很清楚告訴我，那與「所有天鵝都是白色的」這樣的命題完全不同，因爲這樣的命題是經驗可能駁斥的，而且實際上也確實已有駁斥。在我看來，「二和二等於四」即便出現新的實例，對於我原有的信念也沒有一絲一毫的增強。但是，只有在現代數學邏輯發展之後，才使我能夠證明這些早期感覺的合理性，並且得以將數學和經驗知識納入單一的架構之內。

彌爾雖然知道一定數量的數學，但從未學會以數學的方式思考。他的因果定律不是數學物理學採用的因果定律，那是原始人和哲學家在日常生活採用的一種實用準則，但是任何熟悉微積分的人都不會在物理學中採用。物理學的定律，從來沒有像彌爾的因果定律那樣，提出「B總是跟隨A而出現」的陳述。他們的陳述只是，只有當A出現時，才會有某些特定方向的變化；而且由於A也會改變，所以改變的方向本身也在不斷變化。彌爾因果律的形式是「A導致B」的概念太過於「原子論」（atomic），任何有想像力足以理解變化連續性的人都不會接受。

但是，我們也不要太武斷。有些人會說物理變化不是連續性的，而是爆炸性的。而且，這些人還說，個別事件並不受制於任何因果規律性，世界顯現的規律性僅是由於平均律（law of averages）所致。我不知道這樣的學說是對還是錯，但是無論如何，它與彌爾的因果定律有很大的不同。

實際上，彌爾的因果定律，僅在於日常生活和非科學意義上，粗略、近似於眞實。儘管如此，他還是認爲，通過簡單枚舉歸納（induction by simple enumeration），就得以證明這種因果定律；然而，他在其他地方卻屢屢指出，這種簡單枚舉歸納很不可靠。這種推論不僅不可靠，而且可以通過相當明確的證明，肯定會導致錯誤的結果而不是眞實的結果。如果，你找到所有具有兩個屬性A和B的 n 個物件，然後又找到另一個具有屬性A的物件，應該很容易你就可以證明這個物件不太可能擁有屬性B。不過，常識卻往往使人們受到蒙蔽，看不清在動物本性驅使下，人們在歸納時很容易受到侷限，只偏向注意肯定歸納結果的正向事例。以下面的例子爲例：坎特見過的所有綿羊都在柯尼斯堡（Konigsberg）的十英里範圍內，他應該不至於因此而歸納結論，世界上所有綿羊只在柯尼斯堡的十英里範圍之內；然而實際上，人們使用歸納推論時，卻很可能只聚焦於正向事例，而做出如此的謬誤結論。

在現代物理學，根本不採用傳統意義上的歸納法。現代物理學創立了大量的理論，而不假裝該等理論在任何確切意義上都是眞實的，並且僅將其當成暫時假說來使用，直到新事證陸續出現，那就需要另創更適合的新理論。對於理論的有效性，現代物理學家僅只是宣稱：理論符合已知事實，因此在目前還不能駁斥。對於大多數理論物理學家而言，長久以來已經把傳統上的歸納問題視爲不可解決的問題。我不太能信服他們這樣做一定是正確的，但是我認爲，可以肯定的證明，這方面的問題與彌爾所想的完全不同。

令人驚訝的是，彌爾幾乎沒有受到達爾文和進化論的影響。可是在此同時，他又經常引用赫伯特．斯賓塞（Herbert Spencer, 1820-1903）[77]，這就更讓人覺奇怪了。他似乎已經接受了達爾文理論，但沒有意識到它的啟示蘊義。在《邏輯體系》一書，有一章〈分類〉（Classification），彌爾完全以達爾文理論未問世之前的傳統觀點來談論「自然物種」，甚至隱約暗示，已確知的動物、植物其物種乃是經院哲學意義上「最低級的物種」（infimae species），儘管達爾文的《物種始源》（*On the Origin of Species*）[78]證明了這種觀點是站不住腳的。他的《邏輯體系》第一版於一八四三年問世，沒有考慮到進化論（《物種源始》發行於一八五九年），這是很自然的；但是比較奇怪的是，後來的版本（一八七二年修訂至第八版）也沒有進行任何修改。或許更令人驚訝的是，在他晚年撰寫

77 赫伯特．斯賓塞（Herbert Spencer, 1820-1903），十九世紀英國哲學家，提出社會達爾文主義之父，也稱社會進化論，將達爾文物競天擇「適者生存」的生物學理論應用於人類社會。達爾文、赫胥黎、彌爾都是和斯賓塞同時代的著名英國哲學家和科學家。

78 達爾文（Charles Robert Darwin），一八五九年，《物種始源》（*On the Origin of Species*），London：John Murray。完整英文書名：*On the Origin of Species by Means of Natural Selection, or the Preservation of Favoured Races in the Struggle for Life*，《物種始源：物競天擇，適者生存》（字面直譯：論天擇途徑下的物種始源，亦即在生存競爭中，優勢種族的保存）。

的《宗教三論》（*Three Essays on Religion*）[79]，他沒有拒絕動物、植物對環境適應的論證，也沒有討論達爾文對這種適應的解釋。我認爲，他從來沒有想像過將人視爲動物界的一員，而且也沒有脫離十八世紀關於人在本質上是理性的信念。我此時想的不是他原本應該會有哪些明確宣稱的觀點，而是他在失去戒心時，可能浮出的潛意識念頭。我們大多數人，在面對周遭世界時，往往是壟罩在潛意識預設念頭之下，而且相較於有意識的論證，這類潛意識對我們信念的影響更深遠。在大多數人身上，此等潛意識預設在二十五歲前，就已經大致形成。在彌爾身上，泰勒夫人啟動了某些修正，不過並不在純粹智識領域。在那個領域，彌爾的父親（詹姆斯・彌爾）繼續宰治著兒子的潛意識。

---

79 彌爾（John Stuart Mill），一八七四年，《宗教三論》（*Three Essays on Religion: Nature, The Utility of Religion, and Theism*），London: Longmans, Green, Reader & Dyer。這本書的文章寫於一八五〇至七〇年間，嚴格來講，並不是羅素所說的彌爾晚年撰寫的，而是彌爾過世之後，一八七四年，才由遺產執行人海倫・泰勒（Helen Taylor，哈莉特・泰勒・彌爾和前夫約翰・泰勒的女兒，彌爾的繼女）正式出版。

二、《政治經濟學原理》

《政治經濟學原理》（*Principles of Political Economy*）[80]，是彌爾的第二本主要著作。第一版於一八四八年問世，但第二年又進行了大幅修改。帕克先生（Mr. Packe, 1916-1978）[81]在令人欽佩的彌爾傳記[82]，詳盡說明了這兩個版本之間的差異。箇中差異主要是關於社會主義的問題。在第一版，從正統傳統的角度批評社會主義。泰勒太太對此大爲震驚，後來要發行新版本時，她促使彌爾做出了相當可觀的修訂。帕克先生書中最有價值的一點就是，他終於使我們能夠以不偏不倚的眼光來看待泰勒夫人，並了解她是如何對彌爾產生影響。不過，我也覺得，在批評彌爾對社會主義的改變方面，帕克先生有點太嚴厲了。我不禁要認爲，泰勒太太在這方面爲彌爾所做的，就是使他能夠依照自己的天性去思考，而不是

---

80 彌爾（John Stuart Mill），《政治經濟學原理》（*Principles of Political Economy*），London: John W. Parker，第一版，發行於一八四八年；第七版，發行於一八七〇年。

81 麥克・聖約翰・帕克（Michael St John Packe, 1916 -1978），英國歷史學家、傳記作者和板球運動員，著有《約翰・史都華・彌爾的一生》。

82 帕克（Michael St. John Packe），一九五四年，《約翰・史都華・彌爾的一生》（*The Life of John Stuart Mill*），London: Secker and Warburg。

依照他所受的教養去思考。他對社會主義的態度，如同他在後續版本一樣，絕對不是毫無批評。他仍然覺得，有些難題是社會主義者沒有充分面對的。譬如，他提到：「無視於人類天生的惰性，乃是社會主義者普遍的錯誤。」[83]因此，他擔心社會主義可能使社會停滯不前。我只能說，他生活的年代比我們幸福多了：如果我們有希望能擁有停滯不前的安適生活，我們應該會欣喜若狂吧。

在書中的〈論勞動階級的未來可能性〉（on the Probable Futurity of the Labouring Classes）一章，他描寫了心中期待的烏托邦。他希望看到，生產由工人自願組成的社會所掌握。而不是如同馬克思社會主義者的主張，生產應該由國家來掌握。彌爾嚮往的社會主義是聖西蒙（St. Simon, 1760-1825）[84]和傅里葉（Charles Fourier, 1772-1837）[85]。（在我看來，勞勃・歐文（Robert Owen, 1771-1858）[86]，沒有得到彌爾足夠的強調。）根據彌爾書中的說法，前馬克思社會主義目的並不是要增強國家的權力。彌爾強調說，即使在社會

---

83 彌爾，一八四八年，《政治經濟學原理》，頁七九五。

84 克勞德・昂列・聖西蒙（Claude-Henri de Rouvroy de Saint-Simon, 1760-1825），法國哲學家、經濟學家、社會主義思想家。馬克思、恩格斯把他與傅立葉、歐文並列爲三大空想社會主義者。

85 查爾斯・傅立葉（Charles Fourier, 1772-1837），法國哲學家、思想家、經濟學家、社會主義思想家。

86 勞勃・歐文（Robert Owen, 1771-1858），英國烏托邦社會主義與合作社制度運動倡導者。

主義統治下，仍然需要有競爭存在，只是競爭將發生在對立的工人社會之間，而不是對立的資本家之間。他傾向於承認，在他所提倡的社會主義制度下，商品的總產量可能少於資本主義制度下的總產量，但他認爲，只要每個人都能得到合理的商品數量，足以追求安適的生活，那將不會是什麼大不了的罪惡。

對於我們這個時代的讀者而言，理所當然，社會主義就包含了由國家來取代私人資本家的地位，因此在閱讀彌爾時很難避免陷入誤解。彌爾保留了曼徹斯特學派[87]對於國家的不信任，那是該學派對抗封建貴族過程發展而形成的；再加上他對自由的熱情信仰，進一步強化了他對於國家的不信任。政府的權力，他說，永遠是危險的。但是他有信心，這種政府權力終將式微。他認爲，未來的年代將不再相信迄今存在的諸多政府干預有值得讚許的價值。閱讀這樣的陳述頗讓人感到痛苦，因爲它使人們意識到，人類根本沒有可能預見未來的發展進程，即便是略述大概輪廓也無能爲力。十九世紀各路著述名家當中，唯一能夠精準切入預見

87　曼徹斯特學派（Manchester school），起源於一八二〇年曼徹斯特商會的政治和經濟思想學派，領導人物：理查德·科布登（Richard Cobden）和約翰·布萊特（John Bright），並在十九世紀中葉主導英國自由黨（British Liberal Party）。主張自由放任的經濟政策，包括：自由貿易、自由競爭和合同自由，反對國家干預，並且在外交事務主張孤立主義。

未來的就只有尼采（Nietzsche, 1844-1900）。[88]他之所以能夠成功預見未來，並不是因爲他超群絕倫聰穎過人，而是因爲發生的所有可恨的事情全都是他希望看到的。只有到了我們這個希望幻滅的年代，像歐威爾這樣的先知才開始預言他們所擔心不樂見的未來，而不是他們所希望看到的未來。

彌爾因爲沒能預見大型組織力量的不斷增長，因此他的預言和希望全都導向錯誤方向。這不僅發生在經濟學，也發生在其他領域。比方說，他主張，國家應堅持普及教育（universal education）[89]，但不應由國家來主辦教育。然而，他從未意識到，就基礎教育而言，唯一可以替代國家的重要組織就是教會，如果改由教會取代國家來主辦基礎教育，他幾乎不會認爲就會比較可取。

彌爾把共產主義和社會主義區分來看，他比較喜歡社會主義，但也不是完全譴責共產主義。在他那個年代，這兩者的區別沒有後來那麼明顯。廣義而言，正如他所解釋的，區別

88 弗里德里希・威廉・尼采（Friedrich Wilhelm Nietzsche, 1844-1900），十九世紀德國哲學家、思想家。開創一套對黑格爾哲學體系的批判，並且對二十世紀的哲學發展有重要影響。

89 普及教育（universal education），是指所有人不論其社會階層、性別、種族背景或身心殘疾，都應享有不受歧視的平等受教育機會。普及教育通常是由國家對全體學齡兒童實施某種程度的普通教育；並擴大受教者範圍，讓大家均有機會接受教育，使受教權不再僅限於少數人。

在於共產黨反對所有私有財產，而社會主義僅主張，「土地和生產工具應該不是個人的財產，而是社區、協會或政府的財產。」[90]他在一段著名的文字中，表達了他對共產主義的看法：

「因此，如果要在機會十足的共產主義與苦難、不公不義滿盈的當前社會之間，做出選擇；如果私有財產體制必然承載如後結果，正如我們當前所見，勞動生產的分配比例幾乎與勞動付出程度成反比，分配比例最大的歸於絕大部分不事勞動者，其次是僅只從事虛有其名的工作者，隨著工作越來越艱辛，越來越令人生厭，報酬逐級遞減，直到最低層的體力勞動者，工作到精疲力竭，也沒能指望足以賺取生活必需品；如果，共產主義能夠應許有別於此的出路，儘管所有的困難，無論大小，兩相衡量之下，就全都微不足道了。但是，爲了公允起見，我們的比較對象必須針對共產主義的最佳狀態，對比於私有財產制度可能達成的理想境界，而不是長年積弊的既存現實。私有財產的原則從來沒有在任何國家進行過公正的試驗；而且在這個國家，或許比在其他某些國家，更是少有如此的試驗。」[91]

90 彌爾，一八四八年，《政治經濟學原理》，頁一二五。

91 彌爾，一八四八年，《政治經濟學原理》，頁二六七至二六八。

文字的歷史變化很奇妙。在彌爾時代，可能除了馬克思之外，沒有人會猜想到「共產主義」一詞後來會意味著寡頭政治的軍事、行政和司法專制獨裁。工人勞動的產物只允許分配給足堪生活必需的分量，僅只足夠防止他們暴動反抗。我們現在可以看得很清楚，馬克思是彌爾那個時代最有影響力的人物，但是到目前爲止，我發現，彌爾在任何著作中都沒有提及馬克思，而且很有可能，彌爾的確從未聽過馬克思。《共產黨宣言》（*The Communist Manifesto*）[92]與彌爾的《政治經濟學原理》於同一年出版，但文化界代表人物卻對此書毫無所悉。我滿好奇，目前籍籍無名的某人，在百年之後，卻成爲歷史證明的我們這個時代的主導人物。

除了宣告對於社會主義和共產主義的觀點之外，彌爾的《政治經濟學原理》其餘部分並不算特別重要。書中的原理主要擷取自前輩學人的正統觀點，僅作了微幅的修改。對於李嘉圖（David Ricardo, 1772-1823）[93]的價值理論，他大致認同，另外再加上傑文斯（William

---

92 馬克思與恩格斯（Karl Marx and Friedrich Engels），一八四八年，《共產黨宣言》（*The Communist Manifesto*. London: Communist League），德文原始書名：*Manifest der Kommunistischen Partei*（*the Manifesto of the Communist Party*）。

93 大衛・李嘉圖（David Ricardo, 1772-1823），英國古典政治經濟學代表人物。李嘉圖的勞動價值理論，繼承史密斯價值理論的科學元素，但批評其價值論的錯誤，主張商品價值由生產過程投入的勞動而決定。

Stanley Jevons, 1835-1882）[94]引進的邊際效用概念，後者對李嘉圖的價值理論有重大改進。正如《邏輯體系》一樣，彌爾很容易就接受了傳統的學說，不過這可能是由於他並沒有意識到，該等學說一旦付諸實踐，將會導致任何邪惡後果。

三、《婦女的屈從地位》、《論自由》

相較於彌爾的長篇論著，他的兩本小書：《婦女的屈從地位》（*On the Subjection of Women*）[95]與《論自由》（*On Liberty*）[96]，其實更爲重要。關於第一本，世界已經完全如他所願逐步邁進；至於第二本，則出現了完全相反的走向。

不論男、女都應該感到可恥，世界居然等了如此漫長的時間，總算才出現爭取婦女平等地位的鬥士。在法國革命之前，除了柏拉圖之外，沒有人想過女性應該享有平等地位，但

94 威廉・史坦利・傑文斯（William Stanley Jevons, 1835-1882），英國經濟學家、哲學家。一八七一年，《政治經濟學理論》，提出價值邊際效用理論，開啟「邊際主義革命」，促成古典經濟學轉向新古典經濟學。

95 彌爾（John Stuart Mill），一八六九年，《婦女的屈從地位》（*On the Subjection of Women*），London: Longmans, Green, Reader & Dyer。

96 彌爾（John Stuart Mill），一八五九年，《論自由》（*On Liberty*），London: John W. Parker and Son。

是每當這個話題浮出檯面，總是搬出諸多匪夷所思的荒謬論證來支持維護現狀。不只男人強詞奪理堅稱女人不應參與政治，女人也同樣信服這般論點，特別是政治界居於高位的女性人物，包括：維多利亞女王和魏柏夫人。似乎很少人能夠意識到，男人地位之所以於高女人完全只是基於肌肉力量比較大而已。爭取女性平等地位總是淪爲眾人譏諷的笑柄，如此情況一直持續到三十年前，才開始有所突破。在一次大戰之前，我公開聲援婦女投票權；在此期間，我還主張非戰和平主義。相較於主張非戰和平而遭遇的反對，在支持婦女投票權方面，我所遭遇的抗拒、抵制，更是猛烈、惡毒，也更爲廣泛。歷史上，除了瑞士之外，在所有文明國家中，很少有其他事情會比突然特許婦女政治權利更讓人感到驚訝。在我看來，這和人類歷史從生物觀點轉向機械觀點脫離不了關係。機械降低了肌肉力量的重要性。與農業相比，工業比較不那麼需要擔憂季節的影響。民主破壞了王朝，減弱了家族延續的感情。拿破崙希望兒子繼承皇位。列寧、史達林、希特勒沒有這樣的欲望。我認爲，女性平等地位的道路之所以可能啟動，關鍵因素就在於，不再侷限於完全以生物學的眼光來看待女性。彌爾評論指出，在英國，唯一不是奴隸或苦力的女人就是在工廠的女操作員。他應該是忘了把維多利亞女王算在內。不過，他的說法倒也有幾分道理，因爲不同於生小孩是只限於女人，而工廠操作員的工作，則是男、女都有能力去做的。不過，儘管婦女解放本身似乎令人讚嘆，但基本上乃是大規模社會變革其中的一部分，強調工業而犧牲農業，強調工廠工作而犧牲生養小孩，強調權力而犧牲實質生計。我認爲，世界的鐘擺已經朝這個方向擺盪太遠了，除非人們再次記起人類生命的生物學面向，否則難以回復理智。但是，我認爲，如果這種情況發生了，也沒有理由相信，應該回歸到昔日的婦女屈從境況。

彌爾的《論自由》，對於目前時代的我們而言，比他的《婦女的屈從地位》更爲重要。之所以比較重要，乃是因爲其倡導的目標比較沒有那麼成功。總體而言，當今世界的自由要比一百年前少得多。沒有理由認爲，在可預見的將來，對自由的限制會趨於緩和。彌爾指出，俄羅斯這樣一個官僚徹底宰制的國家，沒有人，甚至沒有任何個別的官僚，擁有任何的人身自由。但是，他那個時代的俄羅斯，在農奴解放之後，自由程度其實遠勝過當今俄羅斯千倍有餘。當時的俄國產生了反對獨裁的偉大作家，無所畏懼的革命人士，儘管遭受監禁、流放打壓，仍然堅決宣傳革命理念，甚至當權階級也不乏自由開明之輩，農奴制之廢除即爲證明。完全有理由可以希望，俄羅斯遲早終將發展成爲君主立憲國家，逐步朝向英國現有的政治自由程度邁進。在其他國家，自由的增長也很明顯。在美國，彌爾的《論自由》出版之後幾年，奴隸制廢除了。在法國，彌爾深惡痛絕的拿破崙三世（Napoléon III, 1808-1873）[97]，在《論自由》出版十一年之後退位，法蘭西帝國終結。同一時期，德國引入了成

97 拿破崙三世（Napoléon III：Louis-Napoléon Bonaparte, 1808-1873），法國末代君主和第一位民選總統。拿破崙三世經常被視爲昏庸無能的領袖，對外發動戰爭，爲法國帶來連年災難。對內專制獨裁統治，推動審查

年男性的選舉權。基於前述事實，我認爲，帕克先生說歷史的整體發展是朝向反自由的方向，這種說法並不正確；再者，我也認爲，彌爾的樂觀並沒有流於不理性。

就個人的立場而言，我完全同意彌爾的價值觀。關於價值（個人vs.團體）孰輕孰重，他強調個人的價值比較重要，我認爲，這完全正確。而且進一步來看，我還認爲，他標舉應該追求的那些價值，在目前比起他那個時代更是值得追求。不過，有別於十九世紀，當今關心自由的人士必須投入不同的戰鬥，設計新的權宜之計，以避免自由步向滅亡絕路。從十七世紀到十九世紀末葉，「自由」一直都是激進、革命人士高呼的口號。但是時至今日，這個字眼已經被保守反動陣營篡奪了，那些自詡爲最進步的人士每每投以不屑一顧的眼光。自由被貼上「腐敗布爾喬亞理想」的標籤，被視爲中產階級的時髦玩意兒，只有對於養尊處優之輩才可能有其重要性。對於這樣的轉變，如果有任何人需要負責，那就應該把帳記在馬克思頭上。馬克思用普魯士紀律（Prussian discipline）[98]取代了自由，作爲革命行動的手段和

制度箝制異議之聲，操縱選舉，剝奪議會實權，將政治犯和罪犯流放魔鬼島等地。一八七〇年九月四日，戰敗退位。流亡英國。一八七三年，病逝英國。

98 普魯士紀律是指普魯士王國相關的軍國主義和普魯士軍隊的道德準則，以及喀爾文教派影響的資產階級價值觀，廣泛影響德國文化，包括：效率、紀律、勤奮、撙節、責任、正義、服從、謙虛、忠誠等。

目的。但是，如果社會組織和技術沒有發生重大變化，進一步促使他提出與早期改革者相反的理想，那馬克思也不至於能取得如此的成功。

從彌爾的時代以來，促使局勢改變的關鍵因素，正如我在前面所述，主要是組織的巨幅增加。每個組織都是一群個人爲了特定目的而形成的組合；再者，如果組織目的要獲得實現，個別成員就需要對組織有某種程度的臣服。如果，目的讓所有人都眞心與趣殷切追求，而且執行階層能夠讓組織成員心悅誠服，那麼自由犧牲的程度就可能很小。但是，如果組織存在之目的僅止於激發執行階層的旨趣，而其他成員則是出於沒必要的理由而臣服於組織之下，自由喪失的情況可能會加劇，直到幾乎蕩然無存。組織越龐大，高層、底層的權力差距就越大，壓迫的可能機率就會越高。現代世界，拜技術之賜，相較於百年前，組織化程度更加普及而深遠：僅有極少數的行動還能憑本能驅動自主行事，絕大多數都只是在權威強迫或誘使之下，俯首聽命悉聽尊便。組織帶來的好處如此之強大，如此明顯，以至於希望回返到過往的情況根本就是荒謬無稽之談；然而，那些只意識到組織好處的人卻也很容易就忽視了，另一方面其實還存在非常眞實而駭人的諸多危險。

首先，讓我們舉農業方面的例子。在彌爾的《論自由》出版之後，緊接著數年之間，美國中西部出現了一波的拓荒潮。拓荒者以「粗獷個人主義」（rugged individualism）[99]為榮。他們落戶在樹林茂密，水源充足，土壤肥沃的地區。不用投入過量勞力，他們砍伐樹木，取得夠用的木材建造木屋和柴火。伐林墾地，糧穀豐收。不過，在這樣的個人主義天堂還有一條蛇，那就是鐵路，沒有鐵路，穀物就無法運輸賣到市場。鐵路代表著大量的資本積累，大量的勞動力投入，以及人數眾多的組織，其中幾乎沒人懂得農業。失去獨立讓拓荒者感到憤慨，掀起了平民黨運動（Populist movement）[100]，儘管聲勢如火如荼，但從未取得任何成功。不過，在美國的這個例子裡，個人獨立面對的只有一個敵人。當我接觸到澳洲的拓荒者，截然不同的情況讓我大為震驚。在澳洲，拓荒者化荒漠為良田需要大規模鉅資的灌溉計畫，這對於個別州政府負擔過於沉重，只有聯邦政府才有可能統籌推行。即使有了灌溉

---

99 「粗獷個人主義」（rugged individualism），一九二八年，赫柏特・胡佛（Herbert Hoover, 1874-1964）競選美國總統期間首創的講法，強調自主管理、自我創業、完全自力更生，反對歐陸強調父權、國家社會主義、中央集權的政府管理哲學。除了個人自由、獨立之外，還結合了各族群機會平等、愛國情操和社區志工組織等特色，有別於法國偏向放任自由、自私自利的個人主義。

100 十九世紀末葉，美國中西部和南部的「平民」農民和小店家商人，由於不滿當時兩大黨：共和黨和民主黨主導的政府，無法滿足他們的需求，組成「平民黨」（people's party，或稱Populist party），以對抗高額鐵路費率、大企業壟斷、祕密投票、政治腐敗以及貨幣黃金標準。

設施，拓荒者取得耕種土地，所在之地也沒有任何林木，所有建材和燃料都必須從遠方運進來。自己和家人生病時，必須大費周章，轉搭飛機和無線電設備聯絡溝通，才可望取得所需的醫療照護。他們的生計取決於出口貿易，而出口貿易興衰起伏不定，完全得看遠在天邊的政府變幻無常的臉色。他們的心態、好惡和情感，仍然如同百年前拓荒者的那種粗獷個人主義，但是眼前的處境卻迥然有別。無論有多麼想起身反抗，都受到外在力量的緊密控制。或許仍擁有智識方面的自由；但經濟自由早已成爲遙不可及的夢想。

不過，與共產國家的農民相比，澳洲拓荒者的生活宛如天堂。共產國家的農民，已經淪爲不折不扣的農奴，處境甚至還不如沙皇統治下最悲慘的時期。他們沒有土地，無權享有自己辛苦耕種收穫的糧食，當局只配給勉強餬口的分量，任何抱怨、投訴都可能落得下放勞改營的下場。極權國家是組織的極致發展終點，如果不多加戒愼提防，所有已開發國家都有可能朝著這個目標邁進。社會主義者認爲，迄今歸屬資本家的權力如果改由國家掌握執行，將是利國福民的正向轉變。這在某種程度還算正確，但只限於民主國家的前提之下。不幸的是，共產黨人忘了此等前提條件。將經濟權力轉移到寡頭政權國家之下，他們製造了暴政的引擎，彌天蓋地、無孔不入的威力比以往任何時期都更可怕。我不認爲這是俄國革命鬥士當初的意圖，但他們的行動無疑促成了這樣的後果。所以產生這種效果，乃是因爲他們沒能意識到自由的必要性，也沒有了解專制權力的邪惡是無可避免的。

但是，這種邪惡不只以極端形式，發生在共產國家，也以相對沒那麼極端的形式，出現在人們冠上「自由世界」可笑稱謂的許多國家，而且邪惡的程度很容易就會急起直追。瓦維洛夫（Nikolai Ivanovich Vavilov, 1887-1943）[101]，俄羅斯近代最傑出的遺傳學家，流放北極悲慘而死，只因爲他不贊同史達林對「後天性狀遺傳」（inheritance of acquired characters）的無知信念。歐本海默（Oppenheimer, 1904-1967）[102]聲譽遭受詆毀，反核志業橫遭阻撓難以爲繼，主要是因爲他懷疑氫彈的實用性，但這在當時，其實是完全合理的懷疑。美國聯邦調查局FBI，實在沒什麼好期待的，教育水準差不多就和警察不相上下，卻自

101 尼古拉・伊凡諾維奇・瓦維洛夫（Nikolai Ivanovich Vavilov, 1887-1943），蘇聯植物學家和遺傳學家，一生都奉獻給有關小麥、玉米和其他支撐世界人口的穀物研究，組織植物學及農藝學探險隊，蒐集來自世界每一角落的種子，並在列寧格勒創建當時世界最大的種子銀行。一九二六年，出版《栽培植物中心起源》，研究確認栽培植物的起源，再三批評當時蘇聯生物學官方發言人里森科（T. D. Lysenko）反孟德爾學說的官方觀點。堅持眞理的瓦維洛夫，對里森科的歪門邪道堅決抵制，最終被自己曾經提拔的門生殘害。一九四〇年，瓦維洛夫被蘇聯當局祕密逮捕；一九四三年，在獄中營養不良而死去。

102 朱利斯・勞勃・歐本海默（Julius Robert Oppenheimer, 1904-1967），猶太裔美國理論物理學家。二次世界大戰期間，歐本海默領導曼哈頓計畫，研發出首批核子武器，用於轟炸廣島與長崎，被譽爲「原子彈之父」。戰後，歐本海默擔任美國原子能委員會總顧問委員會主席，遊說國際社會對核能進行管控，避免美國與蘇聯發生核軍備競賽以及防止核擴散。他公開發表的觀點激怒不少政治人士，無法再直接影響政治。

認爲有資格扣壓簽證，阻擋歐洲博學多聞之士入境，任何有能力了解箇中原委的人都明白這簡直就是可笑至極。這種邪惡的情況無限上綱，以至於在美國根本毫無可能召開國際學術會議。奇怪的是，彌爾很少提及警察對自由的威脅。在當今時代，警察就是大多數文明國家最惡劣的敵人。

四、如果彌爾活在當前，他會怎麼寫？

我不禁想問，如果彌爾活在當前還能寫書，他會怎麼寫呢？這是頗有趣的猜測，不過也不全然只是窮極無聊的書生空想。我認爲，他對於自由價值的一切說法，應該可以維持不變。只要人類繼續存活在地球上，我們所能提供的諸多美好之物當中，肯定少不了自由。自由深植於人類最基本的一種本能：新生兒如果手腳受到約束，沒辦法自由活動，自然就會哭鬧。人類渴望的自由，其類型會隨著年歲和知識增長而有所轉變，但不論如何，自由始終都是簡單快樂的重要泉源。自由受到沒必要的妨害時，失去的不僅是快樂，也失去了所有與自由深切關聯而且更重要的諸多價值。幾乎所有曾經對人類做出偉大貢獻的個人，都難逃暴虐敵意迫害追殺，不少人甚至因而以身殉道。彌爾在這方面的論述已經寫得很詳盡，因此除了補充新近的實例之外，不需做任何的更動。

我認爲，彌爾應該還會進一步闡述，對自由的不當干涉，主要來自兩方面：㈠專制嚴苛的道德規範，要求他人遵守難以接受的行爲準則；(二)不合公平正義的權力，這方面的干涉影響更爲重大。

首先，在專制嚴苛的道德規範方面，彌爾舉了很多例子。他針對摩門教徒遭受迫害，提出鏗鏘有力的論述，由於沒有人會懷疑他偏好一夫多妻制，因此讓他的說服力提升不少。另外一個爲了維護特定團體的道德規範，而不當干預民眾自由的例子，就是遵守基督、猶太宗教團體的安息日規定，不過在彌爾有生之年就已經逐漸失去對大多數人的約束力。我父親是彌爾的追隨者，在他短暫的議員生涯期間，屢次在下議院發言呼籲正視，赫胥黎（Thomas Henry Huxley, 1825-1895）[103]的演說絕非餘興活動，因爲若是可以將其視爲餘興活動，那麼這些活動在禮拜天就是非法的。不過，父親的努力終究是徒勞無功。

我想，如果彌爾現在寫書，他應該會選擇進一步舉例闡述，最近成爲熱議話題的警察干預自由情事，有兩方面：第一是「淫穢」文學。關於這方面的法律非常模糊；實際上，就算有任何相關法令規定，也免不了極盡含糊其辭之能事。在實務上，任何事物只要碰巧驚動了

103 湯瑪斯・亨利・赫胥黎（Thomas Henry Huxley, 1825-1895），十九世紀英國生物學家、人類學家，專研比較解剖學。赫胥黎投入多場辯論和演說，捍衛達爾文物競天擇的演化論，反駁《創世記》上帝創造人類和宇宙萬物的創造論。

治安法官，就可能裁定是淫穢；即使沒有驚動治安法官，只要有一些見識淺陋的警察受到驚嚇，也可能成爲追訴的事由，就像近日發生的《十日談》（*Decameron*）[104]遭到起訴的案件，就是這樣的例子。此類法律之惡毒兇險就在於，只要主其事的法官大人在孩提時期，接觸到某些被認爲是兒童不宜的有用知識，就很有可能透過司法手段，禁制該等知識的傳播。我們大多數人都以爲，現今情況應該已經有所改善，但是最近的經驗卻讓我們對此感到懷疑。我實在很難理解，年長者何以能只因爲接觸到不習慣的事物，驚嚇難以接受，就以此主觀認定不雅而提出指控淫穢罪名。

其次，彌爾原則上應該也會提出譴責的，就是當前關於同性戀的法律規定。如果，兩個成年人是出於自主意願而投入這樣的關係，那就是純屬他們倆私人的事情，因此社會沒有立場介入干涉。如果仍然像以前那樣，相信容忍這種行爲會導致社會陷入索多瑪和娥摩拉城的

---

104 《十日談》（*Decameron*），義大利文藝復興時期喬瓦尼·薄伽丘（Giovanni Boccaccio），以佛羅倫斯大瘟疫爲背景，所著的寫實主義短篇小說集。《十日談》又稱爲《人曲》（*l'Umana commedia*；英譯：*the Human Comedy*），和但丁的《神曲》齊名。故事開始時，十名年輕人（七女三男）逃離瘟疫，來到一棟鄉間別墅。連續十天，每人輪流擔任主持，指定當天說故事的主題和調性，所有參與者分別講述一篇，十天總共一百篇。其中頗多故事涉及放縱情色的題材，有些評論家抨擊該作品粗鄙猥瑣、邪淫敗德；另外，也有評論者肯定這些作品忠實呈現人性情慾本色，揭露迂腐、矯情、僞善的道學禮教。

噩運，那社會就有權力介入干預。不過，干預權力的取得，不應只是建立在有人主觀認爲該等行爲邪淫萬惡不見容於社會。爲了防止非自願的受害者遭受暴力或欺詐，可以正當引用刑法來處置，但是如果同性戀關係雙方都是有自主行動力的成年人，那麼在雙方自願同意的情況下，不論是否可能給彼此招來任何傷害，都不應該援引刑法加以干涉。

在我們當前的法律之中，遠比起這些中世紀迂腐的遺風，更值得關注的，就是不公不義的權力問題。正是這方面的問題激發了十八、十九世紀自由主義的興起。他們反抗君主權力，抗拒施行宗教迫害的國家教會權力。他們也會發揮強烈愛國情操，抵抗外來政權的宰制。總的來講，這些目標都已成功實現。民選總統取代了君主，宗教迫害幾近消失不復，《凡爾賽和約》如其所能促成了國家自由理念的實現。儘管如此，世界並沒有成爲天堂。自由愛好者發現，自由不增反減。但是，過去爭取自由帶來勝利的口號和策略已不適用於新的形勢，自由主義人士也發現，自己遭到號稱進步的新型暴政擁護者拋諸腦後。總體而言，國王、神職人員和資本家都是過時的幽靈。威脅當前世界的危險代表人物是政府官員。在官員集體權力之下，個人單打獨鬥的對抗幾乎無濟於事，只有組織才能與組織對戰。

我認爲，我們必須重振孟德斯鳩（Montesquieu, 1689-1755）[105]的三權分立學說，但需要創新形式以因應當前現實。以社會主義人士關注焦點的勞資衝突爲例，他們異想天開認爲，如果能把資本家的權力轉交到國家手中，想必就可擊垮他們長久致力鬥爭的惡魔。俄國就是在勞工組織的支持之下，完成這樣的權力轉移。但是，國家掌握資本權力之後，隨即就剝奪了工會的獨立權力，勞工遭受到比改革之前更徹底的奴役。任何解決之道，若是只著眼於單一面向的權力缺失，顧此失彼，就絕無可能開啟邁向自由的大道。愛好自由者可能支持的唯一解決方案，必然得是相互制衡的權力體制，沒有任何一方握有絕對的權力，危機發生時，各方都必須謹遵權責，審慎關注公眾輿情。在實務上，這意味著工會必須保留其行政管

105 孟德斯鳩（Montesquieu，全名Charles-Louis de Secondat, baron de La Brède et de Montesquieu，1689-1755），啟蒙時期法國政治哲學家，奠定現代法學理論的基礎，開創現代國家制度結構，對後世國家政治生活影響極大。主要著作《法意》（*L'Esprit des lois*；英譯書名：The Spirit of Laws），一七三四年出版，政治理論史和法學史上的偉大經典。孟德斯鳩在《法意》批評封建統治，突破「君權神授」的觀點。認爲人民應享有宗教和政治自由。主張法治的精神和內容對於國家有效促進自由至關重要，提出三權分立學說，將政治權力劃分爲立法權、行政權、司法權，賦予獨立的個人或機構，權利對等獨立、互相制衡。書中舉英國爲榜樣，啟發了一七八八年法國大革命的《人權宣言》、一七八七年的《美國憲法》、一七九一至九五年的《法國憲法》和一七九二年的《普魯士法典》等。

理的獨立權力。個人若要取得工作，就不得不加入所屬工會，如此情況下，個人享有的自由當然不充分，也不盡完美；但這似乎已是現代工業社會可能容許的最好情況。

目前還有一個領域，自由倡導者面臨特別的困難，我指的是教育領域。在過去，人們從來沒有想過，孩童應該可以自由選擇是否接受教育；而現在，也沒有人認爲，父母應該擁有選擇是否送子女接受教育的自由。彌爾認爲，國家應該堅持對兒童進行教育，但不應該由國家來主辦。至於應該如何推行該等教育，他並沒有太多著墨。接下來，我將試著揣摩，如果他現在提筆撰述，他將會寫出什麼樣的見解。

首先，讓我們提出原則問題，也就是說，自由愛好者應該會希望學校做些什麼？我認爲，理想的答案（或許有些烏托邦）可能會是，教育應該使學生學到充足的能力，能夠針對有爭議的問題，做出合理的判斷，從而決定可能需要採取什麼行動。這需要兩方面的教育工作：一方面，提供訓練培養判斷思考的習慣；另一方面，提供機會學習有關公正的知識。經由這樣的教育，學生將可做好準備，在成年之後，能夠眞正自由地做出選擇。我們不能把自由送給孩童，但是我們可以協助他們做好準備，迎向自由；這就是教育應該做的。

但是，這並不是世界上大多數地區盛行的教育理論。最廣爲流傳的教育理論，最初來自耶穌會教士的發明，經由費希特（Johann Gottlieb Fichte, 1762-1814）發揚精進而臻於完善。費希特指出，教育的目標應該是去破除意志自由，他問道，難道我們應該希望擁有選擇的自由，卻可能因此做出錯誤的選擇，而不是正確的選擇？費希特認定什麼是對的，並希望建立一套學校系統，教導孩子長大後，能夠發諸內心明白，應該選擇費希特認爲正確的事物，而不是選擇錯誤的事物。這套教育理論獲得共產主義和天主教信徒全盤採納，也有許多國家的公立學校廣爲奉行。這種教育的目標是要製造精神奴隸，他們對於熱議話題只聽取單方面的說詞，對立方的觀點只會讓他們覺得歪理胡謅或危言聳聽。實際推行結果大致如費希特所期許，不過其中也出現了輕微的偏離：儘管他的教育方法得到普遍認可，但是個別國家、宗教信仰灌輸的正統信念卻是各走各路。費希特當初擘畫的教育宏圖希望傳授的是德意志民族至高無上的絕對優越意識。但是在這一點上，追隨者大多和他唱反調。如此一來，在其教育原則獲得有效落實的國家，產生一大群無知的狂熱分子，隨時聽候領袖一聲令下，投入效忠黨國宗教派系的戰爭或執行迫害行動。此等邪惡如此深重，以至於倘若各國從未啟辦任何教育，世界應該會更美好（至少我是如此認爲）。

有一條概括原則可以幫助釐清關於自由適當範圍的諸多問題。大致而言，可促進個人福祉的事物可以分爲兩大類：一種是可能占爲己有的事物；另一種是不可能占爲己有的事物。某人已經吃下肚的食物，其他人就不可能吃到該等食物；但是，如果某人閱讀某首詩心情愉悅，這並不會因此而阻礙其他人也從該首詩獲得喜悅。粗略區分，可以據爲己有的東西，是屬於物質領域；至於不可據爲己有的東西，則是屬於精神領域。物質範疇的東西如果供應數量不是無限，那就應依照正義原則來分配：沒有任何人應該分得太多，以至於其餘眾人受到擠壓，只分得微薄不足的分量。無限制的自由不可能產生正義分配原則的結果，無限制的自由會走向霍布斯（Thomas Hobbes, 1588-1679）所謂的人人敵對衝突的混戰狀態，弱肉強食直至強者爲王而告終止。但是，精神領域的東西，譬如：知識、美的欣賞、友誼和愛，並不會因爲某些人擁有了這類精神寶藏的富足人生，而其他人就被攫取一空或趨於精神匱乏。因此，在這一領域沒有任何足以支持限制自由的表面證供案例（*prima facie case*）。那些禁止某類知識的人，或是像柏拉圖、史達林禁止某類音樂和詩歌的人，就是容許政府對其不具法定地位（*locus standi*）的事務進行干預。我不想過分強調這一原則的重要性，因爲在許多情況，物質和精神的東西並無法截然二分。最明顯的例子就是書籍。如同葡萄乾布丁一樣，書籍也是由物質材料製作而成，但是我們期望從書中獲得的卻是精神屬性。很難制定任何有效的原則，讓主管當局據以決定哪些書籍值得印製。目前出版業者五花八門，我不認爲有可能出現任何的改善。無論世俗或教會，只要設立機關審核書籍出版許可事宜，勢必導致災難結果。同樣的情況也會發生在藝術領域，沒有任何人，甚至共產人士也不會，強詞奪理爭辯說，史達林的干預提升了俄羅斯音樂的水準。

彌爾當年享有的聲望實至名歸，不過那並不是他的學識原創成就所致，而是由於他在學識方面展現的品德情操。他不是像笛卡兒或休姆那樣等級的偉大哲學家。在哲學領域，他的思想淵源承襲休姆、邊沁，以及他的父親詹姆斯・彌爾。不過，除了哲學激進派的嚴苛冷峻之外，他還融合了浪漫主義運動的某些元素，這部分的影響最初是來自於柯立芝和卡萊爾，後來還有妻子哈莉特・泰勒・彌爾。他吸納了這些不同來源，再透過理性予以融會貫通。若干浪漫主義人士的愚昧放蕩、狂熱激情，在他身上幾乎看不到任何蹤影。他的學識品格剛正不阿無可挑剔。爭議場上，他總是審愼縝密一絲不苟、公允正直不偏不倚。對於論爭對手，他總是維持文雅修辭的理性論辯來回敬對方。

儘管單就學識成就而言，彌爾容或有其不足之處，但他的影響力確實非常深遠，也帶來許多益處。他讓理性主義和社會主義受到人們的尊重，儘管他的社會主義屬於前馬克思主義，尚未涉及國家極權的境況。他鼓吹的婦女平權，最終贏得幾乎全世界的接受。他的《論自由》，至今仍是經典之作，儘管不難指出其中的理論瑕疵，而且隨著世界現實與他的學說理念漸行漸遠，這本書的價值也日益增漲。倘若他來到當前的世界，應該會讓他大感震驚和恐懼。不過，如果他的道德原理能得到更多尊重，那麼世界將會比現在更爲美好。

第四部　講稿與散文

心靈與物質

一九五〇年，普林斯頓大學，斯賓塞特拉斯克基金會講座

自從柏拉圖以來，再加以宗教信仰的進一步強化，人類已經接受了將所知世界劃分爲心靈、物質兩種範疇的觀點。心靈（mind），對應的是心靈或精神的理念世界；物質（matter），則是指物質或身體的現實世界。對於這樣的心物二元論，物理學和心理學有志一同，紛紛提出諸多質疑。

在物質的方面，開始變得飄渺虛無，直到最後就像《愛麗絲夢遊仙境》的傻笑貓（Cheshire Cat）一樣，全身形體消失無蹤，只剩下一張齜牙咧嘴的笑容，彷彿在笑看那些還傻呼呼認爲牠依然存在的痴迷眾生。另外，關於心靈的方面，在腦科手術以及戰爭槍彈留滯腦部組織的後遺症研究，兩者影響之下，也提供了難得機會，人類心靈的神祕色彩逐漸消散，越來越像是某些生理狀況的瑣碎副產品。對於個人內心世界可能遭受外界探測而曝光的病態恐懼心理，更加深了心、物二分論瓦解的觀點，人心惶惶唯恐檢警偵測大腦活動，而將個人內心隱私全數揭露、無所遁形。於是，人們陷入一種弔詭的處境，使人不禁想到《王子

復仇記》哈姆雷特與雷爾提斯雙雙殞落的對決[1]：

一方面，物理科系的學生轉趨唯心論者（idealists）；另方面，許多心理學家則是靠向唯物主義（materialism）。當然，眞實的情況是，心靈和物質同樣都是幻象（illusion）。物理學家，研究物質，發現所謂物質的諸種事實其實乃是幻象；心理學家，研究心靈，發現所謂心靈的諸多事實其實乃是幻象。但是，雙方仍然相信，對方的研究對象必然具有一定程度的可靠性。在這篇文章，我希望做到的是，在不預設心靈、物質任何一方是否存在的前提之下，重新來闡述心和腦的關係。

心物二元論

自從笛卡兒的時代以來，人們約定俗成的心物二元論觀點，幾乎就沒有太大變動過。一方面是大腦，依照物理法則而運行；另一方面是心靈，雖然似乎有屬於自身的若干法則，但在許多關鍵面向，還是接受來自大腦物理狀況的影響作用。笛卡兒學派主張平行論，認爲大

1　雷爾提斯（Laertes），莎士比亞《哈姆雷特》劇中人物，爲了報復父親和妹妹的死，與哈姆雷特對決，用劍殺死哈姆雷特。他也死在哈姆雷特的毒劍下。

腦和心靈是相互平行的系統，由各自的法則決定其運作，但是這兩方的平行系列事件關聯如此密切，以至於當其中一方發生某一事件，另一方必然也會伴隨出現相對應的事件。

舉個簡單的比喻：假設有一個英國人和一個法國人，各自誦讀基督教的《使徒信經》（*Apostle's Creed*），前者用英語，後者用法文，兩人同時開始，速度也完全相同。那麼，在這兩人同步誦讀過程的某一特定時刻，你應該能從其中一人所誦讀的部分，推斷另一方在那當下誦讀的部分。這兩系列的事件平行前進，儘管任何一方的行動都不是由對方所牽引。

時至今日，已經很少人會全盤支持如此理論了。否認心靈與大腦之間存有互動，似乎與常識相違背，而且除了形上學之外，從來就不曾有任何證據支持這樣的論調。我們都知道，身體受到物理刺激（因），會引起心理反應（果），例如：鼻子被外物擊中（物理刺激），會引起疼痛的感覺（心理反應）。再者，我們也都知道，疼痛的心理反應（因），可能會引發某種身體的動作（果），例如：揮拳拍開外物。關於這些現象，就有兩種對立的學派，不過說到這兩派的對立，比較多是關乎實踐方面，而比較少關乎理論方面。

其中一個學派，理想目標是要確立全面的自然物理決定論，再結合一套辭庫，用以檢視物質宇宙，並且陳述特定自然物理事件，無一例外，總是伴隨有同步發生的特定心理事件。另一個學派，其中最有影響力的首推心理分析學家，他們尋求純粹的心理學法則，旨在擺脫以自然物理學因果定律爲首的框架。

這兩派的差異，明顯呈現在有關夢的解析。如果你做了噩夢，其中一個學派會說，那是因爲你吃了太多龍蝦沙拉；另一個學派會說，那是因爲你的潛意識作祟，暗自愛戀你的母親。雙方針鋒相對的論爭，優劣勝敗，遠非我所能定奪，我也無意選邊站；對我而言，無論哪個學派，只要解釋能成功，就算是合理的好理論。確實而言，我希望能夠另闢他徑，重新檢視關於心與物的問題，從而有效化解歷來紛擾不休的爭論。不過，在把這些清除乾淨之前，我還需要先進行大量的理論釐清工作。

「我是一個在思想的東西」vs.「我是一系列的思想」

眾所周知，笛卡兒有句名言：「我思，故我在」（I think, therefore I am）；然後，他緊接著馬上肯定說出：「我是一個在思想的東西」（I am a thing that thinks），只是這追加的說詞倒也像是空話，因爲根本沒說出任何新的內容。要在寥寥數語之內，擠進數量如此龐大的謬誤，還眞不是三兩下功夫就能辦到。

首先，來看這句子開頭的「我思」，其中的「我」這個字眼，是爲了符合文法才套用上去的，追本溯源，乃是遠古印歐語系祖先圍繞著營火取暖，結結巴巴吐出的語音，在初民的用語偷渡了一種形上學觀念。因此，必須把這個贅字「我」剔除。「思」這個字會保留，但是不再帶有主詞，因爲這個主詞偷渡了初民相信有某種實質物體在思考的信念，因此現在必須將此等主詞排除於「思」之外。

其次，「故我在」這串字眼，不僅重複了前述「我」字偷渡初民形上學觀念的罪過，而且還犯下了另一個罪過，那就是卡納普（Rudolf Carnap, 1891-1970）[2]在其著作反覆嘲諷的一種邏輯謬誤，亦即把引號內的字詞和沒有引號的字詞混爲一談。

當我說：「我是」或「蘇格拉底存在」，或任何類似的陳述時，我實際上是在說關於字詞「我」或「蘇格拉底」的某種事情；粗略而言，在這些陳述當中，「我」或「蘇格拉底」就是指涉某事情的名稱。因爲很明顯，如果你想的是世界上存在的所有物體，那是不可能將其分爲存在和不存在兩類。不存在，實際上，是極其稀罕的屬性。大家應該都聽過，兩個德國悲觀哲學家的故事，其中一人嘆氣說道：「從來沒出生，那應該會快樂多了。」對方感嘆回道：「眞的！但是，能達成如此快樂際遇的人何其之少。」實際上，你沒有可能指著任何東西說它存在。你只有可能指著某件東西，說那是某字詞指涉（denote）發生的事情，然而這種情況並不適用於諸如「哈姆雷特」這樣的字詞。《王子復仇記》一劇當中，關於

2 魯道夫·卡納普（Rudolf Carnap, 1891-1970），出生德國的美國分析哲學家，經驗主義和邏輯實證主義代表人物，維也納學派的領袖之一。卡爾普在耶拿大學曾受業於弗雷格門下，研究邏輯學、數學、語言的概念結構。受羅素和弗雷格的著作影響。

哈姆雷特的每句陳述都隱含了如後的虛假陳述：「『哈姆雷特』是指涉用的名稱」，而這正就是爲什麼，我們不能將這部戲劇視爲丹麥歷史的一部分。因此，當笛卡兒說：「我在」時，他的意思應該是說，「『我』是指涉用的名稱」，這無疑是非常有趣的說法，但並沒有笛卡兒希望從其中推論出的所有形上學的衍生意涵。

不過，這些並不是我想強調指出笛卡兒哲學裡的錯誤。我想強調指出的是，「我是一個在思想的東西」（I am a *thing* that thinks）這種說法所涉及的錯誤。這當中，假設了實體哲學（substance-philosophy），認爲世界是由狀態多少會有變動但基本上恆定的東西所組成。這種觀點是由遠古時代的「形上學家」發展出來，他們還發明了相關的語言。遠古初民交戰之中，敵方生猛兇暴，落敗之後屍首殘缺的慘狀，之間天差地遠，讓人看得震撼驚駭，儘管最終還是相信，這應該就是先前懼怕的那個同一人，然後就啖肉飲血把他呑吃下肚了。正是這樣的想法，從洪荒原始人流傳至今，成爲世人的常識以及衍生的諸多信條。很遺憾地，數目多到讓人搖頭浩歎的哲學教授，逕自認定職責所在就應該像哈巴狗呼應此等常識，因此無有意識而又不疑有他，行禮如儀的俯首膜拜蠻荒食人族民智未開的迷信。

「單一實體」和「變動狀態」

對於笛卡兒謬誤的信念：「我是一個在思想的東西」，我們應該用什麼來取代呢？我們得明白，有兩個笛卡兒，兩者的區別引起了我想要討論的問題。一個是笛卡兒自己所面對的笛卡兒；另一個是朋友面對的笛卡兒。他關切的是自己面對的笛卡兒。對於笛卡兒自己而言，將其描述爲變動狀態的單一實體（a single entity with changing states），並不是最適切的方式。「單一實體」的說法有些多餘，「變動狀態」其實就充足了。對於笛卡兒自己而言，「笛卡兒」應該就是一系列的事件，而每個事件都可以稱爲一段思想，在這兒我們是寬鬆使用「思想」這個詞。至於對於其他人而言，笛卡兒是什麼，我在此暫且略過不予討論。正是這一系列的「思想」，構成了笛卡兒的「心靈」；然而，他的心靈不再是該等思想（事件系列）之外的一個單獨實體，這就如同也不能說，紐約市的人口是個別居民之外的一個單獨實體。

如此一來，很清楚地，我們不應該再說「笛卡兒在思想」，而應取而代之，說是「笛卡兒是指涉一系列的思想」。再者，我們應該把「因此笛卡兒存在」的說法，改成「由於『笛卡兒』是指涉這個思想系列的名稱，依此而言，『笛卡兒』就只是一個指涉用的名稱。」至於「笛卡兒是一個在思想的東西」的說法，我們不用多費心再去找尋適當的替代字眼了，因爲這樣的陳述，除了語法錯誤之外，就只是沒有任何具體內容的空話。

現在，該是時候來探究，當我們說笛卡兒是一系列的思想時，我們所指的「思想」是什麼意思。就約定俗成的看法，比較正確的說法應該是，笛卡兒的心靈是一系列的思想，至於他的**身體**，通常則認爲是有別於思想的某種東西。因此，可以說，他的心靈是私自的，只對笛卡兒自己呈現，而沒有對其他任何人呈現。相對地，他的身體則是公開的，不只對笛卡兒自己呈現，而且也對其他任何人都呈現。笛卡兒對「思想」一詞的使用，比當今使用的範圍更為寬廣，如果用「心理現象」（mental phenomena）一詞來替代「思想」，或許就可避免混淆。在觸及通常所謂的「思考活動」之前，還有更多的基本事件發生，亦即通常所謂的「感覺」（sensation）和「知覺」（perception）。根據常識的說法，知覺總是有其作用的對象，而且一般而言，知覺的對象不是屬於心理層面。在日常用語當中，感覺和知覺不算是「思想」。思想是由諸如記憶、信念和欲望之類的事件組成。在考量這種狹義的「思想」之前，我想先來談談「感覺」和「知覺」。

「感覺」和「知覺」

「感覺」和「知覺」這兩個概念，可能讓人有些混淆難以區分，而且按照通常的定義，對於兩者是否曾經發生，可能會讓人有所懷疑。因此，在下面的第一個例子，我們在描述心理現象時，會避免使用這些詞語，並盡可能減少可疑的預設。

通常發生的心理現象是，身處相同環境的一大群人，在差不多同一時間，都會有非常相似的經驗。比方說，一大群人可能同時聽到相同的雷聲，或是聽到某政治人物發表的同場演說；同一群人還可能同時看到同樣的閃電，或是看見該名政治人物用拳頭重擊桌面。但是進一步反思，我們會意識到，處於相同環境的眾人，除了所聽或所見略同之外，每個人都可能還有著各自不盡相同的心理事件。雖然環境當中只有一個政治人物，但是在看到和聽到他的每個人內心，都還分別上演了一齣獨家專屬的心理戲碼。關於此等心理戲碼，心理分析從其中區分出兩類元素：

㈠個人和其所屬物種的其他正常成員共同具有的結構；

㈡體現了個人過往經驗的結果。

該名政治人物的某段話引起某位聽眾如後的反應：「那些惡棍罪有應得」，而另一位聽者的反應則截然不同：「我這輩子從沒聽過如此不公不義的鬼話。」不只是諸如此類的間接反應可能有個別差異而已，很多時候，不同的人因爲各自偏見或過往經驗使然，還眞的是聽到了不同的字眼。有一次，我出席上議院的議會，凱恩斯（Keynes）發言譴責報業大亨比佛布魯克勳爵（Lord Beaverbrook, 1879-1964）[3]，抗議他向上議院提供的統計數據，當時我也在現場。凱恩斯好像是說：「我從沒聽過如此phony（虛矯）的統計數據」，不過那個字眼也像是說「funny（好笑）」。一半議員認爲他說「phony」，另一半認爲他說

3 比佛布魯克勳爵，威廉・馬克斯韋爾・艾特肯（Lord Beaverbrook，William Maxwell Aitken, 1879-1964），出身加拿大安大略省的英國政治家，報業大亨。

「funny」。不久之後，凱恩斯就離開人世，留下無解的懸案。毫無疑問，過往經驗左右了特定的聽者傾向聽到其中哪個字眼。接觸美語口音經驗較多的人傾向聽到「phony」，而過著比較封閉生活（身邊聽的都是英式口音）的人則傾向聽到「funny」。

不過，在一般人的日常情況裡，過往經驗的影響比上述例子更爲深切。當你看到外表堅實的物體，你自然會想到堅硬的觸感。如果你習慣聽現場鋼琴演奏，而不是收聽留聲機或收音機的鋼琴錄音，那麼當你聽到鋼琴音樂時，腦海自然而然就會浮現演奏者的手在琴鍵上的動作（我向來有如此的經驗，但現今年輕人泰半習慣聽鋼琴錄音，所以這樣的情況鮮少發生在他們身上）。清晨時分，當你聞到培根的氣味，味覺連帶視覺意象油然而生。「感覺」，應該適用於不涉及個人過往經歷的心理事件；至於「知覺」，則適用於感覺附加上無從迴避的個人過往歷史。至此，我們可以分辨得很清楚：要把所謂「感覺」的總體經驗糾葛不清的諸多元素爬梳解析，乃是縝密的心理學理論所需要處理的主題；至於「知覺」，則是無須藉助理論闡明，就能知之甚明的一種總體心理事件。

然而，在日常用語當中，「知覺」一詞卻難免涉及竊題（question-begging）[4]的困

4 竊題（question-begging；拉丁語：*petitio principii*），又稱謬套論結或謬奪結論，是在論證時蒙混偷渡需要提出質疑的命題，逕自將其預設爲理所當然的前提，進而謬奪結論，這是一種不當預設的非形式邏輯謬誤。

擾。比方說，假設我看到一張椅子，或者更確切地說，有發生這麼一件通常描述爲「我看到一張椅子」的事件。這樣的描述「我看到一張椅子」，其實隱含偷渡了如後的預設意思：(1)「我」存在，並且「椅子」存在；(2)知覺是發生在這兩者之間的關係。我先前已經處理完「我」的問題（「我」並不是實體存在的東西），但是「椅子」屬於物質世界，暫且擱置不去處理。在這兒，要說的只是：依照常識，如果我心裡沒有產生椅子的知覺，譬如：假設我閉上眼睛，那張椅子依然還是存在。箇中涉及的物理和生理使我確信，介於我和椅子之間的那個知覺乃是獨立於我所見到的，與視覺經驗截然不同，在視覺經驗過程，涉及了數十億個電子進行數十億次的量子躍遷狂舞。我與知覺對象的關係是間接的，只能透過推論而間接得知；那是不同於我稱爲「看到一張椅子」那種直接經歷的事件。實際上，當我經歷所謂的「看到一張椅子」的視覺經驗時，那當中所發生的全部事件都應視爲屬於我的心理世界。如果有一張椅子存在於我的心理世界之外（對於這一點，我確信無疑），這樣的狀態並不是經驗直接得知，而是通過推論而間接得知。

這樣的結論就帶來了古怪的後果。我們必須把物理學的物質世界和日常經驗的物質世界區分開來。倘若物理學是正確的，那物理學的物質世界就是獨立存在於我的心理生活世界之外。從形上學的觀點來看，物理學的物質世界是堅實，自足而立的，並且總是預設有如此的世界存在。與此相反，日常經驗的物質世界，則是個人心理生活的一部分。與物理學的物質世界不同，日常經驗的物質世界不是堅實的，並且也不比夢中所見的世界更實在。另一方面，此等日常經驗的物質世界是無可置疑的，但物理學的物理世界，在某方面來看，反而並非如此不容置疑。「*看到一張椅子*」的經驗，不論我如何找理由解釋，也不可能說那不曾存在。我確實擁有此等經驗，即便當時是在做夢。但是，物理學的椅子固然堅實，卻有可能是不存在的。如果我是夢見有這麼一張椅子，那麼它就是不存在的。即使我是醒著以爲看到椅子，也有可能它並不存在，譬如：如果我容易犯某些推論的謬誤，而且無從證明我之所以認爲看到有椅子並不是由於謬誤推論所致。簡而言之，套用《塊肉餘生錄》（*David Copperfield*）米考伯先生（Mr. Micawber）[5]的口吻：物理學的物質世界，堅實但並非無可置疑；至於日常經驗的物質世界，則是無可置疑但卻非堅實。在此陳述中，我使用「堅實」（solid）一詞，意思是指「*獨立存在於我的心理生活之外*」。

經驗．記憶．思想

再來，讓我們問自己一個非常基本的問題：發生在有感覺之生物的事情，相對於發生在

5　米考伯先生（Mr. Micawber），十九世紀英國小說家狄更生小說《塊肉餘生錄》主角大衛．考菲爾的樂天派房東，他告訴大衛說：「每年收入二十英鎊，而支出十九英鎊九先令六便士，就是幸福的。每年收入二十英鎊，而支出二十英鎊六便士，就是悲慘的。」

無生命的物體的事情，兩者之間有何區別？顯然，各種各樣的事情都會發生在無生命的物體。這類的物體會移動，會經歷各種的變化，但它們沒有「經驗」這些事情；相對地，我們卻有「經驗」發生在我們身上的事情。

大多數哲學家將「經驗」（experience）視爲意義明顯卻難以給予定義。我認爲這是錯誤的看法。我不認爲「經驗」的意義明顯，我也不認爲難以給予定義。經驗的特徵就是過往事件會影響當前反應。當你把一枚硬幣投入自動販賣機，它的反應和以前完全一模一樣。它不會知道，硬幣投入是意味著有人想要買票，或是任何其他情況，而且它的反應速度也不會變得比較快。相反地，售票員會從經驗中學習，熟能生巧，反應速度會變快，並減少對直接刺激的反應。這就是我們說人類是有智慧的原因。這類的事情就是記憶的本質所在。

你看到某個人，他發表了某些說法。下次你見到他，你會記起這些言論。這基本上類似於以下事實：當你看到一個看起來很硬的物體，你會預期，如果伸手去觸摸它，應該會有某種堅實的觸感。正是這一類的事情將經歷與單純發生的事情區分開來。自動販賣機沒有經驗，售票員則有。這意味著，特定的刺激總是會使機器產生相同的反應，然而在人身上卻可能產生不同的反應。你講述一則軼事，聽者卻淡淡回答：「你眞該聽聽，我第一次聽到這故事時，笑得有多開心。」可是，如果你打造一臺聽到笑話會自動發出笑聲的機器，無論它以前聽過多少次這個笑話，每次照樣會萬無一失發出笑聲。如果你眞的想採用唯物論的哲學，也許會覺得這樣的情況令人甚感欣慰。

我認爲，應該可以公平地說，心靈的最基本特徵就是廣義的「記憶」（memory），其中涵蓋過去經驗對當前反應的所有影響。記憶包括一種通常稱爲知覺知識（knowledge of perception）的特殊知識。僅止於看見某些事物，那其實還不能算是知識。只有當你對自己說「我看見A」或「A在那兒」，那才算是成爲知識。這種知覺知識是對單純看見的反思。這種反思是知識，並且因爲有可能形成知識，因此看見能夠稱爲經驗，而不僅是發生在石頭之類無生物的單純事件。

過去經驗的影響具體表現在制約反射原理：在適當的情況下，如果條件A原本就會產生某種反應，而條件A經常與條件B一起出現，久而久之，條件B單獨出現也足以產生原本條件A產生的反應。比方說，如果你想教熊跳舞，可以讓牠們站在高熱的舞臺上，四隻腳燙得受不了，就會不斷換腳抬高好像在跳舞，在此同時，樂隊還要在一旁演奏英國海軍軍歌《不列顛萬歲》（*Rule Britannia*）。經過一段時間之後，只要一聽到《不列顛萬歲》，牠們就會開始跳舞。我們的知性生活，即使是最高層級，基本上也都是遵循此等制約原理。

如同所有其他的區別一樣，活著與死亡的區別也不是絕對的。關於某些病毒究竟是活或死，即便病毒專家也很難拿定主意。前述的制約反射原理，雖然是生物活著的特徵，但在其他非生物領域也不乏例證。舉例來說，如果你將一捲紙攤開來，它會馬上自動捲回原形。儘管如此，我們還是可以把制約反射視爲生命的特徵，尤其是較高層次的生命形式，特別是最高層次生命之人類心智的特徵。

釐清前述諸多觀念之後，我們就得以開始來處理，有關心靈與物質之間關係的關鍵環節。如果大腦具有與記憶相對應的特徵，那就是大腦會因為大腦內部發生的變化而受到某種影響，日後受到適當的刺激，就可能觸動記憶而重複產生類似的反應。對於這一點，我們可以用比喻的方式，藉用無機物的行為來稍作說明。在大多數時候乾涸的河川，逐漸在河水流過的路線沖蝕而形成沖溝（gully）[6]，日後雨水成流，沿著這條路線前進，就好像恢復先前湍流溪水的記憶。如果喜歡，或許可以說，這河床「經驗」到清涼的溪水，就「回想」起先前的情況。有人或許會認為，這只是天馬行空的幻想，因為河流和河床是不會「思想」的。但是，如果思想也包含因為先前發生的事件而對行為有所修正，那麼我們就不得不說河床有在思考，儘管它的思想層級頗為陽春，因為不論氣候有多麼潮濕多雨，終究還是不可能教它學會九九乘法表。

在這兒，我擔心你可能會憤慨難以接受，抗議說：「可是，親愛的先生，你腦袋怎麼硬梆梆、不通事理？你想必也應該知道，物質可以像撞球那樣推來撞去，但是思想、快樂和痛苦卻不可能。物質占據空間，不可穿入，質地可硬可軟。思想則全然不同，你不能把思想當作撞球來打，當你驅除思想時，那過程與警察驅逐群眾的過程完全不同。當然啦，你啊，身

---

6 沖溝（gully），或稱蝕溝，流水在侵蝕作用下，在土壤形成的小型溝壑地形，一般形成於丘陵的山坡地帶。大部分都是間歇乾涸，因為地質規模可能無法支撐常流河所需的水流量。

爲哲學家」（所以，不用懷疑，你會繼續說下去），「應能超脫凡塵俗世的七情六慾，但是我們這些凡俗之輩，可是實實在在領受血肉之軀的種種苦樂，那是草木、石頭沒能感應的經驗。所以啊，我實在無法理解，你怎麼能夠如此愚蠢，蠢到連心靈與物質的區別也看不出來！」

物質也是一系列的事件

對於這樣的質疑，我的回答會說，我對物質的了解遠不如你。關於物質，我所知不多的一切知識就只是，我藉由某些抽象的假設，推斷出物質在時空分布的純粹邏輯屬性。這些初步所見（*prima facie*）[7]，沒有告訴我關於物質的其他特徵。再者，如同我們先前不承認心靈是實體的東西一樣，我們也有同樣的理由不承認物質是實體的東西。先前，我們將笛卡兒的心靈化約爲一系列的事件；在這兒，我們也必須對他的身體做採取同樣的作法。

是的，我的主張就是，物質是一系列的事件，彼此之間由某些物理定律而結合成爲一體。將這些事件結合在一起的定律，只是在近似和宏觀的尺度。在古典物理學，保留的物理

7　「*prima facie*」，拉丁語，表示第一次接觸或乍看上去。

質點同一性觀點，到了量子物理學，已經無影無蹤。假設我想說：「這是和昨天同樣的椅子。」你不能指望我的說詞準確地傳達我的意思，因爲分毫無差的陳述恐怕需要寫出好多本大部頭的巨著才可能達成。

我的意思約略可以表述如後：古典物理學（如今已遭摒棄的物理學體系），是建立在「質點跨越不同時間點仍會維持原態」的前提假設之上。只要這樣的概念仍然可以維持，我就可以主張，當我說「這是同一張椅子」時，我的意思是「這是由相同的質點組成的」。在量子物理學出現之前，質點的概念就已經過時了，因爲它們涉及實體的概念。不過這關係不大，因爲仍然可以將質點定義爲一系列的物理事件，彼此之間由慣性定律和其他類似原理而結合成一體。即使在拉塞福—波耳原子（Rutherford-Bohr atom）的年代，這種觀點仍然可以維持。拉塞福—波耳原子是由特定數量的電子和質子組成。電子的運行就像是跳蚤，他們緩步爬行一段時間，然後猛然彈跳開來。但是，在彈跳之後，仍然可以辨識出那是先前爬行的同一電子。可是，目前已知原子會分裂蛻變，原子維持原態的同一性概念已經難以持續。就目前知識所及，即使根據最樂觀的假設，也只能說原子是一種持續發生驟然躍遷的能量分布。原子只有躍遷才有可能留下證據，因爲只有在躍遷中才有能量輻射，而且只有在能量輻射時，我們的感官才會受到影響，我們才得以獲知所發生事件的證據。

在波耳年輕時的美好年代，我們無庸置疑地認爲已然確知，原子在平靜狀態時裡面發生的情景，確實就是電子繞著原子核運行，就如同行星繞著太陽運行一樣。但是現在，我們不得不承認，先前關於原子在平靜狀態的一切知識，乃是徹底而絕對的無知，根深蒂固，難以撼動。這就好像派駐到那兒的記者，認爲除了革命之外全都不値一提，因此革命未爆發的時候，無論發生什麼全都籠罩在迷霧之中無從知悉。在此基礎上，不同時間點的同一性已經蕩然無存。

如果你希望用物理學來解釋，你所說的「這是和昨天同樣的椅子」是什麼意思，你勢必就得回到古典物理學。你必須說：當溫度不太高，並且化學狀況也在尋常範圍時，古典物理得出的結論大抵是正確的。當我說「這是同一把椅子」，我的意思是，古典物理學家會說這是同一把椅子。但是我清楚得很，這充其量只是一種便宜行事且不準確的說法；實際上，在大約十萬分之一秒的時間內，椅子的最小組成元素全都會失去其同一性。說那是同一把椅子，就像說當前的英國與伊莉莎白一世當年的英國是相同的，或者更確切的說法應該是，自從英明女王（Good Queen Bess）去逝，歷經好世代數以百萬人作古之後，現在這個英國是同一個英國。

我們尚未學會用量子物理學的精確語言來談論人腦。事實上，我們對於這種語言了解得太少，以至於難以體會其必要性。量子物理學揭櫫的奧妙之所以和我們的（心靈與物質）問題密切相關，就在於顯示出我們對物質，特別是對人類大腦，了解甚少。有些生理學家仍然想像，可以透過顯微鏡而觀察到腦部組織的運作。這當然是一種樂觀的妄想。當你認爲自己看著椅子時，你並沒看到量子躍遷。你有的經驗，是與實體的椅子有著非常冗長且繁複的因果關係鏈，其間透過光子、桿狀細胞和錐狀細胞、視神經而連結到大腦的視覺中樞。如果要獲得稱爲「看到一張椅子」的視覺體驗，就需要經歷所有這些必要的階段。你如果閉上眼睛，光子無法進入，或是切斷視神經，或是子彈破壞大腦的視覺區位。如果以上任何一種情況發生了，你就不會「看到一張椅子」。

類似的道理也可適用於生理學家認爲自己正在檢查大腦的情形。他身上發生一場經歷，與他自認爲正在觀察的大腦之間有著遠距的因果連結。關於大腦，他所能知道的只限於視覺所複製的結構化元素；至於非結構化的屬性，他則是一無所知。他無權宣稱，大腦的內容與相對應的心靈的內容互不相干。如果是活著的大腦，他可以透過證詞和類比取得的證據，顯示大腦和相對應的心靈之間的關係。如果是死掉的大腦，就缺少這兩方面的證據。

簡單而且統一適用的心靈——物質假說

我想提議一個簡單而且統一適用的心靈——物質假說（儘管無法證明），我認爲它比笛卡兒學派提出心靈——物質相互符應的假說更適切。我們已經同意，心靈和物質都是由一系列事件所組成。我們也同意，關於物質是由哪些事件所組成，除了該等事件的時空結構之外，我們一無所知。我提議的假說是，構成大腦活動的事件，與構成相應大腦的事件完全相同。要拒絕這種觀點，你自然而然想得到的所有理由，基本上都脫離不了把「物質對象」與

「視覺、觸摸經驗的對象」混淆不分。後者是屬於心靈的一部分。

暫且容我使用常識用語來說明，此時此刻，我可以看到，房間的傢俱、風中搖曳的樹木、房屋、雲彩、藍天和太陽，所有這些都被常識想像是位於我的外部。我相信，所有這些都與我外部的物理對象有因果關係的連結，但是當我意識到物理對象，在重要面向，必然與我直接經驗到的（感官對象）有所不同，並且一旦我納入考量，在感覺發生之前，從物理對象出發奔赴我的大腦的因果關係長鏈列車，從物理因果關係的角度，我就能明白看出，直接經驗到的感官對象是在我的大腦中，而不是在外部世界。康德將繁星點點的天界和道德律放在一起是正確的，因爲兩者都是他的大腦想像構成之物。

如果我前述所言正確，那心靈與大腦之間的區別，就不在於它們是由不同的原料構成，而是在於它們有不同的群集（grouping）方式。心靈和物質一樣，都得視爲若干事件的集合（group of events），或者可以說，都是若干系列的事件集合（series of groups of events）。依據我的理論，群集構成特定心靈的事件，和群集構成相對應大腦的事件，都是屬於相同的事件。或者更確切地說，構成特定心靈的事件，就是構成大腦的諸多事件當中的某部分事件。這當中的重點在於，心靈和大腦之間的差異不是質的差異，而是排列組合方式的差異。比喻來講，要把人排列分組，可能採取地區順序，或是字母順序，這兩種分組方式都有在編纂郵政服務目錄時採用。這兩種例子，都是對於相同的人群，進行不同方式的排列分組，但脈絡卻大不相同。類似的道理，心靈和物質的事件，也會有兩類不同的排列分組方式和脈絡。

舉例來說：對於相同的視覺事件，在物質方面的視覺事件，是物理學的脈絡，並且位於大腦之外。逆向倒退，回溯到眼睛表面，從那裡再回到光子，從那裡經過量子躍遷，再逆推回到某個遠距離的物體。在心靈方面的視覺事件，則是完全不同的心理學脈絡。例如：假設視覺是有一則電報說你完蛋了。在你的心靈，會發生許多依循心理因果定律的事件，並且可能要相當長的時間，才會產生任何純粹的物理事件，例如：拉扯你自己的頭髮，或大叫：

「我好命苦啊！」

如果這個理論是正確的，那麼心靈和大腦之間，無可避免就有著某種的連結。比方說，與記憶相對應，大腦必然有發生某些物理整飾（physical modifying），而心靈生活必然與大腦組織的物理屬性有關。實際上，如果我們擁有更多的知識，我們將會發現，物理和心理的陳述只是對同一事件的不同表達方式。如此一來，心靈依賴於大腦，或大腦依賴於心靈，孰是孰非的古老問題，即可化約爲哪種語言表述比較方便的取捨問題。在我們對大腦了解比較多的情況，將心靈視爲依賴於大腦就會比較方便；反之，對心靈了解比較多的情況，將大腦視爲依賴於心靈則是比較方便。不論何種情況，實質的事實都是相同的，區別僅在於我們的知識多寡程度。

如果以上所述正確的話，我不認爲，我們就能確定，絕對不存在脫離肉身的心靈（disembodied mind）這樣一種東西。如果有一些事件群集，是根據心理學定律連結，而不是根據物理學定律連結，那就會是脫離肉身的心靈。我們不用想太多就會相信，無生命的物質是由若干事件群集根據物理定律而組合，但不是根據心理學定律而組合。而且似乎沒有先驗的理由促使我們應該相信，相反的情況就不應該發生。我們只能說，我們沒有實徵證據，除此之外，並沒有任何理由支持我們做出更進一步的主張。

從過往的經驗，我看得很清楚，長久以來我致力提倡的理論，很容易遭受誤解，而且在誤解之下，該等理論往往顯得荒謬無稽。因此，我在底下特別把箇中重點扼要摘述，希望通過新的措辭用語，使它們不那麼晦澀而頻生混淆。

第一、世界是由事件（events）構成，而不是由狀態變動的物件（things，或東西）構成。或者更確切地說，關於世界的一切，在我們權利可及的範圍之內，只能假設世界有事件，而沒有物件。與事件對立的物件，乃是沒必要的假說。以上這些我必須提出的重點，倒也不是全新的創見，早在古希臘時期，哲學家赫拉克里忒斯（Heraclitus，大約西元前七四〇—四七〇年）就已經說過了。但是，他的觀點惹惱了柏拉圖，從那以後，就一直被認爲是粗俗不入流的鄙夫之見。不過，在當前民主時代，我們倒也不需要因爲這樣的顧慮而不敢採信。如果我們採納赫氏的觀點，人們普遍認爲應該存在的兩種實體，就會宣告瓦解：一種是人類個體（persons），另一種是物質客體（material objects）。依照日常語法的預設，諸如你和我的人類，都是或多或少恆常存在的但狀態不斷變動實體；實際上，「恆常存在的實體」乃是沒必要的預設，「不斷變動的狀態」就足以說明有關人類個體的所有知識。完全相同的道理也適用於物理客體。如果你去商店，買了一條麵包，你會認爲你買了一件可以帶回家的「東西」。但是實際上，你買的是某些因果關係連結在一起的「一系列事件」。

第二、感官可感知的對象（sensible objects），可以直接經驗的客體，也就是說，當我們看見椅子、桌子、太陽和月亮等時，感官所見到的那些內容，乃是我們心靈的一部分，而不是我們以爲看見的外在物理物體的全部或一部分。我所說的這些內容，也並非我的創新之論，最早淵源可追溯至柏克萊（George Berkeley, 1685-1753）[8]，繼而出休姆（David Hume, 1711-1776）[9]補充強化。但是，我在此處用來支持這一點的論證，並不完全等同於柏克萊的論證。我所要強調的是，如果有一群人從不同的角度觀看單一物體，他們會因爲透視法則和光線照射方式不同而產生個別差異的視覺印象。總之，在視覺印象當中，並不存在任何人自以爲看到的那種中性的「東西」（neutral "thing"）。再者，我還應該指出，物理學使我們相信因果關係鏈，從感官對象開始，終點抵達我們的感覺器官，如果要說此等因果

---

8 喬治・柏克萊（George Berkeley, 1685-1753），愛爾蘭哲學家，與洛克和休姆並列英國近代經驗主義哲學家的三大代表人物。著有《視覺新論》和《人類知識原理》等作品。

9 大衛・休姆（David Hume, 1711-1776），蘇格蘭哲學家、經濟學家和歷史學家。蘇格蘭啟蒙運動以及西方哲學歷史最重要的人物之一。與洛克和柏克萊並列英國近代經驗主義哲學家的三大代表人物。著有《人性論》、《人類理智研究》、《道德原則研究》、《英格蘭史》。

關係長鏈，最後一環節完全相同於第一環節，那也未免太過詭異。

第三、我應該承認，可能不存在和我的經驗判然二分的物理世界；但是，我也應該指出，若是拒絕促使我相信物質眞實存在的那些推論，我也勢必得拒絕促使我相信心靈往事眞實存在的那些推論。再者，我也應該進一步指出，沒有人眞心誠意拒絕如此推論才能證實合理的信念。因此，我必須承認，世界上確實有我沒經驗過的某些事件，儘管其中有些事件可能從我經驗過的事件推論出來。撇開不論心靈現象，我對於物理現象的經驗所作的外在原因推論，只涉及結構，而沒有關涉到性質。只有在理論物理學，才可能尋得保證合理的推理；那些都是關於物理對象的抽象和數學結構，而沒有指示出關於物理對象的任何內在特性。

第四、如果我們接受前述論點，那就必須承認有存在兩種不同的空間：一種是透過經驗（特別是在我的視野）感知的空間；另一種是在物理學出現的空間，只能通過推理認知，並且受因果定律約束。無法辨別區分這兩種空間是造成很多混亂的根源。

在這兒，我再舉檢查他人大腦的生理學家爲例。常識認爲他看到那個大腦，而且看到的就是物質。由於他所看到的，與他所檢查的患者在心裡所想的，兩者明顯不同，因此人們得出結論，物質和心靈是相當不同的東西。生理學家所看見的是物質，而患者心裡所想的是心靈。但是，如果我是正確的，那麼這一連串的想法，眞的是一團混亂。生理學家所看到的，如果指的是他所經驗的某種事情，那就應該是他自己心靈的一個事件，而且與他自認爲自己正在檢驗的那個大腦只有精密而繁複的因果關係連結。只要我們用物理學來設想，這一切就會昭然若揭。在生理學家自認正在察看的那個大腦裡，有著量子躍遷發生，導致光子放射，光子輾轉穿越其中的空間，擊中他的眼睛；然後，光子在視網膜的桿狀細胞和錐狀細胞引發複雜的事件，箇中擾動沿著視神經傳遞到腦部，生理學家因此而擁有所謂的「看見他人腦部」的經驗。

如果在這因果連結長鏈當中，有遭受到任何的干擾，比方說，觀察對象的大腦位於漆黑無光的暗處，或是生理學家眼睛閉著或雙眼盲目，或是他的大腦視覺中樞有子彈，諸如此類的干擾情況之下，他就不會擁有所謂的「看見他人腦部」的經驗。在他心靈裡，也不會有著他自認爲看見物體的同一時間發生的那些事件。對於觀察地面物體，時間差可以忽略不計；但是觀察天體物體，時間差可能很大，甚至長達數百萬年。因此，視覺經驗與常識認爲正在觀看的物理對象之間的關係，乃是間接的因果關係連結；而且沒有理由假設，這兩者（視覺經驗和物理對象）之間，存在常識想像的緊密相似性。這一切都與我剛才談到的兩類空間有所關聯。

我說哲學家的思想全都在他們的腦子裡，這讓所有哲學家聞之悵然驚愕。他們異口同聲向我保證，他們腦子裡什麼思想也沒有，但是對於此等信誓旦旦的保證，我很抱歉實在礙難接受。不過，可能吧，我或許得要好好解釋我眞正的意思，因爲我前面的說法是有些簡略難懂。確切來講，我的意思陳明如後：

物理空間與知覺空間不同，物理空間是立基於因果連續鏈（causal continuity）。感官知覺的因果連續鏈，前面是緊接著物理刺激，後面是緊接著物理反應。物理空間的精確位置，不是屬於單一事件，而是屬於群集的事件，對於執著於老式的物理學語彙，就會把該等群集事件視爲物質的瞬間狀態（momentary state）。一個思想是某群集事件中的一個事件，以物理學來理解，可以說就是腦部某一區域的功能。說一個思想存在於大腦中，乃是以下意思的省略說法：一個思想是同時在場之群集事件中的一個事件，而該群集乃是在腦部的某一區域。我這樣的說法並沒有暗指，思想是在心理空間，除非我們要把感官印象稱爲「思想」。

第五、任何物質都是群集的事件，由物理學的因果定律連結組成。任何心靈也都是群集的事件，由心理學的因果定律連結組成。事件的呈現區分爲心靈或物質，不是因爲任何內在本質的差別，而僅只是因爲連結的因果關係的類別。任何事件完全有可能既具有物理學特徵的因果關係，又具有心理學特徵的因果關係。在這種情況下，該等事件集群既是屬於心靈，又是屬於物質。這種情況其實沒有很罕見，至少不會比某個男人同時是麵包師又是父親還罕見。除非我們直接經驗心靈事件，否則我們就無從認知物理事件的內在性質，因此我們不能說，我們大腦以外的物理世界不同於心靈世界，我們也不能說，這兩個世界沒有不同。長久以來，人們百思不解的心靈與物質關係的困擾問題，追溯其源頭，其實就只是源自於誤把心靈與物質視爲「物件」（things）而不是事件群集（groups of events）。透過我提議的理論釐清，這些問題應該可以全部煙消雲散。

關於我致力倡導的此等理論，最重要的支持理由就是，它驅散了環繞心靈與物質千古不解的迷霧疑雲。疑竇叢生的謎團總是令人困擾，並且通常是源起於缺乏清晰分析。心靈與物質的關係，困惑人們長久的時間，如果我的想法是對的，人們就不再需要爲這些謎團而持續困惑不解了。

「常民白話」的迷思

目前，英國最有影響力的哲學流派（常民白話哲學，或譯日常語言哲學）[10]，主張的語言學信條，實在讓我不敢領教。我無意曲解這個流派，但我猜想，對於任何信條的追隨者，只要有人持反對立場，應該都會被視爲對該等信條的曲解。據我了解，這個學派的信條主張，日常生活語言，常民使用的白話語詞和其意義，就足以滿足哲學的需要，根本不需要專業術語，或是改變日常用語的意涵。我完全無法認同這種觀點，我的反對理由如下：

一、因爲它不眞誠；

二、因爲它容許那些僅接受經典教育的人，爲自己對於數學、物理和神經科學等的無知

10　常民白話哲學（ordinary language philosophy），二十世紀前半葉，主導英國哲學的流派，主張哲學問題主要就是錯誤使用語言所導致，只需要對於日常用語進行深入分析，就可將哲學問題化解於無形，而不盡然是解決哲學的實質問題。主要受到後期維根斯坦思想的影響，又分爲劍橋學派和牛津學派兩大派別。劍橋學派始於一九三〇年代中葉，主要代表人物是約翰．威斯頓。牛津學派形成於一九四〇、五〇年代發展到高峰，主要代表人物包括：吉伯特．賴爾、約翰．奧斯丁、彼得．斯特勞森。常民白話哲學帶有反本質主義的傾向，與其相對的是邏輯實證論，希望把語言化約爲可以嚴格考察的實質對象，從而擺脫形上學的影響。

找到開脫的藉口；

三、因爲倡議者儼然以正義之師自居，彷彿反對者就是犯了反民主的莫大罪惡；

四、因爲它使哲學變得瑣碎淺薄而沒有實質重要性；

五、因爲這幾乎不可避免使哲學家陷入日常用語蔓延而至的腦袋不清毛病。

一、不眞誠

我將藉由一則寓言故事，來說明這一點。有一天早晨，寢室整理員（bedmaker）[11]來到心靈哲學教授寢室敲門請他起床，教授突然發狂，情況很危急，只好報警派救護車來把他帶走。我聽到一位信奉「常民白話哲學」的同事，向這位可憐哲學家的醫生打聽消息。醫生回答說，教授突然暫時精神病發作，精神不穩，一小時後症狀就消退了。這位「常民白話哲學」的信徒，聽到這兒，沒有反對醫生所用的語言，而是把這番說詞重複向其他詢問者轉述。我的寢室剛好就在樓上靠近樓梯的房間，無意間聽到寢室管理員和警察之間的對話，逐字記錄如下：

11 寢室整理員（bedmaker），英國劍橋大學、牛津大學教授宿舍，負責整理寢室、鋪床之類的工作人員。

警察：嗯，我有一個字詞要送你。

寢室整理員：你什麼意思？「一句字詞」？我什麼也還沒做啊！

警察：這就是了。你是早該做些什麼才對。難道你沒都看到那位口憐的先生花神經嗎？

寢室整理員：那個，我是口以的。整整一勾鐘頭，嗯，持續悾顛、起痟。沒法度啦，他們一花神經，你也跟他們講不通。

在這短短的對話之中，「字詞」、「意思」、「花神經」和「悾顛起痟」，這些說詞全都符合日常語言的用法。可是，假裝信奉日常語言的那些人士，他們在《心靈》（*Mind*）期刊所寫的文章[12]，卻不是如此使用這些字詞。實際上，他們信奉的不是日常用語，由大量觀察、統計、中位數、標準差諸如此類的方式決定的日常語言用法。他們眞正信奉的，其實是和他們一樣受過同等教育者的語言，剛剛好不多也不少。少了就是文盲，多了就是學究，這就是我們得去理解的。

12 《心靈：哲學論評季刊》（*MIND: A Quarterly Review of Philosophy*），牛津大學心靈協會（Mind Association），創刊於一八七六年。

二、無知的藉口

開車的人，對於車輛儀表板的計速器和加速器，應該都會習以爲常，但是除非學過數學，否則對於「速度」或「加速度」就不會賦予任何確切的涵義。如果，他眞的有對這些字詞賦予確切的涵義，他就會知道，自己開車的速度和加速度在任何時刻都是不可知的，而且他也會知道，如果超速被開罰單，那罰單記載他哪時哪刻超速，肯定是沒有充足的證據足以證明。基於這些理由，我同意提倡常民白話哲學的人士，像「速度」之類的字詞，如果在日常生活中使用，就必須根據常民白話的意涵來使用，而不是如同數學術語的定義。但是，這樣一來，我們也應該明白，「速度」是一個模糊的概念，在下列三個陳述當中，這三種不同的動詞狀態下的日常用語「速度」，都可能具有同等的眞實性：

「我坐著沒動」（駕車者）。

「你移動速度每小時二十英里」（一位朋友）。

「他行駛速度每小時六十英里」（警察）。

正是因爲這樣莫衷一是的情況，讓治安法官感到無所適從，所以數學專家們只好放棄了常民白話的日常用語。

三、假民主

那些主張哲學使用「常民白話」的人士，言談之間似乎讓人感覺「常民」（common man）鋪上了謎樣色彩。他們或許承認，有機化學需要長串的專業術語，量子物理學需要難以轉換成日常英語的公式；但是哲學，（他們認爲），就不同了。他們堅持，去教導沒受過教育的人不知道的事情，並不是哲學的功能。相反地，哲學的功能是告訴高人一等者，他們沒有自己認爲的那樣高人一等，而且真正卓越不凡者應該有能力，通過常民白話或常識來展現自己的高超技能。

當然，在現今的社會，除非是在體育、電影和賺錢等領域，否則聲稱擁有任何高人一等的優勢，都是一件可怕的事情。不過，我還是要冒險指出，過去幾個世紀以來，常識帶給我們頗多的錯誤知識。過去常識認爲，地球的對立面不可能有人，因爲他們會跌出地面；即使能夠避免跌出地面，那也會因爲頭下腳上，維持倒立姿勢，而變得頭暈。過去常識認爲，地球自轉是荒唐的說法，因爲每個人都可以看到地球沒有轉動。最初有人提出太陽可能和伯羅奔尼撒半島一樣大，常識就被激怒了。[13]但是，這些都是很久以前的事了。我不知道，常識

13 古希臘哲學家、科學家阿那克薩哥拉（Anaxagoras，大約西元前五〇〇年至前四二八年），根據日蝕、月蝕

在什麼時候開始變得全知全能。也許是在一七七六年；也許在一八四八年；或是隨著一八七〇年《教育法》通過。或者，可能是在生理學家亞德里安（Adrian, 1889-1977）[14]和謝靈頓（Sherrington, 1857-1952）[15]，開始跨界進入哲學家的知覺觀念，展開科學研究之後，才開啟了這種可能性。

四、哲學瑣碎化

哲學，依照本文討論的學派構想的那樣，在我看來，似乎是一件瑣碎而淺薄的探究工作。沒完沒了地討論，蠢人在說蠢話時可能想說什麼意思，或許有些娛樂效果，但幾乎沒什麼實質重要性。滿月看起來大小像是半皇冠硬幣（half-crown）[16]，還是像湯盤？任何一個推論，月球和伯羅奔尼撒半島差不多大，而太陽則是比伯羅奔尼撒半島大，燃燒而發紅、發熱的石塊。

14 埃德加・亞德里安（Edgar Douglas Adrian, 1889 -1977），英國電生理學家。他和謝靈頓，由於「神經功能方面的發現」，共同獲得一九三二年諾貝爾生理學或醫學獎。

15 查爾斯・謝靈頓爵士（Charles Scott Sherrington, 1857-1952），英國神經生理學家、組織學家、細菌學家和病理學家。他和亞德里安，由於「神經功能方面的發現」，共同獲得一九三二年諾貝爾醫學獎。

16 半皇冠硬幣（half-crown）是英國貨幣的一種面額，相當於兩先令和六便士，或八分之一英鎊。半皇冠首次

答案都可能透過實驗而證明是正確的，如此一來，這個問題就存在模稜兩可的空間。在常民白話學風之下，現代哲學家透過無微不至的手法，可以爲你揭露諸如此類的歧義。

但是，爲了避免前述例子讓人覺得可能不盡公允，讓我再舉一個例子，比方說，不朽（immortality）的問題。基督正教（Orthodox Christianity）斷言，我們人類在死亡之後將繼續存在（we survive death）。這個斷言是什麼意思？在什麼意義上，如果有的話，這個斷言是正確的？我在本文所關注的哲學家流派，會考量第一個問題，但會說第二個問題不關他們的事。我完全同意，在這例子當中，討論斷言的涵義是很重要而且非常必要的前提任務，如此才有可能進而考量實質問題；但是，如果只是花了心思去討論該等斷言是什麼意思，可是對於實質問題卻無話可說，那先前討論確定該等斷言的意思，似乎就只是白費時間而已。這些哲學家使我想起了，我曾經問商店的店家，前往溫徹斯特最短的路該怎麼走。他拉高嗓門問屋子後面的某個人：

「這位紳士想知道前往溫徹斯特的最短途徑。」

「溫徹斯特？」只聽見屋後傳來回答的聲音，沒看見人。

「對。」

發行於一五四九年，愛德華六世統治時期，直到一九七〇年，英國貨幣改採十進位制度，而廢止使用。

「通往溫徹斯特的路？」

「對。」

「最短的路？」

「對。」

「不知道。」

這人只想弄清楚問題的本質，但是對回答問題不感興趣。這正是現代哲學爲認眞追求眞理者所做的。年輕人轉而追求其他學問也就不足爲奇了！

五、常識腦袋渾沌不清

對於日常用途而言，常識雖然還滿好用的，但是即便「彩虹在哪裡？」這樣簡單的問題，也很容易讓人腦袋渾沌不清。當你聽到留聲機的聲音時，你是聽到說話的人，還是聽到唱片複製的聲音？當你感覺截肢的腿上有疼痛感時，疼痛是在哪裡？如果你說疼痛是在你的頭上，那假如腿沒有被截斷，疼痛還會在你頭上嗎？如果你回答「是」，那麼你又有什麼理由可以認爲自己有腿呢？諸如此類的問題，沒完沒了。

不太會有人眞的想要改變日常白話用語，就像也不太會有人希望放棄不說日出和日落一樣。但是，就像天文學家發現，對於天文學而言，另一種語言會比日常白話來得更理想；而我也堅定相信，另一種語言對於哲學也比日常白話更可取。

讓我們舉個例子。這種流派的哲學包含如此大量語言元素，應該不可能反對如後的問題：「字詞」（word）這個字詞的涵義是什麼？但是，我真的看不出來，如何有可能使用白話的常識用語來回答這個問題。讓我們以「cat」（貓）這個英文字詞爲例，而且爲了明確起見，這兒指的是書寫的「cat」這個字詞。顯然地，這個書寫的字詞有很多的例子，但沒有一個是這個字詞。如果我說：「讓我們討論『cat』這個字詞」，「cat」這個字詞並沒有出現在我所說的內容當中，出現的只是該字詞的一個例子。這個字詞本身並不屬於感官世界（sensible world）的一部分；如果它是任何東西的話，那就是柏拉圖天堂中的永恆超感官實體（super-sensible entity）。我們可以說，「cat」這個字詞是相似形狀的集合（類），並且像所有集合一樣，是一個邏輯的虛構（logical fiction）。

然而，我們的困難還沒有就此結束。相似性既不是必要條件，也不是充分條件，得以使某形狀成爲屬於這個字詞「cat」的集合元素。字詞可能用大寫字母或小寫字母，筆跡可能清晰可讀或難以辨認，白紙黑字或黑板上的白色粉筆字跡。再者，如果我寫「catastrophe」（災難），則這個字詞的前三個字母「cat」，並不構成「cat」（貓）這個字詞的一個例子。要成爲某個字詞的一個例子，最必要的條件是意向（*intention*）。如果，一塊大理石碰巧有一條紋脈，呈現「cat」這個字詞的形狀，我們也不能因此就認爲那就是這個字詞的一個實例。

因此看來，很明顯地，除非有⑴集合（類）的邏輯理論；以及⑵關於意向的心理學理解，否則我們就無法定義「字詞」一詞。這些都是困難的事情。我得出的結論是，日常用語的常識，無論是正確或錯誤使用，根本都無法知道字詞是什麼。我希望，我能相信這樣的結論會使常識無話可說。

讓我們再提出另一個難題，即知覺（perception）的難題。在這當中，混合有若干哲學問題和科學問題，而且在其中許多知覺難題，這種混合狀況是無可避免的；或者，若是無可避免的話，只能將自己侷限在探究相對不重要的面向，才可望避開箇中難解難分的混合問題狀況。

最後，讓我們來看一系列的問和答。

問：當我看見一張桌子時，如果我閉上眼睛，我所看見的還會存在嗎？

答：這取決於你使用「看見」這個字詞的涵義。

問：當我閉上眼睛，還有什麼仍然存在？

答：這是經驗性的問題。別拿來煩我，要問去問物理學家。

問：有什麼，當我睜開眼睛的時候，就存在，當我閉上眼睛的時候，就不存在？

答：這又是經驗性的問題，但是尊重先前哲學家們的看法，我會回答你：有色彩的表面。

問：我可以推斷說有兩種涵義的「看見」嗎？第一種意義的看見，當我「看見」一張桌子時，我「看見」的是某種猜想的東西，物理學對於該東西只有模糊的概念，而且可能是錯誤的。在第二種意義的看見，我「看到」有色彩的表面，當我閉上眼睛，該等有色彩的表面就不再存在。

答：如果你想清晰思考，這樣區分是正確的作法，但是我們的哲學（譯者按：指常民白話哲學，尤其是牛津學派）使清晰思考成爲不必要。透過在這兩種涵義之間擺盪，我們避開了悖論和震驚，這超過了大多數哲學家所做出的貢獻。

知識與智慧

大多數人泰半會同意，儘管我們年代的知識遠遠超過以往所有年代，但是智慧並沒有相對應的增加。但是，一旦說到「智慧」的定義，以及促進智慧的方式，人們的意見就很難有共識了。在此，我想先問什麼是智慧，然後再談論如何可能教導智慧。

我認爲，有若干因素和智慧有關。首當其衝，我應該指出的是比例感（sense of proportion）：這種能力可以讓人通盤考量問題涉及的所有重要因素，並針對各項因素的重要性，分別賦予恰如其分的比重。由於知識越來越複雜，分科越來越細，各類型專家知識隔行如隔山越來越難兼具，要擁有比例感的能力已經比以往更形困難。比方說，假設你獻身投入醫療科學研究，這工作很困難，很可能耗盡你的心智精力，沒有時間去考量你的發現或發明對醫療以外領域可能有什麼影響。讓我們假設你的研究成功了，如同現代醫學取得的成功一樣，不僅大幅降低了歐洲、美洲的嬰兒死亡率，也降低了亞洲、非洲的嬰兒死亡率。但是，這卻也導致完全意料之外的結果，包括：食物供應不足，世界上人口最多地區的生活水準下降。再舉個更驚聳的例子，這也是當代世人心中的夢魘：你秉持追求知識的單純熱忱，全心鑽研原子組成原理，沒料到，這些知識卻意外落入強權狂人之手，成爲助紂爲虐毀滅人類的利器。諸如此類的情況，除非知識與智慧結合，否則追求知識不無可能變帶來意想不到的禍患。專家專精於特定領域知識的追求，但不見得擁有面面俱到的智慧。

然而，僅只面面俱到（comprehensiveness），尙不足以構成智慧，還必須對人類生活終極目的有相當程度的覺察。從歷史研究的例子，或可清楚闡明這點。許多著名的歷史學家弊害多於效益，因爲昧於激切情感而扭曲了事實的審視。黑格爾的歷史哲學上溯遠古，下及無盡未來，因此沒有蒙受缺乏面面俱到的問題。但是他極力灌輸的歷史訊息是，從西元四○○年到他所處時代，德國一直是世界上最重要的國家和進步的標竿。就此而言，關於智慧構成元素的面面俱到，或許可以擴大使其不僅包含智識的面面俱到，還能包含情感的面面俱到。智識淵博但感情狹隘的人絕非罕見，這樣的人就是缺乏我所說的智慧。

不僅公共領域，私人生活領域也同樣需要智慧。例如：選擇追求的目標，以及解放個人偏見，都需要智慧。在追求人生目標方面，如果目標有可能實現，那追求就會是一種可敬佩的行動；但是如果目標注定不可能實現，卻仍然執意追求，那就是缺乏智慧的表現。古往今來，許多人窮畢生之力尋找哲人之石（philosopher's stone）和長生不老靈丹。無疑問地，倘若能找到，將可爲人類帶來莫大助益；但就事實來看，他們畢生投入心血顯然白費。

其次，再來看個比較平凡的庶民例子，A先生和B先生交惡多年，恨不得將對方碎屍萬段。假使你去問A先生：「爲什麼討厭B先生？」毫無疑問，他會列出一長串B先生的罪惡，部分爲眞，部分爲假。然後，你再去問B先生。同樣地，他也會列出一長串A先生的罪惡，眞假比例相仿。假設現在你回到A先生那裡：「好神奇喔！B先生說起你的時候，幾乎跟你對他的說法一模一樣。」然後，你再回去B先生那邊，把類似的話講給他聽。不用懷疑，第一個效應就是兩人的相互仇恨火上澆油，因爲對方扭曲失眞的誣衊說詞而感到氣憤難平。但是，如果你有足夠的耐心和足夠的說服力，也許有可能成功說服他們，讓雙方願意相信對方的可恨言談乃是人之情常，並且領悟到彼此的敵視恨意損人又害己。如果可以做到這點，你將得以在這兩人心田播下智慧的種子。

我認爲，智慧的本質是盡可能從此時、此地的宰制解放出來。我們無可奈何會受到感官自我本位主義（egoism of the senses）的左右。舉凡視覺、聽覺和觸覺都與我們的身體緊密連結，不可能徹底超脫自我所在的時空處境。我們的情感也同樣起源於我們自身。嬰兒會感到肚子餓或不舒服，而且只受到自己身體狀況的影響。隨著年歲漸長，心智視域越來越擴大，思維和感情也逐漸脫離自我本位傾向，不再只限於關注自我的身體狀態，智慧也逐漸增長。這當然有著程度多寡的差別。沒有人可以完全大公無私看待世界。如果有人可以，那幾乎無法存活下來。然而，的確有可能採取由近而遠的方式，逐漸趨向無私的境界：首先，從時空有些距離的事物來切入，然後，在我們的情感中給予這些事物恰如其分的重視程度。能夠採取這種漸進無私的方式，就可望促成智慧的增長。

上述意涵的智慧可能教導嗎？再者，若是可能教導，是否應該列爲教育目標？我認爲，這兩個問題的答案應該都是肯定的。禮拜天，我們接受「愛鄰如己」的宣道。其他的日子，我們又飽受鼓動去仇視鄰人。你可能會說這是胡扯，因爲我們被鼓動去仇視的並不是我們的鄰人。但是別忘了，戒律明白指出，撒瑪利亞人是我們的鄰居。我們如今不再有仇恨撒瑪利亞人的意念，因此很容易忽視這寓言的重點。如果想抓住箇中重點，可以把撒瑪利亞人改換成共產信徒或反共人士，你可能會認爲，仇恨傷害他人的人是正確的。我不這麼認爲。如果仇恨他們，很有可能自己也會變得同樣邪惡可恨。而且極不可能使他們放棄邪惡方式。對邪惡的仇恨本身就是陷入邪惡的束縛。解決的辦法是透過了解，而不是透過仇恨。我不是在提倡不抵抗。但是，我要說的是，如果要有效防止邪惡蔓延，抵抗就要與最大程度的理解和最小程度的力量相結合，並且這種力量要與我們希望保存的美好事物相容並存。

人們通常急於指出，我長久以來主張的前述觀點，與行動所需的積極活力不相容。但是我認爲，歷史並沒有支持他們的看法。英國女王伊麗莎白一世，還有法國國王亨利四世，他們生活在幾乎人人狂熱的世界，在英國是狂熱的新教徒，在法國是狂熱的天主教徒。然而，這兩位君主超然卓立，不受時代逆流的影響，勤政愛民，政績斐然，毫無效率不彰之流弊。美國南北戰爭，林肯發號施令，指揮若定，在此同時，從未偏離我所申言的智慧。

我說過，在某種程度上，智慧是有可能教導的。而且我認爲，智慧的教導不應該侷限於傳統所認爲的道德教導，而應該納入更廣博的智識元素。我認爲，在傳授知識的過程，可以透過機會教育，適時指出仇恨、心胸狹隘可能造成的災難後果。我不認爲，知識和道德應該絕然二分。執行各種技術所需的知識與智慧，兩者關係的確不大。但是，在專業技術知識教育之外，應該輔以更廣泛的素養，以便能夠審愼衡量，如何將技術知識適切運用在整體人類活動之中。即便傑出的技術專家也應該具備良好公民素養。這兒所說「公民」，指的是世界公民，而不是特定派系或國家的公民。隨著知識、技能日益增長，智慧的必要性也越顯迫切，因爲每一次如此的知識、技能增長，都會強化我們實現目標的能力，在此同時，如果我們的目標不明智，勢必也會強化我們凶惡暴虐的能力。當今世界對於智慧的需求超越了以往任何時代；而且如果知識繼續增長，未來世界勢必比現在更需要智慧。

當代需要的哲學

儘管本文主題寫的是關於我們的時代所需要的哲學，但我並不認爲，我們這個時代的哲學任務，在任何方面，有不同於其他時代的哲學任務。我相信，哲學有其永恆而不變的價值，唯一需要考量的例外情況就在於：某些時代偏離智慧的情況，可能遠超過其他時代，因此特別需要哲學，然而在此同時，卻又對哲學的接受意願特別低落。從許多方面來看，我們的時代可說沒有什麼智慧，如能潛心取法於哲學，應當能夠受益良多。

哲學的價值有一部分與思想有關，另外還有一部分與情操有關；再者，哲學在這兩方面的作用有著緊密的交互連結關係。在思想或理論方面，哲學在可能的範圍內，有助於從整體的觀點來理解宇宙；在情意方面，哲學有助於公允評價人類生命的目標。在此，我提出建議，首先審視哲學可能做些什麼來幫助我們的思想；然後，再斟酌哲學可能做些什麼來幫助我們的情操。

一、此時此地

首先，哲學能夠做，也應該做的，就是擴大心智方面的想像力。動物（包括人類）對於世界的觀察，通常是以自身所在的此時此地爲中心。對象距離越來越遠，我們的官能對該等對象的感知，就像夜裡燭火的照明一樣，越來越顯闃黑無明，難以清楚辨識。而且，人類身爲動物界的一員，我們往往自囿於如此的立足點來看待一切事物，而且始終沒能擺脫。

科學試圖脫離這種特定地理、時間的牢籠。物理學的時空座標，其原點位置完全是任意設定的，物理學家的目標是要超乎個人所在的觀點，來闡明對象的眞相；換言之，不論是對於天狼星或銀河系外星雲的居民，同樣的物理學論述應該都會成立。

再次我們可以看見，人類的心智存在著若干解放階段。歷史學和地質學，使我們得以脫離「此時」的鎖鏈拘囿；天文學，使我們得以解脫「此地」的拘囿。吾人的心智如能飽讀諸如此類的學問，或可領悟到如後事實：時空巨流之中，個人自我的人生經歷只占了當中一小段，只是偶然發生，甚至幾乎微不足道，純屬個殊而非普遍必然。個人的心智逐漸脫離自我中心的觀點，不再自限於血肉之軀的動物需求，從而獲得寬廣有力的普遍性，這樣的超脫境界對於思想束縛於個人動物需求的人們，乃是無有可能企及的。

前段所述的心智解放，在所有文明國家或多或少都可發現。一般對於有學之士，通常不會期許他們下田栽種食糧，自食其力；再者，也會相當程度讓他們免於耗費寶貴時間，不需要僅只去從事勞力活動，或是終日擔憂維持養家活口的生計問題。當然，唯有透過如此的社會機制，才有可能迎向超脫個人本位的無私視野（impersonal outlook）。爲了生存活命，凡人都得投入心力，以滿足動物層次的根本需求；但是，文明社會也發現，容許擁有特定能力的人士，免於受限於個人一己的需求，而能自由去發展超脫自我本位的思維和情操，這對於人類整體應該大有助益。透過探求任何特定領域的知識，或多或少可以促成前述理想；然而，若是要將此等理想推至徹底而全面實現，那就有待於投入普遍眞理的探究，而這也正是哲學的特徵所在。

二、形形色色的宇宙圖像

如果，你讀過古往今來哲學大師的思想體系，你將會發現，其中存在著形形色色的宇宙圖像，從人類想像力來看，每種宇宙圖像似乎都言之成理。有些宇宙圖像認為，世上唯有心靈，除此之外皆是虛無，物理對象實乃幻影。另外有些則認為，除了物質之外，其餘盡是虛無，所謂「心靈」只不過是某些物質運行而生的玄奇異象。在這兒，我關切的不是要確認其中哪一套世界觀比較眞實，或比較可取；而是想要彰顯，如何來鍛鍊賞識不同的宇宙圖像，擴展心智開放視野，讓自己更懂得接受關於宇宙的新假說，迎向碩果豐盈的未來。

哲學應該還可發揮另一種智識方面的功能，儘管這方面失敗的狀況並不少見。這種功能就是，哲學應該循循善誘，促使人們建立正確的觀念，明白人類有可能出錯，以及了解許多事物雖然對於未受教育者似乎無庸置疑，但其實卻是充滿不確定性。幼童蒙昧之時，總不肯相信地球是圓的，並且會激切認定他們可以看得出來，地球就是平的。

不過，在我心目當中，前述不確定性的觀念，更重要的應用乃是關於社會體系和神學方面。養成超脫個人本位的思維習慣之後，我們將能以旁觀者清的超然眼光，來檢視自己所屬的國家、階級或宗教派系普遍流傳的信念。我們將會發現，通常最堅信不疑、最熱烈擁抱的信念，往往也最缺乏證據支持。一大群人相信A，另一大群人相信B，雙方壁壘分明勢不兩立，仇恨鄙視對方居然輕信明顯荒謬絕倫的事物，實在匪夷所思。

解決這種情勢的最佳方法就是拿出證據，至於在證據缺乏的情況，就該放棄原本的信念，不再執意堅持確信不疑。這種實事求是的態度，不僅適用於神學和政治信念，也適用於社會習俗。人類學研究顯示，人類社會存在諸多光怪陸離的奇風異俗，有些社會的歪風陋習即便普遍認知違逆人性，卻依舊世代閉塞沿襲，拘泥守舊無可通融。實事求是的求證態度非常有價值，可以作爲對抗盲從教條的解毒劑，尤其在當今時代，死對頭的對立陣營，互不相容的教條盲從，已成爲威脅人類的重大危機，更是迫切需要這種實事求是的求證態度。

哲學的視野應該發揮的重要用途，除了培養超脫個人本位的思維之外，與之平行而密切相關，並且至少同等重要的，就是要涵養超脫個人本位的大公無私情操。人們的情感欲望，就像智識官能一樣，主要也都是以自我中心爲出發。欲望的自我中心特徵，會干擾吾人的倫理觀。無論情況如何，情意哲學的目標都不是要徹底摒除個人生活所必須的動物本能欲求，而是要盡可能減低自我本位的情境束縛，讓情意開展出更廣闊而普遍的可能性。當然，我們不應該矯枉過正去讚賞，愛他人子女更勝於愛自家子女的家長；而應該順乎人之常情去欽佩，「幼吾幼以及人之幼」，由愛自家子女的父母之愛出發，進而擴及愛他人子女的博愛精神。我們不應該去讚嘆，對於自己挨餓與否毫不在意而落得營養不良的人；而應該推己及人去佩服，基於自己曾受挨餓經歷，而對遭受飢荒之苦的饑民，投以不忍之情。

哲學在情操教育方面應該做的事情，與在思維教育方面應該做的事情，有極密切的相似性。哲學致力的方向不應是減損個人生活，而應是增益之。正如哲學家的智識視野比未受教育者更開闊，他的欲望和關切範圍也應當更開闊。據說佛陀有言，世間只要仍有人未脫離苦海，他就不得快樂。僅就字面來看，這或許強人所難，太過於極端而違逆人之常情；不過，這樣的例子頗能闡明，我前面論述的超脫個人本位的大公無私情操。除了哲學的思考方式之外，個人如果也能夠習得哲學的情意方式，當能意識到自己有哪些經驗對自己似乎是好或壞，進而希望確保他人和自己都能有機會趨善避惡，接近好的經驗，遠離壞的經驗。

三、社會進步的根源

如同科學一樣，倫理學也應該具有普遍性，而且在人之常情的範圍之內，盡可能從此時此地的宰制解放出來。有一個簡單的原則，可用來檢驗倫理箴言：「倫理箴言必定不可包含專有名詞。」我所謂的專有名詞，指稱的是特定時空的人事物，例如：特定的個人、地區、國家和歷史時期。當我說倫理箴言必定不可包含專有名詞，我所指的絕非只是冰冷而不涉人情世故的理智共識，因爲倫理箴言若是僅止於冰冷的理性，那對行爲的影響就微乎其微。我指的倫理箴言應該更有活性驅力，近似眞實欲望或衝動的本性，以及根源於同情共感的想像力（sympathetic imagination）。正是源自於這種普遍感通的情意驅力，歷史上的大多數社會進步才得以應運而生，未來也必然還會促成社會的進步。如果，你的希望和期盼只侷限在一己之私的家庭、國家、階級，或是信仰、理念與你相同的族類，你將會發現，你的愛恨情仇分割成涇渭分明的平行世界。個人情意的這種二元對立，幾乎就是人類重大邪惡禍端的根源，在人類歷史帶來層出不窮的殘暴惡行、壓榨剝削、迫害蹂躪和戰爭。如果，我們的世界要脫離此等災難的威脅，人們就必須學會盡可能避免自我侷限於情意黨同伐異的平行世界。

毫無疑問，此等現象自古皆然，於今尤烈。拜科技日新月異之賜，人類已能齊心合力，追逐毀天滅地的瘋狂野心，但尚未能同心協力，追求世界至善共榮的理想。人們競相追逐同歸於盡的互毀技術，卻昧於發展促進全球合作的理想技術。歸根究柢，沒能學習促進世界大同的理想技術，箇中問題的癥結根源，就在於情意方面的畫地自限，惻隱之心僅止於一己之私所屬的團體，以及對異己團體恣意橫流的仇恨和恐懼。

全球攜手合作，充分發揮我們現有的技術，當可消除貧困和戰爭，帶來全人類前所未有的快樂和福祉。儘管這道理顯而易見，但人們仍然偏好將合作僅限於自己所屬團體，仇視異己團體的強烈情緒泛濫蔓延，日常生活舉目可見駭人聽聞的災難。人類行爲理當依循個人利益所趨，然而世人卻多半無視於個人利益盲目逆行，如此荒謬而悲慘，原因不在於任何外部因素，而在於我們自身內在的情感本性。如果，我們的情意視野時時刻刻感覺所見，能像科學人的思考那樣超脫個人本位，我們應當就能發現排斥異己和惡性競爭有多麼愚蠢，而且我們也應當很快就能體會到，自身利益與他人利益相容，而與摧毀他人之欲望相牴觸。

狂熱的教條主義，我們這個時代的最大弊端，主要是一種智識的缺陷，正如我前面指出，哲學思考能夠提供解毒劑，對抗此等智識缺陷。但是，相當大量的教條主義也包含情感的根源，那就是恐懼。恐懼讓人們覺得，只有最緊密內聚的社會才足以迎戰敵人，而絲毫偏離社會奉爲圭臬的正統觀念將會削弱戰力。驚恐怖慄的群眾往往也是無以包容異己的群眾。我不認爲他們在這方面是明智的。恐懼很少激發理性的行動，更多時候，恐懼鼓舞的行動反而讓心中恐懼的危險益發狂肆猛烈反噬。

事實上，非理性的教條主義早已在世界泰半地區漫延橫流。在眞實危險蹂躪之處，最好的解藥就是哲學應能確保產生的超脫個人本位情意（impersonal feeling，或大公無私情操）。斯賓諾莎（Spinoza, 1632-1677），或許就是我在此所提議的這種超脫個人本位情意的最好範例。他一生心平氣和，直到人生盡頭，依然如同身強體健的年歲一樣，始終懷抱友善態度，關心他人利益。個人的希望和期盼若能遠超出一己之私的人生囿限，就不會像自我情意處處侷限者那樣，讓恐懼有趁虛而入的肆虐空間。這樣的人可以反思領悟，當生命終止之日，將會有其他人延續其未竟之業，即便人類最大的災難遲早都將逐一克服。這樣的人擁有清明眼光，能夠洞燭入微，明辨全人類休戚與共，而人類歷史則是從屈從自然的動物本性逐漸邁向解放進化。若是能夠不用費盡心力去尋求免於瘋狂恐懼的哲學情意和理智，而只需要發展逆來順受的斯多葛處世態度，或許會輕鬆省事不少。我不會假裝這樣的人可以永保幸福快樂。在我們所處的世界，永保幸福安康的可能性微乎其微；但我眞心認爲，眞正的哲學家，相較於其他人，在思考如何面臨可能的災難時，比較不至於陷入絕望麻木，也比較不會墜落難以自拔的恐懼深淵。

呼籲清晰思維

字詞具有兩個功能：一是陳述事實，另一是喚起情緒。後者是較古老的功能，動物的哭叫聲，就是這種功能的原始語言前身。從野蠻轉向文明的過渡發展，最重要的一項元素，就是越來越頻繁使用文字來指稱事物，而不是用來興奮情緒；但在政治上，卻沒有朝這方向有太多進展。如果，我說匈牙利面積有多少平方公里，我純粹是在做提供資訊的陳述；但是，當我說蘇聯面積是全球陸地面積的六分之一，我的發言主要就是著眼於感性的功能。

「民主」的涵義

所有政治爭議的用語，儘管有明確的詞典涵義，卻都隨著發言者的政治歸屬不同而有人言言殊的紛歧涵義，並且僅在激發狂烈情緒方面具有共識。「自由」（liberty）一詞，最初主要是指「沒有外來的宰制」；後來，出現了「限制君權」的意義；然後，到了「人權」時代，開始用來表示，個人在諸多方面都應免於遭受政府的干預；最終，在黑格爾的手中，進而變成「眞正的自由」，這充其量就等同於優雅地容許服從警察的權力。

當今時代，「民主」一詞正在經歷類似的轉變：民主曾經是指執政黨取得多數議會席次的政府型態（government by a majority），而人民享有涵義不甚明確的自由。然後，民主轉而意味，政黨代表佔全民多數的窮人，追求實踐其利益。下一階段，民主代表追求政黨領導人的目標。現在，遍及東歐和亞洲大部分地區，民主變成獨裁專制政府的對抗目標，早先時期，他們在窮人擁戴之下奪取政權，時至今日，則是全心全力推動仇富，目標是要徹底摧毀富人代表的新「民主」。這是非常有效的政治鼓動方法。民主之類的字詞，長久聽下來，會讓人產生特定的情感，再聽到相同的字詞，即使含義已經發生變化，也會傾向有相同的情感。就此而言，如果若干年之後，需要徵求志願者進行登月試驗，把月球改名為「甜蜜的家」，應該會比較容易找到足夠的志願者。

教導年輕人使用含義精確的字詞，而不是含糊其詞，這應該列入教育的重要目標，就像在科學和科學哲學一樣。要達到這方面的目標，我從觀察經驗得知，科學哲學的追求，可以在實務上發揮效用。二次大戰爆發前兩、三年，我參加巴黎科學哲學國際大會，與會者來自世界各國，各國政府針鋒相對，除以訴諸武力外，幾乎毫無希望化解爭端。與會人士在專業會議期間，討論邏輯或知識理論的深奧論點，明顯與現實世界局勢完全脫節。但是，議程休息時間，他們熱烈辯論國際政局最棘手問題。我從未聽到任何人表露愛國偏見，或是愛國心蒙蔽，而未能適切尊重不利於各自國家利益的論點。

如果，這些議會人士可以接管世界各國政府，並受到火星人保護，免於遭受狂熱分子的怒火攻勢，那麼他們應該可望達成公正決定，不會被迫而忽視少數憤慨異議者的抗議。如果，若干國家的政府選擇推行這種融入科學哲學的教育，應該早就可以教導年輕人學會公正無私的情操。但是，他們沒有選擇這樣做，反而是迫不及待在學校教育散播非理性、仇恨、猜疑、忌妒的病菌，而這些病菌很容易就在人們的心裡開花結果。

政治激情如此激昂而又貼近人性，以至於不太可能，一開始就能善加教導，在政治領域正確使用語言。比較容易的切入點是，從相對較少激情的字詞開始教導。訓練知識中立的首先效應是看起來像是冷眼旁觀或政治冷感。比方說，「眞實」一詞，有些人敬而遠之，不敢輕易使用；另外有些人，譬如：龐蒂烏斯．彼拉多（Pontius Pilate），則是訕笑不屑。當學習者第一次聽到，「眞實是句子的屬性」，這樣的陳述時，就會大感震驚，因爲他們已經習慣認爲句子既不是高不可攀，也不應嘲謔不以爲然。再舉個例子，比方說，「無限」一詞；人們會告訴你，有限的人腦無法理解無限，但是如果你問他們「無限」是什麼意思？人腦在什麼意義上是有限的？他們會立刻發脾氣。實際上，數學家已經賦予「無限」非常精確的含義，並且與其他數學知識一樣都是可以理解的。

學習技巧，知道如何擺脫文字夾帶的情緒，取代以清晰的邏輯意涵，經驗累積熟悉之後，面對激動人心的宣傳旋風，就比較能站穩，不至於被沖昏頭，而能保持冷靜清醒。一九一七年，威爾遜宣布偉大的自決原則，根據這一原則，每個民族都有權主導自己民族的事務；但不幸的是，他忘記附加「民族」一詞的定義。愛爾蘭是民族嗎？是的，當然了。愛爾蘭東北的阿爾斯特省（Ulster）是民族嗎？新教徒說是，天主教徒說不是，字典沉默不置一詞。直到今天，這問題仍然懸而未解，而箇中爭議也受到美國對英國政策的影響。克倫斯基擔任俄羅斯臨時政府首相期間，當時彼得格勒市議會宣稱，彼得格勒是爲自由而奮鬥的民族，並呼籲威爾遜總統支持設置獨立國會。但是，這感覺就把民族自決原則推得太遠了。如果，威爾遜總統有接受過邏輯準確性的訓練，他就會知道加上註腳，補充說明民族必須包含不得少於一定數量的個人。但是，如此一來，這項民族自決原則，就僅只具有任意而獨斷的意涵，並且也失去了政治修辭的強大影響力。

將問題翻譯成抽象形式

科學哲學傳授的一種有用技術，就是把問題，從具體形式轉換爲抽象形式。舉例而言，愛爾蘭是否有權反對，大英聯合王國將其納入成爲民主政府體制下的一員？美國基進人士都會說是。穆斯林是否擁有印度教徒相當的權利？十分之九的美國基進人士都會說不。我這兒不是暗示說，這兩個問題可以運用抽象術語，就能獲得解決；但是，我確實是要指出，當我們把兩個具體的問題，轉換成同一個抽象問題，其中字母A和B分別取代我們有強烈感受的民族或社群名稱，如此一來，問題就會變得容易許多，得以看清楚，應該要考慮哪些方面的因素，才能夠達成公正的解決方案。

政治問題的解決，不能單靠正確的思維，或單憑正當的情感。正確的思維有助於以中立態度來進行事實評估；但是，還需要正當的情感，才能賦予知識取得行動的力量。除非情感上抱持普世福祉的願望，否則沒有任何知識能夠激發促進人類福祉的行動。但是，許多人由於思維混亂，卻可能受到不當激情的驅使而盲目行動，而沒有意識到自己正在這樣做；另一方面，透過純粹的智識釐清，就可能幫助他們意識到自己的行動乃是受到激情迷惑所致，很多時候，進而促使他們採取比較不那麼尖銳的行動方式，也比較不會引發衝突。我很堅定相信，如果全世界的學校都接受單一國際教育機構領導，並且該機構致力於釐清詞語如何運用來引發激情，那麼目前存在於各個國家、信條和政黨之間的仇恨，將可望急速驟減，世界和平的維持也會變得容易許多。在此同時，挺身支持清晰思維並反對相互仇恨毀滅的人士，必須雙方面的努力，不僅要對抗人性太容易陷入的激情，而且要對抗強大組織的不容忍和瘋狂自信。在這爭鬥之中，清晰的邏輯思維，雖然只其中的一個參與者，卻扮演著無可或缺的必要角色。

歷史，也是一門藝術

一九五四年，倫敦國際筆會英國中心，赫蒙・奧爾德紀念講座

在這個演講場合，我帶著誠惶誠恐的心情，來談談我對此一主題的些許看法。我明白，在座有多位我素來敬仰的史學專家，我完全不希望自己好像一心想要指點各位應該如何把工作做好。我會以消費者而非生產者的身分來發言。商場有句格言：「顧客永遠是對的。」但是學界人士（我希望自己也夠格忝列其中），顧盼自雄的氣勢遠遠高於商場服務人員：如果消費者不喜歡所提供的東西，那只能怪自己是庸俗的非利士人，孤陋寡聞不識貨。

基本上，我還算是同意這樣的態度。畢竟要數學家費盡心思，去取悅一般讀者，那應該是永遠也行不通的。嚴肅的自然科學，主要訴求對象必然是術業有專攻的專家，儘管偶爾會有些所謂的務實派，大膽嘗試創作一些意圖平易近人的小品，但結果往往適得其反，徒然讓人雞皮疙瘩掉滿地。而且看在其他同行科學家眼底，想必也不可能認同這類書籍是嚴肅的科學著作，結果對他們的專業聲望反倒有損無益。

依我所見，就這方面而言，歷史的處境有別於數學和自然科學。人類一定需要有物理學家，運氣眞差，也必須要有數學家，除非未來能有更便宜的計算機器，不過一旦皆大歡喜之日降臨，就不用多此一舉再去教導學習加減乘除之類的算術，屆時九九乘法表也就成了派不

上用場的落伍教具，可以和體罰用的樺木棍棒束諸高閣。但是在我看來，歷史似乎屬於大不相同的範疇。九九乘法表雖然有用，但幾乎和美感沾不上邊。再者，也很少有人經由熟記數理知識，即便是高深奧妙的數理知識，而從中參透人類命運的大智慧。

另一方面，我眞心認爲，每個人心中都有屬於自己珍愛的歷史故事，就好比每個人心中都有自己鍾愛的詩一樣。如果歷史要充分實現這一功能，就只能訴諸那些不是專家學者的歷史作家。長久以來，我從閱讀歷史著作獲得很大的樂趣，我也一直很感謝那些歷史作家的書寫內容，滿足了我身爲歷史消費者（儘管不是生產者）的閱讀需求。就是從這個角度出發，我希望藉此場合闡明，那些不屬於歷史學專家的一般讀者可以從歷史得到什麼。關於這個主題，我想你們應當能夠海量包涵，史學專家以外的人士有權得以發表些許個人淺見。

歷史究竟是科學，抑或是藝術

關於歷史究竟是科學，抑或是藝術，長久以來一直有很多爭論。依我所見，這些爭論根本徒勞無益。而且我還認爲，一直以來應該都很明顯，歷史既是科學，也是藝術。從藝術的角度來看，特雷維揚（George Macaulay Trevelyan, 1876-1962）的《英國社會史》[17]，無疑是一本賞心悅目的美好讀本，不過我也記得，在這書中發現有一種說法：英國的海上霸權崛起與鯡魚習性改變息息相關。[18]我對鯡魚一無所知，所以我接受權威所提出的陳述。我這兒的重點是，這段說法乃是屬於科學範圍的事例，還有其科學屬性絲毫也不減損這部作品的藝術價值。儘管如此，歷史學家的工作還是可以區分爲兩大類，而分類依據就端看主要動機是偏向科學或藝術。

歷史科學：史料證據的考證

當人們說歷史是一門科學時，可能意味著兩種截然不同的涵義。首先，是一般人比較熟悉的科學意義，涉及考證歷史事實的面向。這對早期歷史研究尤爲重要，因爲史料證據稀少

17 特雷維揚（George Macaulay Trevelyan），一九四四年，《英國社會史：從喬叟到維多利亞女王的六百年歷史考察》（*English Social History: a Survey of Six Centuries Chaucer to Queen Victoria*），London: Longmans Green。

18 書中描寫十五、六世紀英國都鐸王朝時期，原本活動於波羅的海的鯡魚轉向蘇格蘭東岸的北海，英國鼓勵深海漁業，刺激遠洋航運貿易發展，以及建立強大海軍保護，終而促成海上霸權崛起。

又晦澀難以解讀；但是對於晚近任何時期的歷史，只要資料涉及證詞衝突（這種情況頗常發生），往往也需要進行相關的科學確認。普羅柯庇厄斯（Procopius，大約西元五〇〇至五六五年）的歷史著述[19]，可信度有多高？拿破崙放逐聖赫勒拿島期間，苦心孤詣的口述日誌回憶錄[20]，長篇累牘之中，能否挖掘出任何具有歷史價值的東西？

諸如此類的問題，都是屬於歷史科學的範圍，旨在衡量各種不同來源之證據的可信度，並給予相對權重。透過探討這類的事項，歷史學家可以向其他同行證明自身實力，因爲其中涉及相當專精而晦澀的學問。想投入任何大規模歷史的編寫，都必須先奠定這方面的治學本領。歷史不論有多麼想致力成爲一門藝術，終究得回歸基本準則，接受歷史必須忠於事實眞

---

19 普氏的《軼史》（*Anecdota*），又稱《祕史》（*Secret History [Historia Arcana]*），描寫東羅馬（拜占庭）帝國皇帝查士丁尼一世、皇后狄奧多拉、大將軍貝利撒留以及其夫人安東妮娜，收錄難以寫進正史《戰爭史》（*History of the Wars [De Bellis]*）的幕後祕辛，全書充滿荒淫無度、殘酷腐敗、貪婪邪惡的私生活軼聞。

20 《聖赫勒拿島回憶錄》（*Le Mémorial de Sainte-Hélène [The Memorial of Saint Helena]*），一八二三年初版原稿，法國皇帝拿破崙・波拿巴（Napoleon Bonaparte；拿破崙一世）口述，拉斯凱斯（Emmanuel-Auguste-Dieudonné Las Cases）筆記撰寫，始於一八一五年，結束於次年年底。記錄拿破崙流亡聖赫勒拿島期間，與拉斯凱斯的每天談話內容，包括拿破崙的生平、政治生涯、政治哲學和流亡生活。

相的規範。忠於事實眞相是歷史這門藝術的一條準則，但是僅只這條準則本身並不能保證達到藝術上的卓越成果。這就好比十四行詩的格律，嚴守格律一絲不苟，未必就能寫出優秀的好作品。除非歷史學家竭盡全力忠於事實眞相，否則即使是從最純粹的藝術觀點來看，不忠於史實的史書就算文筆出神入化也不值得稱許。就此而言，科學之於歷史研究絕對是無可或缺的要素。

歷史科學：以物理科學爲範本，建立歷史因果定律

歷史致力成爲一門科學，箇中還有另一層的意義，這方面引發更艱鉅的難題。在這層意義上，歷史科學是要以物理科學作爲範本，效法其發掘物理事實之間相互連結關係的成功模式，試圖找出連結歷史事實的因果定律。發掘歷史因果定律的努力，固然完全值得嘉許；但是，我不認爲，這會是歷史研究最大價值之所在。我依稀記得四十年前讀過一篇文章，好像是在喬治・特雷維揚寫的《歷史繆思女神克麗歐》（*Clio, a Muse*），就曾針對這方面的議題，提出令人稱道的討論，文章的內容至今差不多都忘光了，只記得他在文中大意是說，我們對於歷史感興趣的是特殊事件，而不只是其間的因果關係。[21]拿破崙在萊比錫戰役苦吞敗

21 特雷維揚（George Macaulay Trevelyan），一九一三年，《歷史繆思女神克麗歐》（*Clio, a Muse: And Other*

仗的原因，有人揣測可能是他在德勒斯登戰役之後吃了一顆桃子。如果眞有其事，無疑是滿有趣的。但是，撇開這類歷史科學探究的因果關係不談，諸多歷史事件本身讓人津津樂道的精采陳述，往往才是歷史讀本耐人尋味的關鍵所繫。

自然科學的情況，則是恰恰相反。舉例而言，日蝕本身並沒有精彩到足以引來科學家的關注興趣，除非可以透過特定日蝕的年代來推測古代特定人事物的所在時期，例如：小亞細亞（現今土耳其）發生的日蝕（西元前五八五年）有助於推估泰勒斯（Thales，約西元前六二四／六二三至五四八／五四五年）[22]生平年代；西元前七七六年，中國觀察到的日蝕，可以佐證歷史人事物的確切日期（雖然也有些權威人士主張，該日蝕發生在西元前七七五年，我且把這道難題留給歷史學家和天文學家去傷腦筋。）儘管大多數日蝕本身，並沒有太

Essays Literary and Pedestrian）。London: Longmans, Green and Company。「即使可以準確發現因果關係，那仍然不是人類事務最有趣的部分。過去的教訓和歷史的最高主題不是人類的進化，而是人類的成就。人類事蹟本身比其因果關係更有趣，而且幸運的是，可以更精確地確定此等事蹟。」（頁十三）。

22 泰勒斯（Thales of Miletus，約西元前六二四／六二三至五四八／五四五年），出生於小亞細亞愛奧尼亞地區米利都，古希臘數學家、天文學家、米利都學派的創始人，希臘七賢之首，歷史上公認爲西方文明科學和哲學始祖。根據希羅多德編撰的《希臘波斯戰爭史》，相傳泰利斯曾準確預測日蝕，許多歷史學家認爲，泰利斯預測的日蝕發生在西元前五八五年五月二十八日。

多令人感興趣之處，但是決定日蝕反覆發生的規律性，則是歷來許多天文學家關注的研究焦點。日蝕發生規律性的發現，對於破除迷信具有莫大重要性。

類似的道理，現代物理學據以奠定基礎的實驗事實，如果不是有助於確立因果定律，那些實驗事實也會變得毫無意義可言。但是，在歷史領域，卻是全然兩樣情。如果我們對歷史事件本身不感興趣，歷史的大部分價值就會喪失。在這方面，歷史就像詩歌。探索柯立芝爲何要那樣撰寫詩篇《忽必烈可汗》（*Kubla Khan*），固然可以讓好奇心獲得某種程度的滿足，但是相較於從閱讀這部作品所獲得的滿足，前述的那種滿足就顯得微不足道了。

我的意思並不是要否認，在可能的情況下，發掘歷史因果關係序列是一件好事；但我確實認爲，這種可能性僅存在於相當有限的領域。舉例而言，劣幣驅逐良幣法則（Gresham's law），就是歷來建立的歷史因果關係學說當中的最佳範例。整個經濟學領域，就其實效性而言，乃是立基於歷史事實闡明的因果定律。但是，世人如今都已知之甚明，經濟學所謂的定律，早已失去百年前認定的那種恆久而普遍適用的效力，只能侷限於大不如前的短暫時期和特定區域。

尋求恆久而普遍歷史定律的艱難之處就在於，歷史上反覆發生的現象遠不如天文學領域那樣多。梅雷斯（John L. Myres, 1869-1954）[23]在《歷史的黎明》（*The Dawn of History*）一書宣稱，阿拉伯半島的四場旱災引發閃族征伐浪潮，就算此一論點屬實，但是我們也不至於因此就斷定，同樣的原因也會在今日產生相同的效應。即使歷史因果序列證實曾經成立，也沒有太多理由期待未來還會歷史重演，因爲牽涉的相關事實錯綜複雜，無法預料的變化不無可能會讓我們的預測落空。沒有任何歷史學家，不論有多麼合乎科學精神，有可能在十四世紀預測到哥倫布（Christopher Columbus, 1451-1506）[24]和達伽馬（Vasco da Gama, 1460-1524）[25]帶來的重大變化。基於這些理由，我認爲，歷史領域的科學定律遠不如有些人宣稱的那麼重要，也沒有那麼容易發現。

---

23 約翰・林頓・梅雷斯（John Linton Myres, 1869-1954），英國考古學家、歷史學家、英國皇家人類學學會會長。羅素把「Myres」誤寫成「Meyers」。

24 克里斯多福・哥倫布（Christopher Columbus, 1451-1506），義大利航海探險家，完成四次橫跨大西洋的航行，開啟歐洲對美洲的探險、壓榨和殖民之路。歷史上一般稱他爲新大陸發現者，不過北歐維京探險家萊夫・艾瑞克森，比哥倫布早五百年抵達美洲。

25 瓦斯科・達伽馬（Vasco da Gama, 1460-1524），維迪格拉伯爵一世，葡萄牙航海探險家，他完成人類歷史記載首度從歐洲到印度的航行，三度從歐洲航行前往印度，開啟從西歐經由南非好望角到東方的海上路線，葡萄牙建立在非洲、印度洋及遠東海權的獨霸局面，也掀起日後歐洲國家海權爭霸時代和海外殖民行動。

這類的觀點也適用於構思大格局歷史的計畫，其特殊的迷人魅力，吸引了古往今來許多的名人，從聖奧斯定（St. Augustine, 354-430）到湯恩比教授（Arnold Joseph Toynbee, 1889-1975）[26]紛紛投身著書立說。在現代，關於人類發展的原理建構，最重要的推手就是黑格爾和他的追隨者馬克思。兩人都認爲，人類過往的歷史遵循一套邏輯圖式（schema），而且這套圖式還可沿用來預言未來。不過，這兩人都沒有預見氫彈，而且迄今爲止提出的任何人類發展學說，也無一能讓我們預見這種人造裝置的後果。

如果這樣的省思讓人感覺太過悲觀，我倒是可以補充另一種比較樂觀的看法：我無法接受斯賓格勒（Oswald Spengler, 1880-1936）[27]的觀點，他主張每個社會都如同人類的血肉之軀，無可避免步向年老而衰敗。我認爲，這種觀點把社會有機體和個人有機體勉強類

---

26 阿諾德·約瑟夫·湯恩比（Arnold Joseph Toynbee, 1889-1975），英國歷史學家、歷史哲學家、國際事務專家。湯恩比十二巨冊的《歷史研究》（*A Study of History*）（1934-61），分析人類文明的周期性發展和衰退，建立歷史哲學的理論。

27 奧斯華·斯賓格勒（德語：Oswald Spengler, 1880-1936），德國歷史哲學家、文化史學家、反民主政治作家。斯賓格勒提出歷史週期理論，任何文化都是生命有限且進程可預測的有機體，必然會歷經誕生、成長、成熟、衰落、死亡的生命週期。《西方的衰落》（*Der Untergang des Abendlandes*），一九一八、一九二二年出版，涵蓋世界所有歷史，預言西方文明必然走向衰落的歷程。

比，未免太過牽強附會。大多數社會之所以衰敗滅亡，乃是因爲受到誅戮，而不是年老。有些人可能會認爲，中國社會自從漢朝滅亡之後，就一路走向衰敗，但之所以還能倖存下來，是因爲緊鄰中國西部的國家人煙稀少。終結中國傳統文明的，不是內在出現任何新的缺陷，而是與西方溝通方式發生重大進展所致。斯多葛學派有些人認爲，世界會遭受週期性大火毀滅，然後再重建。這種觀點顯然有些部分契合人們的先入之見，而且幾乎在歷史學家發明的各種人類發展通論學說，都可以隱約看到蛛絲馬跡。這些全都一樣，我不得不說，都是無稽之談的神話，至於是否讓人一見如故，或是讓人深惡痛絕，那就得看各別創作者的秉性氣質造化了。

歷史上的旁系支流

歷史有一個部分，長久以來，讓我深感興趣，甚至超出對歷史本質重要性的關注。那就是歷史上的旁系支流，也就是脫離祖國歷史主流的社群，走上預料之外的路線，涓滴細流而匯入全然不同的大河體系。從這個角度來看，我一直深深著迷於巴克特里亞王國的希臘人（Bactrian Greeks）。我一度以爲這個族群已經從人類歷史舞臺徹底消失，就像河流隱沒入大漠不復存在。令我喜出望外的是，他們居然搖身一變，成爲佛教藝術的源泉，啟發了融合希臘元素的東方雕像藝術，並在許多世紀和許多地區開枝散葉。

另一個類似的例子，是保加利亞的波各米勒教派（Bogomils），他們是馬西昂（Marcion，大約八五至一六〇年）[28]和摩尼（Mani，二一六至約二七四年）的闇黑追隨者，他們的偏激學說透過狂熱的十字軍，輾轉傳往融合形成義大利北部的卡特里教派（Cathari），以及法國南部的阿爾比教派（Albigenses）。[29]在美國新英格蘭的歷史，還有一個更奇特的例子。我很小的時候，就聽說過「普萊德肅清」（Pride's Purge），一六四八年英國內戰期間，豪氣干雲的普萊德（Thomas Pride，大約一六一〇－一六五八年）上校，打著捍衛神學眞理的旗幟，催討積欠不發的軍餉，率領部隊直搗英國議會，把驚惶顫慄的長老派議員清洗一空。但是，我從沒想過要追問，一六六〇年之後的普萊德可能會變

---

28 馬西昂（Marcion，大約八五至一六〇年），一般稱爲席諾普的馬西昂（Marcion of Sinope），出生於羅馬帝國席諾普（Sinope，土耳其的黑海港口），早期基督教的神學家，自立馬吉安派，宗教信念屬於諾斯底主義，第一個被教廷判爲異端的派別。羅素把「Marcion」誤寫成「Marcian」。

29 這些教派受到諾斯底主義和羅馬帝國晚期的摩尼教影響，宗教信念都歸屬善惡二元論，被中世紀基督教認爲是異端。中世紀，西方的摩尼教沒有全然消失，隨著東西方世界的接觸，東羅馬帝國皇帝將波各米勒教派（Bogomils）和保羅教派（Paulicians）從保加利亞地區逐出，往西方傳去，又因爲十字軍興起，使在西方還未消失的摩尼教再度興起，而與這些傳入西方的派別融合，產生出北義大利的卡特里教派（Cathari），和法國南部的阿爾比教派（Albigenses）。

成什麼樣子。一八九六年，有人帶我前往美國新英格蘭地區的「普萊德渡口」（Pride's Crossing），說這渡口名稱就是紀念「普萊德肅清」聞名的英雄。我這才得知，這位昔日英豪後來遠走他鄉，漂泊到礁石嶙峋的荒無海岸，寒冬漫漫，土壤貧瘠，不時還會遭遇剽悍的印第安人。對於當年被迫流亡的查理二世（Charles II, 1630-1685）[30]和他的臣僚來看，普萊德似乎嘗到罪有應得的苦果，只不過世事難料，兩個半世紀之後，他的後代稱霸世界，至於查理二世的後代子民，卻只能遙憶過往榮光，不勝唏噓。

歷史可以和應該爲一般讀者做些什麼

言歸正傳，現在回過頭來談談，我在演說一開頭揭櫫的主題：歷史可以和應該爲一般讀者做些什麼。我思索的不是歷史能爲歷史學家做些什麼；我想談的是歷史能給一般讀者提供什麼樣的精神食糧。我們不會認爲詩歌只能給詩人閱讀，或是音樂只應該給作曲家欣賞。同樣的道理，歷史的讀者當然也不應只限於歷史學家。再者，很清楚地，能夠對非歷史學專家

30 普萊德隸屬於克倫威爾陣營，英國內戰擊敗保王黨，一六四九年，克倫威爾把查理二世的父王查理一世，送上斷頭臺，廢除英格蘭的君主制，查理二世流亡國外。

的精神生活有所裨益的歷史類型，必然得包含某些特徵，而該等特徵是專業歷史著作無須具備的；相反地，我們也不會要求這類通俗歷史作品具備學術專論應該找得到的某些特質。

儘管知道不容易，但我還是想辦法盡可能說明，我覺得從歷史閱讀獲得什麼。首先而且最重要的，是要在個人生命注入一種新維度，那感覺應該像是融入大河的水滴，而不是有著緊密界限的個別實體。個人的興趣受限於出生到死亡的短促壽命約束，目光淺短、視野侷限，幾乎不可能不讓個人的希望和欲求維度備受壓縮。不僅個人如此，由個人組成的社群亦復如是。那些只有偏狹侷促歷史觀的歐洲社群，讓生活其中的歐洲人形成一種貧乏而孤立的奇特印象。他們無從感受自己是歷代傳承的繼承者，因此之故，相對於那些歷史記憶栩栩如生的人們，他們傳遞給後繼者的歷史遺產，格外顯得內容空泛、情感枯槁，未來展望也缺乏前人生聚教訓累積的歷代知識啟迪。

歷史使人意識到，人類事務沒有絕對無可改變的終極點，也沒有恆久不變、毫無改善餘地的完美智慧。天地悠悠，曠宇浩瀚，人類可能取得的智慧無限寬廣，古往今來任何的智慧相較之下，不過只是滄海一粟。無論懷抱何等信念，即便自認最重要的信念，也不可能永垂不朽。如果有人自詡發現了永恆的眞理，那麼未來很可能就會淪爲笑柄。肆無忌憚的自大妄念是當今世界的萬惡根源，省思歷史、記取教訓，應該有助於矯治這方面的病灶，除了是因爲過去存在許多值得取法的睿智典範，更主要的原因還在於，許多曾經備受推崇的眞知灼見，後來都證明不過是漫天胡謅的蠢話，諸如此類的例子不知凡幾，由此不難類推，人們當前深信奉行的智慧眞理其中頗多可能也不過爾爾。

我並不是要主張，我們就應該因此一味懷疑放空不求智慧。我們實則應該堅持信念，不輕易動搖。缺乏熱情，很難成就大事，但是在熱情底下，還需要跳脫個人立場周全審視，設下合理界限，以防患熱情氾濫行動無所節制。如果你對共產主義或資本主義深惡痛絕，爲了確保永遠不再有任何共產黨員或資本家，是否就應該徹底消滅全人類？會認眞肯定這是明智之舉的人想必不多，然而這卻儼然正是一些沒有歷史意識的政客帶領人類同歸於盡的終點。這是極端的例子，但絕對不難想到數都數不清的其他例子。

對書寫的人事物情有所鍾

談完這些一般性的論述，接下來，讓我們開始考量比較實際的具體問題：應該如何編寫歷史，才可能爲非歷史專業的讀者帶來最好的結果？首先，非常簡單的要求就是，必須寫得很有趣。我所謂的有趣是指，能讓讀者心情猶如讀到精彩的詩篇或小說那樣興味盎然，而不只是出於某些特殊原因，希望了解特定歷史事實。

要達到這項要求，首先而且最重要的就是，歷史作家應該對自己所講述的事件以及所描繪的人物情有所鍾。當然，歷史需要滿足基本前提要件，那就是作者不應歪曲事實，不過這並不意味著，在描寫爭鬥、衝突的人事時不能選邊站。超然中立的歷史作家，情感不偏不倚，絲毫沒有偏愛任何一方，也不允許筆下角色有英雄豪傑和反派惡霸，這樣的作家肯定索然無趣。要引發讀者的興趣，就必須讓他入戲而且選邊站。如果因此導致作家的觀點有失片面偏頗，唯一補救之道就是，另外再找反向偏見的歷史作者以求平衡。

比方說，英國宗教改革的歷史，如果是出自新教歷史學家的手筆，應該會令人頗爲著迷，若是由天主教歷史學家來執筆，可能也會同樣扣人心弦。你如果想了解，當年宗教戰爭之下的生活感受，把新教作家和天主教作家的著作對照來看，應該能合併取得八九不離十的圖像。不過，如果只是閱讀立場超然、客觀陳述的著作，恐怕很難達到感同身受的領會。卡萊爾（Thomas Carlyle, 1795-1881）談到他寫的《法國大革命》[31]，他說這部書呈現了法國革命的某些面向。這是事實，他賦予這部書歷久彌新的歷史價值，儘管作爲歷史記錄仍有稍嫌不足之處。展讀書頁，隨著敘事情節開展，情緒起伏跌宕之餘，也得以理解人們所做所爲的歷史脈絡背景，這是歷史應該爲讀者做的最重要的事情。

---

31 卡萊爾（Thomas Carlyle），一八九四年，《法國大革命》（*The French Revolution: A History*），London: Chapman and Hall, London。全書三大冊，標題分別爲：巴士底獄、憲法、斷頭臺，涵蓋一七七四至一七九五年的法國大革命歷史。有別於正統史書中立、超然客觀的筆調，卡萊爾別創新格，全書以現在式、第一人稱澎湃激情的筆法，讓讀者恍如親臨現場，全程情感投入參與，感同身受重演歷史事件的開展。

有一次，我讀了狄奧多羅斯（Diodorus Siculus，大約西元前九〇／八〇至三〇／二〇年）[32]講述阿加托克利斯（Agathocles，西元前三六二至二九〇年）的事蹟，筆下的阿氏十足鄙俗刁鑽的無賴。後來，我看到一本現代參考書，讀到關於阿加托克利斯的註解，卻發現他的個性溫文，不慍不火，頗有政治家風範，歷來加諸他身上的罪狀，很多都只是欲加之罪何患無辭。這兩種陳述當中，何者比較切符實情，我無從確認；但是，我可以確定，平鋪直敘、清清如水的敘事，難免讓人食之無味。我不喜歡現代有些歷史學家，筆法極力淡化戲劇色彩，把英雄豪傑和兇神惡煞寫得枯燥無味，實在乏善可陳。無庸置疑，熱衷戲劇化可能會導致歷史作家誤入歧途。但是，歷史當中也有不少本身就很精彩的題材，並不需要扭曲變造就能寫出引人入勝的戲劇效果，不過確實需要相當的文學技巧，才能把故事寫進讀者心坎裡。

32 西西里的狄奧多羅斯（Diodorus Siculus，大約西元前九〇／八〇年至三〇／二〇年），出生於西西里島阿吉拉（Agyrium in Sicily）的古希臘歷史學家。著有《歷史叢書》（*Bibliotheca historica [Library of History]*），四十卷。

歷史著作的文學技巧

「文學技巧」是個廣泛而一般性的字眼，可能需要給它比較具體而特定的涵義。首先，文學技巧，是指狹義的文字風格，尤其是用字遣詞和節奏。有些字詞，尤其是出於科學目的而發明的字詞，往往只具有字典涵義。如果頁面寫著「四面體」一詞，讀到當下多半就是乏味無感。但是換成「金字塔」，形象鮮明，寓意豐富，埃及法老、阿茲克人躍然紙上。節奏取決於情感，感覺強烈的東西自然而然就有其節奏，而且能以多樣化的形式表達出來。因此之故，除了文學技巧之外，作家還需要保持新鮮感，不讓疲乏倦怠或是擔憂權威意見而輕易磨耗了新鮮感。我認爲，儘管建議追求完美或許有些陳義過高，但是歷史學家著手寫作之前，應該已然胸有成竹，而無須不時停下筆來，反覆查證確認所要呈現的素材。

我並不是說驗證是不必要的，畢竟記憶不全然靠得住，但是驗證的工作應該留到一整章寫完之後，而不是插入寫作進行之中。寫作風格，在其正面發揮的情況下，應該是作者眞情流露的個人化表達，因此之故，模仿他人的風格，即使是最值得讚賞的風格，都是要不得的致命之舉。米爾曼（Henry Hart Milman, 1791-1868）的《基督教史》（*History of Christianity*），我記得他書中約莫有這麼一段說法：「修辭雖被當成藝術潛心鑽研，但終究不脫雕蟲小藝。」追隨吉朋的影子寫手，如果在米爾曼身後看到這麼一句話，肯定錐心刺骨深受打擊。[33]

沉潛孵化期

闡述歷史的文章如果要寫得有趣，那麼在蒐集到必要的材料之後，就必須容許一段沉潛孵化期，讓藏諸胸臆的史料素材各自找到適合穿搭的修辭套件，譬如：類比譬喻、幽默反諷、感興詠情等等，直到文章順手寫來，自然成就渾然一體別有洞天的精彩戲劇。這有賴於作者好整以暇，順其自然，文章才可能水到渠成；反之，如果執著苦思強索，殫精竭慮，如此境界就很難發生。有良知抱負的作者每每操勞太過，容易因此適得其反、事與願違。白芝

33 亨利・哈特・米爾曼（Henry Hart Milman, 1791-1868），十九世紀英國著名歷史學家、教會學者、神父，悲劇、歷史、詩、文學藝術評論，學術成就輝煌，出任多所大學校長，獲頒美國文理科學院海外榮譽院士。米爾曼處世、治學、爲文注重嚴謹的史料考證論述，強調基督教情操爲本的人道、文化、跨族裔關懷，曾主編注釋愛德華・吉朋的歷史巨著《羅馬帝國衰亡史》，並著有《吉朋生平紀事》（*Life of Gibbon*），對於吉朋《羅馬帝國衰亡史》匠心獨運的道德化修辭多所批評，對於吉朋字裡行間針對基督教會和異族的鄙夷漠視，也有長篇累論痛下針砭。

浩（Walter Bagehot, 1826-1877）[34]曾經在某個場合談到，他認識的倫敦某些人士，每天工作足足八個小時，結果卻落得破產下場，如果他們當初能把工作時數限縮在四小時以內，反而很有機會成功致富。我想從這個例子類比，許多飽學之士當能記取前車之鑑，從中獲益不少。[35]

歷史藝術的種類：以吉朋《羅馬帝國衰亡史》爲例

在歷史藝術的幅員裡，包含有許多不同的種類，各有千秋。其中一種的箇中翹楚當推吉

---

34 華德．白芝浩（Walter Bagehot, 1826-1877），出身英國銀行世家，一八六一年，接任岳父威爾森創辦的《經濟學人》雜誌，擔任主編，成爲維多利亞時代中期極富影響力的新聞工作者。代表作包括：政治學和公法學領域名著《英國憲制》（*The English Constitution*）、政治社會學名著《物理學與政治學》（*Physics and Politics, or Thoughts on the Application of the Principles of 'Natural Selection' and 'Inheritance' to Political Society*）、經濟學金融領域名著《倫巴底街》（*Lombard Street: A Description Of the Money Market*）等。

35 讀者可以感受一下羅素幾乎不落痕跡的寫作技巧：前面講完觀點，緊接著順筆拈來一則軼事，完美示範演譯前面說到的蘊釀孵化期的重要性，順理成章搭配穿上類比譬喻、幽默反諷、感興詠情之類的修辭技法。

朋（Gibbon, 1737-1794）[36]，他將這種歷史藝術的諸多優點發揮得淋漓盡致，筆鋒縱橫開合十數世紀，氣勢壯闊的歷史舞臺，千古人物恢弘陣容，朝服章彩王侯將相，形象鮮活個性突出。前不久，我翻閱《劍橋古代歷史》（*Cambridge Ancient History*），想查看這套史書怎麼寫芝諾比婭（Zenobia, 240-274）[37]，結果挺遺憾的，實在乏味得很。

我隱約有些記憶，吉朋筆下的芝諾比婭似乎生動靈活許多。於是，我找來吉朋的書翻開一看，這位睥睨蒼生的一代女王迅即躍然紙上。吉朋心中自有愛憎好惡，馳騁摹想女王臨朝御政的萬般風情。他讓想像力恣情揮灑紙上，人物活靈活現，而不是追求不涉感情的冰冷編年紀事。說也奇怪，雖然他筆下的人物（從西元第一世紀至十六世紀），全都像是從十八世紀當代走出來，讀者卻沒有因此特別反感拒斥。我記得，吉朋在寫到日耳曼汪達爾蠻族領袖蓋薩里克（Genseric，大約三八九至四七七年）[38]之後的歷代元首，他形容他們是「文雅的

---

36 愛德華・吉朋（Edward Gibbon, 1737-1794），英國歷史學家、國會議員，著有《羅馬帝國衰亡史》（*The History of the Decline and Fall of the Roman Empire*），出版於一七七六至一七八八年，全書總共六冊，七十一章。

37 芝諾比婭（Septimia Zenobia, 240-274），羅馬帝國東方屬國帕邁拉王國（現今敘利亞中部）皇后，國王奧登納特死後，她成爲太后，進而成爲女王。後來被羅馬帝國皇帝奧勒良擊敗，押至羅馬城遊街示眾。

38 蓋薩里克（Genseric，大約三八九至四七七年），日耳曼蠻族汪達爾領袖戈德吉賽爾（Godigisel, 359-406）

非洲暴君」。我毫不懷疑他們是十足的暴君，但我實在很難相信他們稱得上「文雅」。儘管小有缺陷，但瑕不掩瑜，吉朋筆力雄渾典雅，縱橫千古析論興亡，敘史論事探微究理，寫來遊刃有餘靈活生動。

吉朋的宏篇巨作驗還應了我深信不疑的一項看法，那就是偉大的歷史著作必然得是一家之言，而不可能由諸多作者共筆分頭撰寫再彙編成集。由於教育學習分門別類日趨繁複瑣細，以至於人們普遍認爲，單憑一己之力幾乎無有可能擁抱任何廣博領域。很遺憾，我必須說這其實是很不幸的誤解。書若是要有價值，除非只當作參考文獻，否則總得是個別作者傾力而出的心血結晶，必然是單一作者發諸獨特稟賦，整合大量多樣性素材的統一結果。在此同時，我也必須承認，這樣的目標越來越難達成，儘管如此，我認爲透過巧思規劃和執行，仍然有可能實現；再者，我也認爲，如果不讓「只有過去的年代才可能寫出偉大的歷史著作」成爲徒留遺憾的事實，就必須努力構思可能促成偉大歷史新著作的作法。

首先，需要的就是分工。法國教會歷史學家蒂勒蒙（Tillemont, 1637-1698），[39]注疏

的私生子，征服北非海岸地區（現今摩洛哥和阿爾及利亞），建立汪達爾—阿蘭王國，擊敗東羅馬帝國，稱霸地中海。

39 路易斯・塞巴斯蒂安・勒南・德・蒂勒蒙（Louis-Sébastien Le Nain de Tillemont, 1637-1698），法國教會

考證的史料基礎，提供吉朋相當大的助益；若非如此，吉朋終其一生也可能無法完成《羅馬帝國衰亡史》。考古學家或研究未公開發行之手稿史料者，可能沒有時間或精力來進行大規模歷史研究。對於計畫編寫大規模歷史者，不應期望他們親力親爲，去投入處理史料蒐集考證之類的基礎工作。

在科學領域，分工作法早已獲得認可。在天文學領域，克卜勒（Johannes Kepler, 1571-1630）發現的行星運行三大定律（Kepler's laws），是建立在第谷・布拉赫（Tycho Brahe, 1546-1601）的天文觀察基礎之上。[40] 在物理學領域，麥斯威爾（James Clerk Maxwell, 1831-1879）建構的電磁理論，是立基於法拉第（Michael Faraday, 1791-1867）的電磁感應等實驗。愛因斯坦發展相對論的根據基礎，也不是他自己投入觀測取得的結

歷史學家，主要歷史著作：《早期基督教會六個世紀的歷史文獻記錄》（*Mémoires pour servir à l'histoire ecclésiastique des six premiers siècles*），共十六冊，以及《羅馬帝國歷代皇帝歷史》（*Histoire des empereurs*），共六冊，彙整大量原始歷史文獻，客觀考證文獻來源，評析注解和討論。吉本在《羅馬帝國衰亡史》大量引述蒂勒蒙的著作和觀點。

40 德國天文、數學家克卜勒（Johannes Kepler, 1571-1630），丹麥天文學家布拉赫（Tycho Brahe, 1546-1601）的助手，大約於一六〇五年，克卜勒根據布拉赫天文觀察蒐集的精確行星位置資料，發現行星運行遵守的三條定律，史稱克卜勒三大定律。

果。普遍來說，事實的觀測蒐集是一回事，對事實的消化闡論又是另一回事。當事實的數量繁多，涉及的內容盤根錯節，單憑個人一己之力，幾乎沒有可能同時完成這兩方面的任務。

舉例來講，假設你希望了解，青銅器時期克里特島的米諾斯文明（Minoan civilization，大約西元前兩、三千年至一千年）對希臘古典文明（大約西元前五一〇到四二〇年）的影響，你八成不會抱持太高希望，能夠從殫精竭力勘查米諾斯史跡的研究人士，得到最平衡或最明智的見解。同樣的道理也適用於比較沒那麼冷僻專精的問題，例如：羅馬時代的希臘哲學家、傳記作家普魯塔克（Plutarch，大約西元四十六至一一九年）對法國大革命的影響。

偉人列誌：以普魯塔克的《希臘羅馬英豪列傳》爲例

普魯塔克的大名使我想到另一種歷史分類。歷史不只是記錄呈現歷史大事件，也不只是採集描繪各種社會的不同風貌。同樣重要的，歷史也關係到本身値得關注的個別人物。普魯塔克的《希臘羅馬英豪列傳》（*Lives of the Noble Grecians and Romans*），激發許多年輕人的豪情壯志，否則他們可能不會那麼勇於挑戰開創未來。我認爲，當前這個時代有一種趨勢，就是不太重視獨特個人，卻對普羅大眾關注太多。我們就像是受到集體催眠似的，人人都成了活在「常民時代」熙攘擁簇的芸芸眾生。

還有一種社會趨勢，傾向強調文化共通類型，而弱化個人英雄風範，尤其在年輕人的歷史教育方面，這種狀況更是明顯。在適度範圍之內，這種作法倒是有值得讚許之處。如果我們想了解舊石器時代的克羅馬儂人（Cro-Magnons）或尼安德塔人（Neanderthals）是如何生活，這種著眼於一般民眾生活型態的寫法，的確可以讓我們取得比較好的理解；再者，這種寫法也有助於認識，古羅馬時代中下階層民眾居住的多樓層集合住宅（tenemant，又稱「因蘇拉」（insula）），而普魯塔克的書中並未提及此等窮人和平民。還有諸如哈蒙德夫婦合著的《鄉村勞動者》（*Village Labourer*）[41]之類的著作，以名不見經傳的庶民百姓觀點發聲，譜寫出有別於傳統史書的小人物時代悲歌。

所有這類的常民歷史，確實有其重要性。但是，這背後隱約傳達的信念卻可能無限上

---

41 約翰・勞倫斯・哈蒙德（John Lawrence Hammond, 1872-1949），英國記者、編輯、公務員委員會祕書。一九〇一年，與芭芭拉・布拉德比（Barbara Bradby, 1873-1961）結婚。他們屬於自由派，共同撰寫許多左翼觀點的歷史著作和傳記，包括：《鄉村勞動者》（*Village Labourer*, 1911），《城鎮勞動者》（*The Town Labourer*, 1917）和《技術勞動者》（*The Skilled Labourer*, 1919）。《鄉村勞動者》詳實記錄英國十八世紀末、十九世紀初《圈地法案》對英格蘭農民的災難性影響。苛政虐民的聖公會什一稅制、濟貧官、富農作威作福之下，忍無可忍的農民發起「斯溫起義」（Swing Riots）。

綱，片面強調歷史只能採取這唯一的方式來研究，並且暗示個人角色無關緊要，史書傳頌推崇的風雲人物，不過只是時勢造英雄的偶然產物，就算他們沒有創造那些豐功偉業，遲早也會有其他人完成類似功績；而且更有甚者還隱約傳達，人類面對歷史除了認命與世浮沉，別無其他更好出路。這其實是相當令人遺憾的錯誤信念，更糟糕的是還會貽患無窮。而且最糟糕的就是，如果信以爲眞，往往還會眞的自我應驗成爲事實。英雄不怕出身低，最重要的是要有不向命運低頭的鴻鵠之志；年輕人若是胸無大志，肯定很難成大功、立大業。

因此之故，我認爲，普魯塔克的《希臘羅馬英豪列傳》完美體現的大人物歷史，與前述的那種常民百姓歷史，同樣都有著無可相互取代的必要性。鮮少有人能夠創建新社會，列寧和史達林是近代達成此等標竿的絕世雙雄。但是，任何時代和社會，都有不計其數的人，有機會也有能力，創造個人重大意義的人生。這不僅適用於值得我們見賢思齊的典範人物，也適用於所有可以激發吾人想像力的人物。

舉例而言，神聖羅馬帝國皇帝腓特烈二世（Frederick II, 1194-1250），當然不值得景仰仿傚，但是他確實爲人類精神文明留下璀璨篇章。這位號稱世界奇蹟（Wonder of the World〔Stupor Mundi〕）的曠世奇人，帶著珍禽異獸四處遊山玩水，最後由他的首相建立了皇家動物園；他雄辯滔滔，和穆斯林聖哲論辯宗教義理；儘管屢遭教廷逐出教會，他還是親率十字軍東征，攻城掠地屢建奇功。這樣一位特異人物，如果無緣拜讀他的非凡一生，我應該會大感遺憾。

基本上，大家想必都能肯定，經典悲劇的主角，譬如：阿伽門農、伊底帕斯、哈姆雷特，的確值得我們去閱讀認識；在現實世界，也有些歷史人物的眞實人生，相較於這些偉大的悲劇英雄，私毫不遑多讓，而且由於他們是實際存在的人物，因而益顯彌足珍貴。所有形式的不同凡響，無論神聖，抑或邪魔，都有共通的非凡特質，我實在不願看到爲了高舉凡夫俗子的平凡價值，而弭除抹滅了此等非凡特質。約莫六十年前，我首次造訪美國，結識了一位初爲人母的女士。友人語帶恭維笑說：「這娃兒不得了，頗有天縱英才之相。」女士悚然蹙額：「哦，千萬不要啊！」她這願望，唉，果眞如願以償。

我這意思不是要爲卡萊爾的英雄崇拜背書，更別說尼采對於超人崇拜的極端偏執（譯者按：尼采稱腓特烈二世「世界奇蹟」、「歐洲首位現代人」）。我也沒有一時半刻想要暗示，常民百姓無足輕重，或是群眾研究不值一哂，權貴名流才有研究價值。我只希望兩者之間能夠取得適度平衡。我確實相信，傑出不凡之士對於人類歷史貢獻良多，厥功甚偉。倘若十七世紀最傑出的科學界百大名人，全部都死於嬰兒期，現今世界各地工業社會的平民百姓生活勢必千差萬別。我不認爲，如果莎士比亞和密爾頓沒有誕生，世界上也還會有其他人創作出他們名下的全部作品。然而諸如此類的事情，卻似乎就是某些「科學」歷史學家希望人們信服的歷史定律。

我贊成強調以個人爲歷史焦點題材的作法，不只如此，我還認爲，人類事務最值得了解和欽佩的是關於個別人物，而不是社區群體。我不相信，人類集體的價值可以獨立於個別成員之價值；我也不相信，人類集體的價值凌駕於個人價值之上。而且我認爲，如果歷史爲了榮耀彰顯城邦、國家、教會或任何其他諸如此類的集群體制，而忽略了個別成員的價值，那將是危險至極的方向。但是爲了避免落入流派權勢爭鬥，我這兒就點到爲止，不再進一步深究這方面的議題。

歷史閱讀興趣式微

我認爲，本世紀以來，一般讀者對歷史的興趣逐漸式微，對此我頗感遺憾。導致這種趨勢的原因有很多。首先，閱讀總量日趨低落。人們寧可看電影，聽廣播，或看電視。他們喜新厭舊，縱情追求一步登天的春秋大夢，在此同時，還千方百計把地表所有角落全都整頓成一模一樣。再者，即使仍然有些人保有閱讀嚴肅著作的習慣，但是投入閱讀歷史的時間比前人少了許多。我的朋友懷海德，曾有一段時日，床頭就擺放著保羅・薩爾皮的《天主教特倫托大公議會全史》，我懷疑現在是否還有人會這樣做。歷史不再像從前那樣吸引人，部分原因是當今社會充斥更多新奇事物，瞬息萬變挨擠擁簇，許多人既沒時間也沒習慣，將注意力從眼前轉往若干世紀以前的過往世界。希特勒、列寧、史達林或托洛茨基的當代故事，高潮迭起的精采程度絕對不在拿破崙之下，尤有甚者，對於當前問題更爲攸關重大。

其次，恐怕我們也必須承認，歷史閱讀風氣式微和宏偉歷史寫作的衰落脫離不了關係。

我不清楚，古希臘歷史作家希羅多德、修昔底德、波利比烏斯、普魯塔克，或是古羅馬歷史作家塔西忒斯，這些古代作家推出歷史著作的時候，是否風靡一時，人人津津樂道。但是，我們多少都知道，十八、十九世紀，許多歷史著作甫推出就洛陽紙貴的轟動盛況。在英國，從克拉倫登伯爵（Clarendon, 1609-1674）的《英國當代內戰史》（*History of the Rebellion*）[42]，到麥考雷男爵（Thomas Macaulay, 1800-1859）[43]，歷史學家廣受歡迎、影響深遠的例子綿延不絕。在法國，伏爾泰時代以降，歷史領域儼然成爲各派哲學爭鋒交戰的主戰場。在德國，黑格爾的啟發下，歷史學家正邪交融，光明與闇黑各有千秋。若說蒙森

---

42 克拉倫登伯爵，愛德華・海德（Edward Hyde, 1st Earl of Clarendon, 1609-1674），英國歷史學家、政治家，著有《英國當代內戰史》（*History of the Rebellion*），描寫一六四二至四六年的英國內戰當代史，記錄親身經歷其中的歷史豐富面向，包括對當代人物的觀察、評論。

43 麥考雷男爵，湯瑪斯・巴賓頓・麥考雷（Thomas Babington Macaulay, 1st Baron Macaulay, 1800-1859），英國歷史學家。寫作題材廣泛涉及當代和歷史社會政治議題。《詹姆斯二世以降的英格蘭史》（*The History of England from the Accession of James the Second*），創新手法，融合古典歷史學家修昔底德、塔西忒斯等的戲劇文學風格，以及十八世紀休姆等前輩歷史學者著重史料文獻的科學方法，樹立歷史編纂學（historiography）典範，出版以來備受讚譽，二十世紀初葉蔚爲風潮。

（Theodor Mommsen, 1817-1903）[44]的歷史著作可分爲兩大主題，如此說法應該不至於有失公允：㈠修撰凱撒如何摧毀自由，成就其偉大地位；㈡主張羅馬如同德國，迦太基好比英國，並且預期未來德、英戰爭，將會歷史重演布匿戰爭（Punic Wars）的結局。[45]特雷奇克（Treitschke, 1834-1896）[46]傳播邪惡神話所帶來的影響，人們普遍已有領悟。談到歷史的重要性，我們必須承認，不只限於正向，也包含負向。這尤其適用於逐漸成爲民間傳說的流行迷思。有一次，我和兩個孩子前往愛爾蘭旅行。五歲大的女兒與一位農婦頗爲投緣，她對

---

44 狄奧多．蒙森（Christian Matthias Theodor Mommsen, 1817-1903），德國古典學者、法學家、歷史學家。對古代史，特別是羅馬史有精湛研究，《羅馬史》五卷詳盡敘述遠古至共和國末期千餘年的羅馬歷史，是研究羅馬史的權威之作。一九〇二年，蒙森因這部專著獲得諾貝爾文學獎。另外第二位以歷史著作獲頒諾貝爾文學獎者，是英國二戰時期首相邱吉爾，他是在一九五三年，以《二戰回憶錄》獲獎。

45 布匿戰爭（Punic Wars），西元前二六四至一四六年，古羅馬和古迦太基爭奪地中海沿岸霸權的三次戰爭，前兩次，迦太基戰敗割地賠款，最後一次，滅亡告終，倖存者賣爲奴隸，城市夷爲平地。

46 海因里希．馮．特雷奇克（Heinrich von Treitschke, 1834-1896），十九世紀德國歷史學家、政論家，倡議集權政治，鼓吹普魯士軍事統一德國。他認爲德國是神聖羅馬帝國的眞正繼承人，主張國家應該由專制統治者領導，無須議會制衡。著有《十九世紀德國史》、《歷史和政治文集》、《政治講稿》，長期擔任《普魯士年鑑》、《歷史期刊》編輯，他的文章立論主觀激切、熱情澎湃，文筆詞藻華麗、渲染力十足。

我女兒非常好。但是，當我們旅遊結束要離開時，那位女士跟我說：「她是個甜美可愛的小女孩，只可惜是來自克倫威爾。」這位女士也可惜了，歷史沒有讀得更多或更少。

規模宏大的歷史寫作之式微，只是鴻篇巨帙書寫傳統衰落的其中一章。時代演變至今，科學界再也後繼無人，沒能創作出足以媲美牛頓的《數學原理》（*Principia*），或達爾文的《物種始源》（*Origin of Species*）那樣的曠世巨作。詩人不再創作史詩。學術界汰舊換新，進展步調如此急促，卷帙浩繁未待出版，即已過時。學術貢獻的主要陣地轉移到期刊論文發表，而不再是單行本的書籍出版。任何學術領域，鮮少有人能有時間悠哉自在從事研究調查，而這卻是昔日經典著作賴以興發的活水源頭。當然也有例外，最值得一提的就是湯恩比教授，他的重量級著作，相較於過往年代的傳世巨著，毫不遜色。然而，例外的數量還是遠遠不足以逆轉時代洪流。我認爲，依照目前世界失速奔赴深淵的狀態，前述的趨勢將會維持不變，直到倉皇失措逃離墜底絕境，或可暫時安頓稍見轉機。

歷史扮演的重要角色

我認爲，在我們病入膏肓的年代，若要重新恢復理智，就需要歷史扮演重要的角色。我意思不是指，任何所謂的「歷史教訓」，或是可以輕易訴諸言語教誨的老套。歷史可以做，而且應該做的，不僅是對歷史學家，也包括所有通過教育而擴展視野的一般人，就是開創出一種特定的心靈脾性，使他們能夠以特定的方式，來思考和感知當代事件，以及該等事件與過去和未來的關係。我不知道，是否應該接受英國古典學者康福特（Cornford, 1874-1943）[47]的論點：修昔底德編撰的歷史，是以希臘神話雅典城邦阿提卡悲劇爲原型。但是，如果他眞是如此編寫歷史，那他所記錄下的事件完全可以證實他這樣做是合理的；雅典人如果能從悲劇演員的角度借鏡看清楚自己的處境，或許就能有智慧避免重蹈悲劇的結局。

悲劇起源於狂妄自大，此乃千古不變的至理，不會因爲是古代的悲劇就減損其眞理的程度，任何時代只要忘卻前車之鑑，狂妄自大導致災難的歷史就會一再重演，而且屢試不爽。在我們這個時代，人類集體狂妄自大的氾濫情況已經達到了前所未見的超高程度。在過去，希臘神話的普羅米修斯被視爲可望解救人類脫離困境的救世主，卻受到天王宙斯獨裁暴虐每多掣肘，而無以竟其功；但是時至今日，我們反而開始期盼有某些像宙斯的霸王，出手來約束普羅米修斯的現代追隨者。普羅米修斯的目標是爲人類服務，他的現代追隨者則是爲

47 弗朗西斯・麥克唐納・康福德（Francis Macdonald Cornford, 1874-1943），英國古典學者、翻譯家，以研究古代哲學（尤其是柏拉圖、帕門尼德、修昔底德）和古希臘宗教而聞名。一九〇七年出版的《修昔底德：神話作家與歷史學家》（*Thucydides Mythistoricus*）闡論，修昔底德的《伯羅奔尼撒戰爭史》，是建立在他的悲劇神話作爲原型而寫成的歷史。

人類的激情服務，不過全都是瘋狂、破壞的激情。現代世界，聰明人埋首待在實驗室，掌權者多的是昏庸愚蠢之輩。聰明人卑躬屈節為奴，就如同《一千零一夜》（*Arabian Nights*）的神燈精靈（Djinns）。在上位掌權者的昏愚領導，再加上聰明奴才的機巧迎合，人類集體攜手同心，迎來盛況空前的自我滅絕大戲。如此攸關人類存亡的重大歷史主題，絕對值得有當代的修昔底德出面來妥善處理，這也是我希望看到的。

我不禁萌生如後想法：倘若能把歷史意識灌注入在位當權者的腦袋，或許有可能讓他們找出破解之道，免除無人樂見的臨頭大難。歷史不是只限於載錄某些國家或某些大陸的人事物，歷史的主題是關係全人類。而人類乃是進化的奇特產物，經由無所不至的技巧，躍升凌駕宇宙萬物的主宰地位，甚至宰制自然界的無生命領域。於此同時，卻也讓人類自身陷入萬劫不復的亡種險境。人類儘管夠聰明，但還沒學會寰宇一家親的同榮共處之道。雖然剷除了叢林，卻仍然任由叢林法則支配。對於人類的共同使命一無所知，對於過去的成就以及未來可能的遠大願景全然不識。在人們眼底，其他人類不是共同志業的合作者，而是不可共天的敵人，如果不趕盡殺絕，自己就會淪為對方手下亡魂。無論個人屬於什麼黨派，都認為那體現了永恆的至高智慧，至於對立的黨派則體現了絕對而極致的愚蠢。任何人只要稍有歷史文化修養，都不難看出此等觀點根本大謬不然。過往歷史的任何族群，都沒有他們自己想像的那樣美好無比，也沒有他們的敵人所想像的那樣醜惡不堪。在過去，儘管不時有所衝突鬥爭，過程之中踟躕徬徨，還有短暫的劫難潰退，但是人類仍然共同完成不少崇偉目標。

新時代需要歷史指引「新」智慧

但是，到了我們這個時代，只有在伴隨有新的智慧之下，新的聰穎機智方才可能適應存在。新時代所需要的新智慧，其意思是說此等「新」智慧，必須能夠吸引當今的群眾，尤其是吸引那些大權在握者；而不是指過去從未有人宣揚過的智慧。某些智慧，歷來有識之士竭力宣揚，但從未受到重視。現在，把智慧視爲空想家百無一用的時代已經過去了。有時候，人類大難臨頭的沉重恐懼感，壓得我心頭抑鬱難解，腦海裡不禁就會浮現如後的念頭：世界需要的是「先知」，痛徹心扉，振聾發聵，告誡人類正在步入歧途，將後代子孫引入徹底絕望和滅亡的死路。但是，如果人們願意，還有另一種道路可供追尋，未來仍有可能走向前所未見的更美好世界。

雖然，先知的此等願景容或可以讓人們稍得一時片刻的慰藉；但是，世界迫切需要的卻是更加困難，更加稀有的東西。如果先知出現在東方，他將會遭到清算。如果先知出現在西方，那麼東方就不會聽到他的預言；至於在西方，他將被抨擊得體無完膚。拯救世界不是靠任何個人的行動，無論多麼偉大或辯才無礙。要拯救世界只有一條路可行，那就是世界列強的統治者及其追隨者，需要清楚意識到，向來追求的不過是鬼影幢幢的虛幻目標，只會誘使人們涉入徒勞無功的仇恨泥沼，終至身敗名裂，慘絕而亡，唯有如此幡然領悟，才有可能重啟一線生機。所幸，集體愚昧尚未普及全人類。仍有某些國家完全屹立於集體愚昧之外，另外有些國家只是部分國民蒙受其害。目前仍然爲時不算太遲，尚有一絲希望得以盼見人類重建媲美過往榮光的美好未來。我相信，如果希望人們能夠鮮明生動的感知此等希望，進而注入源源不絕的活力，那麼歷史意識便是其中最重大的一股力量，讓人們必然感受到歷史所帶來的無窮益處，從而陶然嚮往重拾對歷史的熱愛。

淺談我的寫作方式

我不敢自詡精通寫作要領，或是佯稱有睿智的評論大師指點我如何寫出完美之作。我所能做的，充其量就是試著分享我嘗試有成的若干寫作方式。

二十一歲之前，我希望能夠寫出多少近似約翰・史都華・彌爾的文筆。我喜歡他的句型結構，以及發展主題的寫法。不過，在此同時，我也另有理想，我想那應該是來自數學。我希望用最少的字數，把所要表達的事情說清楚、講明白。或許吧，我那時應該是覺得，與其模仿任何文謅謅的範本，倒不如學學貝德克爾（Baedeker）出版社發行的旅遊指南。我會花費好幾個小時，找出最簡潔的方式，把事情表達得毫無含糊的空間，即使因此而犧牲文采美感，我也情願付出如此的代價。

但是，二十一歲那年，我受到未來妻舅洛根・皮薩爾・史密斯（Logan Pearsall Smith, 1865-1946）[48]的影響。那時的他一心一意只想追求修辭風格，對於寫作的實質內容就沒

48 洛根・史密斯（Logan Pearsall Smith, 1865-1946）是出生於美國的英國散文家和評論家。受過哈佛和牛津大學的教育，他以格言和警句而聞名，創立純正英語學會，暢導正確使用英語的權威。他的妹妹艾莉絲・史密

那麼感興趣。他崇拜的文章之神是福樓拜（Gustave Flaubert, 1821-1880）和華特・佩特（Walter Pater, 1839-1894），我也自然而然就相信了，寫作之道不外乎複製這些大師的文字技巧。他傳授給我好幾條簡單的守則，如今我只記得其中兩條：一條是「每隔四個單字，就要安插一個逗號」；另一條是「除非在句子開頭，否則千萬別用『and』」。還有無論如何一定要改寫，這是他最強調的寫作定律。我眞心努力嘗試過，結果發現初稿幾乎總是比第二稿寫得更好。這一發現從此爲我省下大把的時間。當然，這僅只適用於文章的形式方面，我並沒有把這套用到實質內容，一旦發現實質內容有重大錯誤，我就會全部重寫。我也從沒發現，當句子的涵義已經讓我感到滿意了，還需要費盡心思去追求句子形式的完善。

經過漫長的過程，我逐漸才摸索出比較順意的寫作方式，可以把擔心和焦慮降至最低。在我還很年輕的時候，對於要提筆寫作新的嚴肅題材，總是讓我視爲畏途，有一段時間，或許還是一段很長的時間，深感力有未逮。恐懼心情揮之不去，唯恐自己永遠沒辦法寫好，搞得自己神經兮兮。我會一次又一次地不斷嘗試，只不過每一次都無法令自己滿意，到頭來只能全部作廢。後來，我發現這種跌跌撞撞的摸索根本就是浪費時間。從經驗來看，當我開始

斯（Alys Pearsall Smith, 1867-1951），是羅素的第一任妻子，一八九四年，羅素二十二歲，艾莉絲二十七歲，兩人成婚，一九二一年離婚。

思索一本新書的主題，認眞投入初步的構思之後，就需進入潛意識的醞釀期，這期間千萬不能搶快冒進，否則絞盡腦汁強加思索不但無功，反而會阻礙了所需的潛沉醞釀。有時，過了一段時間之後，我會發現自己錯了，無法寫出自己所想要寫的書。不過，運氣之神對我通常還滿眷顧的。經過一段非常密集專注的時間，把問題深植到潛意識，它就會在那兒潛伏發芽，直到突然之間，解決方案躍然乍現，清晰得簡直難以注視，發展至此，所剩餘的工作就只需要逐一寫下彷彿神啟的內容，就算大功告成了。

關於如此的寫作歷程，最令人嘖嘖稱奇的例子，發生在一九一四年初，經過那次之後，也讓我養成仰賴這種寫作模式的習慣。話說，我預計前往波士頓擔任洛厄爾講座教授，題目是「我們對外在世界的知識」。一九一三年一整年，我都在思索這個主題，包括在劍橋上課期間待在校園辦公室，還有泰晤士河上游的僻靜度假旅館，我專注凝神，每每忘了呼吸，彷佛靈魂出竅，恍恍惚惚，氣喘吁吁。但一切的努力全都無濟於事。不論想出什麼理論，我都可以察覺致命的缺陷。最後，在絕望之餘，我就去了羅馬過聖誕節，希望放假可以讓我休養生息，重新喚回萎靡不振的精力。一九一三年的最後一天，我回到劍橋，儘管難題仍然沒有完全解決，但由於時間緊迫，所以我還是盡全力安排了一下，準備隔天向速記員口述講稿。第二天早上，當她雙腳一踏進門口，我靈光乍現，完全明白自己要說些什麼，沒有片刻遲疑，一鼓作氣就把整本書口述完畢。

我無意傳達誇大其實的印象，這本書確實有頗多不盡完善之處，而且就我現在來看，其中也有不少嚴重的錯誤。但整體而言，已是當時我所能完成的最好的結果，況且如果能用比較悠閒的方法，讓我好整以暇充分支配時間，寫出來的結果幾乎肯定只會更糟，不會更好。總之，不管別人如何宣稱，對我而言，這就是正確的寫作方法。而且我也發現，把福樓拜和佩特拋諸九霄雲外，對我也不失最好的結果。

儘管我現在對如何寫作的想法與十八歲時並沒有太大不同，但是寫作的道路一路走來倒也並非完全沒有變化。曾經有那麼一段時間，約莫就是二十世紀初葉頭幾年，我花了較多心思去追求辭藻華麗和修辭技巧。《自由人的崇拜》（*The Free Man's Worship*）[49]就是寫於這個時期，我現在對這書評價不高。那時期，我醉心於密爾頓的散文，他那氣勢磅礡的時代風格在我腦海翻騰迴盪。我不能說如今不再佩服那樣的文字風格，但是對我而言，模仿就涉及一定程度的矯情。實際上，所有模仿都是危險的。就文字風格而言，沒有什麼比得上祈禱書和聖經欽定英譯本，但是這些書籍表達思維和情感的方式，顯然與我們的時代大異其趣。寫作風格除非是反映自作家個性深處，自然流露而不刻意造作，並且還得加上作家的個性確實有表達的價值，否則就不算是好的寫作風格。話說回來，儘管直接的模仿總是不值得

49 最初發表於一九〇三年，屬於羅素柏拉圖形上學時期的代表作，內容主張放棄爭取個人小我幸福的鬥爭，驅逐一切暫時的渴望，燃燒熱情尋求永恆的目標，這就是解放，就是「自由人的崇拜」。

欣賞，但是熟讀優美的文章，尤其是從中培養行文的節奏感，的確可以讓人獲益匪淺。

我個人也有若干簡單的寫作要領，可能不像我的妻舅史密斯提點我的那幾條那樣簡單，我想或許可以在此野人獻曝，提供給從事論說散文體寫作的同好，酌情參考。第一條：措辭遣字寧簡勿難，如果有簡易的字眼可用，就不要使用艱澀的字眼。第二條：如果你想發表的陳述，包含有一連串補充說明的限定詞，請試著拆成若干個獨立的句子，分別清楚表達其中可能混淆不清的限定詞關係。第三條：不要在句子的開頭讓讀者以爲你要表達某種意思，幾經轉折，到了句子結尾，卻又覺得你似乎要講的是和先前相左的意思。比方說，在社會學著作，可能會讀到如後的句子：

「唯有在特定前提滿足之下，但除了極小百分比的眞實案例之外，絕大多數都不得滿足，透過某些有利情勢（不論是先天發生或後天環境）的偶然同步路線，因緣際會結合起來，人類才有機會得以完全豁免於不可欲的行爲模式，從而產生的個人，其中許多因素都以社會優勢的方式背離常模。」

讓我們看看，可否將前述句子改寫成日常英文。我提出以下改寫建議：

「所有人都是無賴，或幾乎所有人多少都有點無賴。至於那些極少數不是無賴之徒，必然在先天稟賦和後天教養兩方面，都有著得天獨厚的好運氣。」

這樣改寫之後，字句變得比較簡短，也容易理解多了，至於所說的意思，基本上是同一回事。只不過，任何教授如果使用後面這種說法，而不是前面那種陳述，恐怕會落得遭到開除的下場。

這讓我想起，我曾給聽眾（其中有些可能碰巧是教授）提供的幾點忠告。我告訴他們，我之所以獲得允許使用日常淺白英語，那是因爲每個人都知道，如果我願意，我可以選擇能力足以勝任的數理邏輯語句來表達。就拿下列的陳述爲例：「有些人娶了亡妻的姐妹。」我當然可以使用多年鑽研才有辦法參透的語法來改寫，而這就給了我選擇的自由。因此，我建議新進的教授，第一篇著作的書寫應該使用只有少數博學鴻儒之士才讀得懂的行話。有了這作爲後盾，從此以後就可以使用常民通用的語言（儘管不夠嚴謹而且充滿語病）暢所欲言。目前的時代，人們的生活無時無地不得不仰賴各行各業教授專家大發慈悲，我心中不免要想，他們如能行行好，採納我的前述淺見，當然值得我們獻上由衷的感恩。

幸福之道

長達兩千多年的悠悠時光，各流派的道德家總是極盡詆毀之能事，將幸福快樂貶抑為墮落悖德，不值一哂的猥瑣之物。古希臘的斯多葛學派（Stoics），對於鼓吹追求幸福快樂的伊壁鳩魯（Epicurus，西元前三四一至二七〇年），一路窮追猛批，達數世紀之久。他們冷嘲熱諷，譏斥那無異是給豬的生活哲理，他們還揑造諸多不實醜聞，汙衊羞辱伊壁鳩魯，以茲彰顯自家學派的品德超乎其上。斯多葛學派有一人，克利安西斯（Cleanthes，西元前三三一至二三二年），容不得阿里斯塔克斯（Aristarchus，西元前三一〇至二三〇年）提倡哥白尼天文體系（日心說），而要求將其人繩之以法。

另外，還有羅馬皇帝，馬庫斯·奧里略（Marcus Aurelius, 121-180），對基督徒趕盡殺絕；其中最惡名昭彰的首推塞內卡（Seneca，西元前四年至西元六十五年），這位羅馬學界大老，蠱惑昏庸殘暴的尼祿（Nero, 37-68）皇帝，倒行逆施，搞得天怒人怨，自己則仗勢作威作福斂財致富，並以衝破天際的高利貸放款給羅馬附庸國皇后布狄卡（Boadicea, 30-60），逼得她走投無路，只得起而造反。

關於遠古時代，就此點到為止。略過接下來的兩千年，我們來到當代的德國，一群經綸滿腹的教授，他們閉門炮製了禍國殃民的理論，拖垮了德國，連帶世界其他地區也陷入當前的危夷險境。所有這些飽學之士，全都鄙視幸福。在英國，也有卡萊爾（Carlyle）追隨仿效此一風氣，他永遠不厭其煩地告誡我們，應該爲了天賜恩典而避開世俗幸福快樂。他尋覓的天賜恩典卻是在極其匪夷所思之處：克倫威爾（Cromwell）的愛爾蘭大屠殺、腓特烈大帝（Frederick the Great）腥風血雨的暴政，以及艾爾（Eyre）總督在牙買加慘無人道的濫殺無辜。實際上，鄙視幸福通常都是鄙視他人的幸福，並且是對人類懷有仇恨的一種優雅僞裝。即使是志節清高之士，爲了成全更高尚的目標，而心甘情願犧牲個人幸福，只是眼見不如自己高尚的庸俗之輩卻過得逍遙自在，難免會心生情何以堪的滿懷怨妒，最後那無名的妒火滿腹狂燒，逼得那些以聖徒自居者變得格外殘忍，而毀滅的程度也更加難以想像。在我們所處的時代，這種扭曲心態最重要的例子就是共產主義信徒。

針對個人應該如何過活好發議論者，往往昧於事實，忽略了自然天性的限制作用。如果你秉持的人生哲理，必須時時刻刻約束天性衝動，以便達成自己設定的崇高目標，長久以往，持續不斷的勉力自我克制，最後對該等目標的厭惡感可能就會日益升高。這樣的人，拒絕讓欲望衝動有正常的宣洩管道，就會另尋其他出路，而且還可能是個人絕不容許的旁門左道；如果稍微縱容自己偶而尋歡作樂，往往就會如同脫韁野馬，淫樂狂歡，放浪形骸，嚴重背離平日生命道貌岸然的主流常軌。這種快樂不會帶來幸福，只會帶來更深的絕望。

古往今來，道德家普遍流傳的一個論點就是，「快樂不可能追求而得之」。不過，切實而論，應該只能說是，「快樂不可能不智追求而得之」。蒙地卡羅的賭徒追逐金錢，毫無意外總是十賭九輸，但還是有其他方法通常能夠成功致富。關於幸福，也是如此。如果寄情飲酒以追求快樂，那你就忽略了宿醉的後遺症。伊壁鳩魯追求快樂的方式是，遠離塵世，和一群有志一同的人士共組生活社群，平日只吃乾麵包維生，只有節慶期間，才稍微補充少許乳酪。就他的案例來看，他的方法顯然有其成功之處，但是他這樣仙風道骨似乎不食人間煙火，恐怕不太能滿足大多數塵世男女對於比較富有朝氣活力的需求。對於大多數人而言，關於追求幸福的人生哲理，除非輔以具體可行的方法，否則難免流於抽象空談，不足以作爲個人生活奉行的準則。再者，我也認爲，無論你選擇哪種個人生活準則，除非你是絕世英雄豪傑的特例，否則都不應與幸福相抵觸。

當今有很多人都擁有幸福的物質條件，也就是健康和充足收入，儘管如此，卻是極度不快樂，在美國尤其如此。就這些人的情況來看，問題頗有可能就是出在對於應該如何生活抱持錯誤的理念。我們似乎可以說，任何關於人類應該如何過活的理念，都是錯誤的。人們總以爲自己和動物極爲不同，其實兩者差異並沒有想像的那樣遙遠。動物的生活仰賴衝動，只要外界條件能夠滿足衝動需求，牠們就會快樂。如果你有養貓，只要能夠溫飽無缺，偶爾還能安心躺在瓷磚地板一夜好眠，牠就會心滿意足，覺得生活很享受了。相較於你的貓咪，你的需求當然複雜許多，但是就其根本而言，仍然不脫動物性的本能需求。

然而，在文明社會，特別是在英語系的社會，卻很容易就忘了此等事實。人們許下心願，要完成最高的人生目標，爲此而勉力克制所有不利於該目標的衝動。商人可能日夜心繫致富目標，而不惜犧牲健康和私人感情。當他終於飛黃騰達，萬貫家財，除了炫富自誇，享受眾人羨慕的眼光，諄諄訓勉後輩發憤圖強，努力賺錢，仿效他的輝煌榜樣之外，再也別無任何樂趣可言。許多貴婦名媛，儘管老天爺並沒有賜給她們由衷熱愛文藝的蘭質蕙心，可是她們卻打定心意要贏得文藝氣質美女的名聲，即便窮極無聊，仍然不惜投下大把時間，勉爲其難學習如何趕上潮流，任何熱門話題新書，都能在社交場合談得頭頭是道。她們不會想到，書是爲了讓人賞心悅目而寫，而不是給附庸風雅之輩提供臉上貼金的機會。

花點心思，觀察周遭看似快樂自得的男女，你會發現他們都有某些共同點，其中最重要的就是，他們都有習慣從事在多數情況能夠自得其樂的活動，而且長久下來，還可望收成活動累積的甜美成果。天性喜歡兒女承歡膝下的婦女（不過也有不少婦女，尤其是受過教育的婦女未必如此），可能從成家養兒育女獲得這方面的滿足感。藝術家、作家和科學界人士，如果對自己從事的工作感覺滿意，也能獲得這樣的快樂。再者，活動無分貴賤高下，只要能讓人陶然自得就不失爲樂活的好活動。許多人平日西裝革履，在城裡打拼事業，到了周末，就挽起衣袖，自願無償地揮汗整理自家花園，春光明媚的季節一到，就能飽覽蒔花弄草、辛勤打造的林園美景之樂。

沒有活動就不可能快樂，但是如果活動過多，或是令人反感的活動，也不可能快樂。當活動很明顯指向心喜的目標，並且沒有和天性本能相牴觸，如此才會使活動主體樂於投入。狗天生就愛狂追兔子，直到體力放盡，而且自始至終都很興奮。但是，如果把狗牽到跑步機上，必須跑完半個小時，才賞給一頓大餐，這樣一來，在沒吃到大餐之前，光是跑步，是不會讓狗開心的，因爲這過程，牠所投入的活動並不符合其天性本能。

我們這個時代，人類面臨的一大難題就是，現代社會日趨複雜，絕大多數非做不可的事情，都不像動物獵食那樣，屬於天性的本能活動。影響所及，大多數人生活在技術先進的社區中，只能在賴以謀生的工作之外，另尋個人快樂的替代出路。如果工作讓人精疲力竭，尋求的樂趣就會傾向消極被動。觀看足球比賽或劇院演出，散場之後，能帶走的滿足感其實不多，而且也鮮少能夠滿足創造欲望的本能衝動。至於場上的球員和舞臺的演員，則多少有主動玩出發揮個人創意巧思的球技和演技，如此獲得的滿意感，當然不可同日而語。

在意鄰人眼光，希望贏得敬重，害怕遭受鄙視，這樣的心理往往驅使人們（女人尤其如此）言談舉止多所壓抑，不敢輕易眞情流露。正人君子總是，或幾乎總是，窮極無聊。有些爲人母者，唯恐子女被視爲有辱門風的低下階級，因而百般約束不讓盡情享受人生樂趣，嚴加調教之下，全都變成死氣沉沉的木頭人，每每見到如此情事，就讓人痛心不已。

在競爭的社會，追求社會稱許的成功，主要包括名望、權勢或兩者兼得，乃是阻撓快樂的最大障礙。我這並不是否認成功也是構成快樂的元素；而且對於某些人而言，還是非常重要的要素。我要強調的是，成功本身並不足以滿足大多數人對於快樂的需求。你可能有錢有勢，但如果沒有朋友，沒有興趣，也沒有百無一用卻陶然自得的嗜好，人生將會很悲慘。爲社會成功而活的人生，就是依循理論而活的一種形式，而所有死守理論而活的人生終究都將歸於槁木死灰，了無生趣。

健康、衣食無缺的男女，若想要快樂，需要具備兩項要件，這兩者乍看似乎對立，其實不然。首先，人生要有重心，從而建立安頓、平穩的生活；其次，生活安定之餘，還需要所謂「玩樂」性質的活動，也就是說，純粹因爲做了好玩而樂於投入去做的事情，而不是因爲要達成某些嚴肅目的而必須完成的事情。平穩的生活必須能讓人心安頓，而不至於蠢蠢欲動，衝動妄爲，例如：環繞家庭或工作建立的安定生活。如果家庭總是充滿仇恨，或是工作千篇一律讓人感到厭煩，這樣是無法帶來快樂的。但是，如果仇恨或厭煩並非持續不斷，而只是偶而發生，這樣就仍然值得忍受。再者，如果能夠善加利用「玩樂」的機會，持續不斷感到仇恨或厭煩的可能性就會大幅降低。

依我所見，人們對於快樂這回事，都看得太過嚴肅了。長久以來，人們總認爲，沒有秉持生活理論或宗教信仰，就不可能快樂。或許那些因爲糟糕理論而落落寡歡的人，可能需要更好的理論來幫助他們重新找回生活樂趣，就像生病需要補品一樣。但是，在正常情況下，即使沒有補品，也應該能健康；不需要有理論，也能夠開心快活。說穿了，快樂的道理就是這麼簡單，而簡單的道理也往往最有用。如果男人和妻小相處和樂，事業有成，無分日夜春秋都能找到喜悅，那麼不管抱持哪種哲學，終究都會是快樂的人。另一方面，如果他發現妻子面目可憎，小孩喧鬧難耐，辦公室則是揮之不去的噩夢；如果天亮他就渴望入夜，到了夜裡他又盼著黎明曙光，這樣的男人需要的不是新的人生哲理，而是新的養生之道，改換不同的飲食，更多的運動，或其他沒試過的新鮮事物。

人是動物，快樂有相當程度取決於生理，而且遠遠超過他所樂於承認的範圍。得出這樣的結論讓人感覺頗卑微，但我也不能因此就要賴拒絕接受。我深信，悶悶不樂的生意人與其費心針對生活哲理做改變，倒不如每天步行六哩路，增長快樂的成效肯定明顯許多。順便提一句，當年傑弗遜也所見略同，他還因此討厭人們用來代步的馬兒。如果他可以預見日後發明的汽車，也應該會搖頭興嘆、欲說無言了。

歐威爾《一九八四》症候群

喬治・歐威爾（George Orwell, 1903-1950）的《一九八四》[50]，是一本毛骨悚然的小說，讀者打從心底不寒而慄。但是，這書並沒有達到作者預期想要的效果。有此一說，歐威爾在寫作這書時已經病入膏肓，而且也確實在書寫完不久之後，就與世長辭。讀者頗爲享受恐怖情節帶來的*frisson*（法語，閱讀驚悚故事，激動、恐懼或興奮而引起的顫抖），還有人覺得：「嗯，還好啦，除了俄羅斯之外，情況應該不至於那麼糟！作者顯然熱衷創作驚悚的故事，我們也都看得很過癮，只要別當眞就沒事了。」人們用這樣的謊言自我慰藉，埋頭照常過活，歐威爾的預言逐一成眞。就這樣，世界一點一滴，一步一腳印，朝著歐威爾的噩夢邁進。只不過這過程是漸進的，所以人們沒有意識到這條要命的道路已經走了多遠。

只有對一九一四年以前的世界有所記憶的那些人，才有可能充分領會失去的有多麼珍貴。在那個安樂的年代，任何人無須護照即可四處旅行，俄羅斯除外。任何人都可以自由表達任何政治見解，俄羅斯除外。新聞審查制度聞所未聞，俄羅斯除外。任何白種人都可以自

---

50 歐威爾（George Orwell），一九四九年，《一九八四》（*1984*），New York: Secker & Warburg。

由移民到世界任何角落。沙皇帝俄時期箝制自由的威權專制，讓文明世界其他地區看得驚愕惶恐，蘇聯祕密警察彌天蓋地的權力大網，更是令人深惡痛絕。時至今日，俄羅斯仍然比西方世界更糟糕，這不是因爲西方世界維護了固有的自由，而是因爲在西方不斷失去自由的同時，俄羅斯變本加厲，大步邁向極權專制，獨裁的程度遠超過史上任何沙皇所曾想望。

俄國革命之後，有很長一段時間，人們習慣說：「毫無疑問，新政權有其缺點，但無論如何，總是好過先前推翻的政權。」這完全是虛幻不實的迷思。時隔多年之後，當人們再次展閱帝俄時期西伯利亞流放人士的血淚記事，當初那種翻攪洶湧的激動感受完全沒有可能重新湧現。當年的流亡人士，不論身心都還享有相當程度的自由，至於如今遭受蘇聯政府下放勞改營的命運，完全不可同日而語。當時受過教育的俄羅斯人可以四處旅遊，也能和西歐人自由往來，而現在這些都已不可能。反政府的言行，在過去雖然也很容易受到懲罰，但仍有容許的可能空間，現在懲罰則是絕不寬宥的鐵律，而且無所不用其極的嚴厲程度前所未見。獨裁暴虐也沒有像現在這樣無所不至。最近，我讀了多伊徹（Isaac Deutscher, 1907-1967）[51]描寫托洛茨基早年生活的傳記，讓我見識到當時仍存在某些程度的政治和思想自

51 艾薩克・多伊徹（Isaac Deutscher, 1907-1967），波蘭出生的英國猶太馬克思主義作家、新聞工作者、社會運動家、蘇聯時事評論家。著有托洛茨基和史達林傳記。托洛茨基傳紀《先知三部曲》在英國新左翼影響巨

由，都是現今俄國難以望其項背的。如同沙皇時代一樣，俄國和西方國家之間的鴻溝仍然存在，但是我不認爲這個鴻溝有比以前變得更大，因爲儘管俄羅斯變得越來越糟，但在此同時，西方也失去曾經享有的許多自由。

除了數量變多之外，問題的本質並沒有變。人類文明肇始以來，大多數國家當權者對於先知先覺子民的迫害從未少過。我們對於蘇格拉底和基督的遭遇，驚訝之餘，每每直呼難以置信，但大多數人沒有意識到，如此遭遇卻也是眾多備受後世景仰的超世絕倫之士難以迴避的命運。古早的希臘哲學家大多數是難民。亞里斯多德獲得亞歷山大大帝軍隊保護，免於受到來自雅典的敵視打壓，亞歷山大去世後，亞里斯多德只能遠避他方。十七世紀，科學創新者幾乎所到之處都會遭受迫害，唯一例外只有荷蘭。斯賓諾莎如果不是荷蘭人，恐怕沒有機會潛心投入研究工作。笛卡兒[52]和洛克[53]也發現，逃往荷蘭是明智的決定。一六八八年，英

大，迄今仍是舉世公認研究托洛茨基最權威的著作。

52 勒內・笛卡兒（Rene Descartes, 1596-1650），法國著名哲學家、數學家、物理學家，西方近代哲學。一六二八年，笛卡爾移居荷蘭，住了二十多年，一方面爲了隱居，同時也是避難。在此期間，專心致力哲學研究，發表多部重要的著作，包括《方法論》、《形上學沉思》和《哲學原理》等。

53 約翰・洛克（John Locke, 1632-1704），英國哲學、政治、教育思想家。一六八三年，洛克逃亡荷蘭，隱姓埋名，完成包括《人類理智論》（*L'Essai sur l'entendement humain, 1689*）等多部重要著作。

國迎來荷蘭親王[54]，順勢把荷蘭的寬容引進英國，自那以後，英國自由程度領先了大多數國家，超乎其上的只有法國大革命和反抗拿破崙戰爭時期。大多數國家，大多數時期，後世看來最美好的任何事物，在當時大權在握的統治階層眼中卻盡是恐怖威脅。

我們這個時代，新的狀況就是當權者大舉擴增貫徹偏見的權力。全球各地的警察，擁有的強大權力遠遠凌駕過去任何時代。權勢增強的警力固然在遏止一般犯罪方面成效不俗，但是於此同時，在高壓箝制非凡奇才方面，也如虎添翼，發揮了無所不至的積極效能。

此等問題並不侷限於特定國家，儘管各國的邪惡強度是有高低不均的差別。與美國相比，在我自己的國家英國，迫害行動比較沒那麼明目張膽，較少激起民怨波瀾，大眾對這方面也多半知之未詳。英國曾發生直接跳過國會委員會的民意代表監督，就逕自對行政部門的事務官展開整肅。管控移民的內政部，限制自由的手段更是專斷跋扈，除非動員輿論或可促使稍爲收斂。我有一位朋友，很優秀的波蘭作家，從未加入共產黨，他旅居英國生活了很長時間，提出歸化英國籍的申請，可是最初卻被駁回，理由是他是波蘭駐英大使的朋友。最後，眾多德高望重人士紛紛發聲相挺，終於才核准了他的入籍申請。政治難民庇護權益，過

54　一六八八年，英國議會罷黜英皇詹姆斯二世，迎立公主瑪麗和女婿荷蘭親王威廉三世爲英國女王和執政，史稱光榮革命。

去一直是英國引以爲傲的優良傳統，如今已被內政部廢棄了，儘管不無可能不敵群情激憤的抗議而恢復實施。

全球各地自由之所以普遍惡化，其中一個關鍵原因就在於，各種組織的權力大幅擴增，以及人們行動受到龐大團體控制的情況日趨嚴重。所有組織都有兩個目的：第一個目的，是實踐組織成立的公開目的；另一個目的，是追求擴增組織官員的權力。對於組織官員而言，第二個目的關係到個人權益，吸引力很可能高於期許應該發揮的服務公眾之目的。如果你揭露警察弊端，可能招來他們懷恨在心，仗勢藉故找你麻煩，讓你吃足苦頭。

我發現，許多自由開明人士心中認爲，只要法院在審理案件秉公決斷，一切就會相安無事，但這其實是完全不切實際的想法。舉個不無可能眞實發生的假設例子，有個教授因爲被誣指背信棄義而遭到開除，他或許正好有財力雄厚的好友，能夠支助他上法庭證明該項指控子虛烏有，然而這可能要耗上好幾年時間，在此期間，如果沒有朋友善心救濟，他可能就要落得三餐不繼。最後，就算冤情獲得平反，汙名標籤也摘不掉了。大學當局大可藉端托故，指稱他教學不力，乏於研究。於是，他發現自己再次遭到解僱，只是這一次已經毫無轉圜餘地，另謀他職的希望也渺無可期。

的確，美國有若干學術機構足夠強大，到目前爲止，還挺得住。不過，也只有地位崇高的機構，再加上不屈不撓的主管，才有可能堅持捍衛自由開放的學風。以參議員麥卡錫（Joseph Raymond McCarthy, 1908-1957）對哈佛的攻訐爲例，他說：「無法想像，怎麼會有人把孩子送進哈佛大學，接受共產黨教授的洗腦。」他說，哈佛大學是「沆瀣一氣的鬼地方，送兒女到那裡去眞的是腦袋不清楚。」聲譽不如哈佛的大學，恐怕很難抵擋如此兇猛的抨擊。

但是，相較於麥卡錫參議員，警察的權力問題更是嚴重，而且影響層面更爲普遍。當然，鐵幕兩邊都存在的恐怖氛圍，這也大大助長了此方面的問題。如果你生活在俄羅斯，不再認同共產主義，除非你窩在家裡，全家相濡以沫，對外保持緘默，否則難逃禍從天降。另一方面，在美國，你如果曾經加入共產黨，後來退出了，或許不至於遭受法律的制裁（除非是陷入圈套，惹上作僞證的罪名），但是仍舊難逃經濟、社會方面的懲處。要免於諸如此類的災厄，只有一條路可走，就是出賣自己的良知，充當司法部的告密者，至於成敗與否，端賴於你羅織構陷代罪羔羊的故事能讓美國聯邦調查局FBI採信幾分。

現代世界組織權力日益高漲，如果要保留任何自由的生活，就需要新的制度。這種情況類似於十六世紀君權擴增引發的情勢，傳統自由主義的鬥爭整個都是在對抗君主擴權並獲得最終勝利。但是在君主權力消退之後，至少出現了同樣危險的新權力。在現今，最險惡的就是警察的權力。在我看來，只有一種可能的補救辦法，那就是建立第二種警政體制，權責是要證明嫌犯無罪，而不是證明有罪。人們常常說，縱放九十九個有罪的人逃脫，總好過錯罰一個無辜的人。但是，我們現存的體制則是建立在相反的觀點：寧可錯殺一百，不可錯放一人。

舉例而言，如果某人遭指控謀殺罪，國家傾力而出，動員警力和刑事調查來證明嫌疑犯有罪，而嫌疑犯必須設法證明自己無罪。如果他僱用偵探，必須是私家偵探，並且自掏腰包給付所需費用，或親友解囊相助。無論他從事什麼工作，都將沒有時間也沒有機會繼續以此謀生。控方律師或檢察官，由國家支付薪資。辯護律師費用由被告支付，除非被告貧窮無力支應相關費用，那就得以聲請公設辯護人，不過公設辯護人的名望和能力，很可能不如控方律師或檢察官。

這樣的制度一切作法都相當的不公平。就公共利益而言，證明無罪的人沒有犯罪，其重要性至少不下於證明有罪的人有犯罪。新的警政體制，權責是要證明無罪，除非是犯罪嫌疑者是政府當局，否則絕對不應該試圖證明有罪。我認爲，創設這樣的第二警政體制，有可能讓我們保留一些傳統自由，至於其他局部微調的措施，應該無法達到這樣的效果。

現代權勢當局擴權導致的惡果，最惡劣就包括：公家機關壓制眞相、散播假訊息。俄國當局極盡所能，讓該國民眾不了解西方國家，誇張的程度，莫斯科市民還眞的以爲他們擁有世界上唯一的地鐵。自從中國共產掌權以來，中國知識分子經歷可怕的「洗腦」。各種領域的學問，只要是源自美國或西歐，都被迫放棄，並聲明一切有學習價値的知識都是源自共產主義。如此心理壓力之下，他們形同空心人，只能鸚鵡學舌，重複上級官員交代的空洞樣板說詞。

在蘇聯和中國，透過嚴刑峻法來貫徹落實黨的規範，懲罰對象不只頑強不配合的個人，還擴及他們的家人。在其他國家，相對作法還沒有推行得如此偏激。對於蔣介石政權在中國統治最後幾年，忠實報導的人，並未遭到清算，但盡一切可能使人民不相信該等報導。再者，報導者聲望地位越高，受到共黨當局懷疑的程度也越高。向政府呈報外國考察結果，除非報告內容符合官方偏見，否則不僅會惹禍上身，至少也會被當成耳邊風。

這些當然都不是現在才有的新事態，只是程度有所差別而已。一八九九年，南非戰地的英軍司令巴勒（Redvers Henry Buller, 1839-1908）將軍報告說，征服波耳至少需要二十萬兵力。此一見解不受當局青睞，他因此遭到降職，後來事實證明他的判斷正確無誤，他也沒有獲得平反。儘管這些都不是新鮮事，但其蔓延範圍卻比過去大得多。

即便自詡自由開明的人士，也不再相信，廣納各個面向，徹底研究問題，是一件好事。在歐洲的美國圖書館，和美國本土的學校圖書館，清除不利美國的圖書，以防止人們知道問題涉及的其他面向。聲稱爲自由而戰，卻把《禁書目錄》（*Index Expurgatorius*）列入政策。顯然，政府當局對於政策是否符合正義，不再有充分的信心，擔憂可能無法通過自由討論的考驗。唯有確保對方資訊無從獲知，他們才有信心能贏得民眾信任。在在顯示，人民對政府機構的信心日趨薄弱，如此急遽惡化發展實在令人不勝唏噓。

戰爭期間，納粹不允許德國人民收聽英國廣播；但是在英國，沒有人受阻撓而無法收聽德國廣播，因爲我們對於英國站在正義的一方，信心堅定無可動搖。一旦阻撓不讓訊息自由流通，我們就會給人一種理虧的印象，感覺對方必然有強而有理的正當性，而我方政府害怕人民知道。過去，之所以主張言論自由，理由是相信自由討論最終可以讓比較好的意見勝出。

如今，在恐懼陰霾之下，這種主張言論自由的信念逐漸流失。影響所及，眞理和「官方眞理」不再是同一回事。這正是走向歐威爾「兩套說法」（double-talk）和「兩套想法」（double-think）之路的第一步。可以說，在法律上，言論自由看似獲得保留，但在實質上，言論自由已經嚴重限縮而招致巨大災難，因爲只有合乎正統認可的意見，才得以擁有公開流通的自由管道。

這種情況在教育領域特別嚴重。如今，在某些國家，即使只是發表溫和的自由主義意見，也可能讓教育工作者失去教職，也找不到其他工作。影響所及，孩子們在無知中成長，無從學到他們理應知道的重要知識；而偏執自大和愚昧無知又進一步強化了民眾對於民粹愚民統治的危險支持。

恐懼是所有這些邪惡的根源。恐懼往往在驚慌失措之中發生，恐懼會讓人做出慌亂行動，每每導致可怕的災難，從而讓人產生恐懼，如此循環不已。這些危險是眞實存在，的確比人類歷史上的任何時期都還要更加危險；但是，世人集體陷入歇斯底里的情況，更是加劇這些危險。在這艱難的時代，我們承擔的責任很清楚：不僅要了解這些危險，而且儘管知道其危險的嚴重程度，也要冷靜、理性地審視它們。如果，我們任由歐威爾《一九八四》描繪的這些危險存在，我們的世界將不會存活太久，因爲這些僅只是全世界通往死亡的前奏。

我為什麼不是共產主義信徒[55]

一九五六年，收錄於《我爲什麼反對共產主義：論壇文選》

談到任何的政治學說，都得提出兩方面的質問：

(1)在理論方面，基本原理是否確實可信？

(2)在實踐方面，政策是否有可能增進人類福祉？

依我所見，共產主義的基本原理乖謬無稽，連帶所及，實踐準則違背情理，爲人類帶來難以估量的災厄。

共產主義的理論學說大部分援引自馬克思。我反對馬克思，主要有兩個方面：一是他頭腦糊塗；二是他的思想幾乎完全出於仇恨。他提出的剩餘價值學說，是要用來證明資本主義制度對勞動者的剝削，乃是根據兩個來源而得出的結論：

---

55 本文原載於一九五六年，《我爲什麼反對共產主義：論壇文選》（*Why I Oppose Communism: a Symposium*），London：Phoenix House。作者包括：羅素、英國詩人史蒂芬・斯賓德（Stephen Spender）等人，牛津大學近代史教授 H. R. 崔弗—羅珀（Hugh Redwald Trevor-Roper）序文導讀。

(1)移花接木借用馬爾薩斯（Thomas Robert Malthus, 1766-1834）的人口學說，不過馬克思和他的所有信徒都公然否認有如此的轉用；

(2)將李嘉圖（David Ricardo, 1772-1823）原本用來說明商品價格的勞動價值理論，轉而應用於勞動者的工資。

馬克思對於自己推出的結果完全滿意，然而不是因爲與事實相符，或邏輯連貫，而是因爲可以策動激起薪資勞動者的怒火。馬克思的學說主張所有歷史事件都是由階級衝突所推動，這其實是穿鑿附會百年前英國、法國特定重大歷史事件，以偏概全的魯莽謬論。他深信存在一種名爲辯證唯物論的宇宙力量，凌駕人類意志之上，支配歷史進程，而這純粹只是憑空杜撰的神話。不過，如果他沒有像特土良（Tertullian，或譯德爾圖良）和卡萊爾那樣，存心只想看到敵人遭受嚴懲，縱使友人連帶遭殃也在所不惜，那他在理論上的謬誤應該也不至於造成那麼嚴重的後果。

馬克思的學說已經夠糟了，在列寧和史達林的推波助瀾之下，更是雪上加霜，慘到無以復加。根據馬克思的指導，無產階級贏得內戰勝利之後，將會進入革命過渡時期，在此期間，按照內戰後的慣常作法，無產階級將剝奪落敗敵人的政治權力，這個時期就是無產階級專政時期。

再者，也不應忘記，根據馬克思的預言，必須等到無產階級成爲總人口的絕對多數之後，眞正的勝利才會來臨。因此，馬克思設想的無產階級專政，本質上，並不是反民主的。但是，一九一七年的俄羅斯，無產階級只占總人口極小比例，其中絕大多數是農民（譯者按：不到百分之一點五）。如此情況下，布爾什維克黨順勢成爲無產階級當中最具有階級意識的要角，而一小群的黨領導人組成的委員會，則是黨中央階級意識最強盛的中堅分子。如此一來，無產階級專政就變成委員會少數領導人專政，進而成爲史達林一人專政。

對於史達林的階級意識而言，無產階級只有他一人至尊獨大，所以他大權獨攬，賜罪數百萬農工活活餓死，另外數百萬人下放集中營勞改。他甚至昭告天下，從今以後遺傳法則必須與過去一刀兩斷，生殖細胞的胚質只能遵守蘇聯法令，不得依循反動的天主教神父孟德爾的遺傳學說。我完全無從理解，有些人士明明滿懷人道熱忱，而且聰明睿智，爲何居然能從史達林打造的龐大奴役營，找出絲毫值得讚賞的優點。

一直以來，我始終不同意馬克思。一八九六年，我首次發表對他不假顏色的批評。如今，我對當代共產主義的反對，更是遠超過當年對於馬克思的批評。我發現，最恐怖的災難莫過於摒棄民主。少數人的權勢全賴祕密警察的活動來鞏固，勢必走向殘酷、高壓、暗無天日的深淵。十八、十九世紀，民眾切身領教過大權獨攬又無須負責的危險，但是對蘇聯宣揚包裝的豐功偉業心醉神迷的人士，儼然將君主專制的歷史教訓拋諸腦後，明明倒退回到中世紀最悲慘的黑暗年代，卻又莫名其妙的執迷不悟，自以爲處於進步的光明先鋒。

有跡象顯示，隨著時間推進，俄羅斯政權或許將會變得較爲自由開放。但是，儘管有此可能，卻遠非確定無疑。在此同時，對於全球各地所有人，如果除了重視藝術和科學之外，也渴望每天有充足麵包，免於恐懼之自由，無須憂懼小孩無心的童言童語被老師舉報，就可能讓家長遭殃下放西伯利亞不毛之地接受勞改再教育，那就必須盡力而為在各自國家維持富足安樂、免於奴役的生活方式。

有些人飽受共產魑魅魍魎荼毒迫害，因而認定唯一解脫之道，只有發起世界大戰才有可能徹底剷除萬惡之源。我認為這種對策大謬不然。過去，或許曾有可能採行如此政策；但是時至今日，戰爭的恐怖程度遠超過前人想像，共產主義的勢力又如此強大，以至於根本沒有人能有把握世界大戰之後還會留下什麼，況且就算能夠留下什麼，恐怕也不會比目前的共產主義好到哪裡去。此等預測並不取決於哪一方贏得名義上的勝利，而是審慎考量到氫彈、鈷彈爆發，伴隨一發不可收拾的瘟疫蔓延肆虐，勢必造成無可避免的大規模毀滅。

對抗共產主義的方法不是戰爭，眞正需要的除了武裝軍力用以遏止共產勢力攻擊西方之外，還需要致力消弭共產勢力以外民生凋敝地區滋生不滿民情的溫床。西方應在力所能及的範圍，緩解亞洲大多數國家民不聊生的赤貧困境。數百年來，歐洲在亞洲狂妄傲慢的霸權統治，也激起了民怨沖天、國仇家恨。凡此種種都需要沉著老練的外交策略，以及激動人心的宣導，相輔相成妥善解決，以根除亞洲殘留的白人宗主地位遺風。共產主義是滋生於貧窮、仇恨、鬥爭的一種學說，只有透過消弭貧困、仇恨，才有可能遏阻共產主義的蔓延。

人類的險境[56]

一九五四年，英國BBC廣播電臺

我在這個場合的發言，不是站在英國人、歐洲人或西方民主分子的立場，而是身爲一個人，身爲危亡關頭的人類一分子來發言。當今世界充滿了形形色色的衝突：猶太人和阿拉伯人的衝突；印度人和巴基斯坦人的衝突；非洲白人和黑人的衝突。在此之上，還有籠罩全球讓這些區域衝突相形失色的共產與反共之間的世紀大對決。

對於諸如此類的爭端，任何人只要稍有政治意識，幾乎都會有強烈的情緒反應。如果可以，我希望你能暫時擱置此等個人立場的情緒反應，把心思專注在自己乃是屬於全人類的一分子，這個物種有著源遠流長的非凡歷史，而且沒有人願意看到它就此消失。在遺詞用字方

---

56 〈人類的險境〉（Man's Peril）是羅素最著名的政論短文，也是他在英國廣播電臺BBC最受矚目的演講，內容囊括羅素一九五〇年代中期政治著作的主要關注焦點。一九五四年十二月二十三日首播，後來收錄在BBC《聽眾周刊》五十二期（*The Listener, 52*，一九五四年十二月三十日），標題：〈人類的氫彈危機〉（Man's Peril from the Hydrogen Bomb）。

面，我會盡力不去迎合任何特定族群的好惡。所有人無一倖免，同樣都處於險境之中，並且若能切實認清此等共同處境，那就有希望發揮同舟共濟的精神，共同渡過這場威脅全人類的難關。我們必須學習以新的方式來思考，我們必須學會，不要問應該採取什麼步驟，以便我們心意所屬的一方得以戰勝敵對陣營，因爲早已不存在如此步驟了。我們必須捫心自問，應該採取什麼步驟，才有可能防止軍事競賽鑄成無可挽回的全球浩劫？

一般大眾，甚至包括許多位高權重者，都還未能意識到，一旦戰爭動用到氫彈，牽連所及將會是什麼樣的光景。一般大眾的想像仍然停留在城市摧毀之類的情景。據了解，新式核彈比舊式威力更強大。相較而言，一顆原子彈可以摧毀廣島，而一顆氫彈則可以摧毀倫敦、紐約和莫斯科之類的大都會。在氫彈大戰之下，大城市摧毀乃是無庸置疑的，但這在勢必面對的災難當中還不算是最重大的。如果倫敦、紐約和莫斯科的人口全部罹難，經過若干世紀的休養生息，世界仍有可能恢復過來。但是，我們現在已經了解，尤其是在比基尼島核彈試爆之後，氫彈爆炸蔓延的破壞效應，其影響範圍遠比想像中更廣泛。根據可靠的權威來源，現階段的技術所能製造的核彈，其威力將是摧毀廣島的原子彈的兩萬五千倍。如此強大的核彈，如果在接近地面或水下引爆，放射性粒子將會衝上高空大氣層，形成致命的輻射塵或雨水，向外擴散並且逐漸沉降而飄落地球表面。許多日本漁民及其漁獲物，儘管所在區域不在美國專家認定危險範圍之內，仍然遭受此等輻射塵的感染。沒有人知道，這種致命的放射性粒子會擴散到多大的範圍，但是權威人士一致同意，動用氫彈的戰爭很可能終結人類。如果動用大量氫彈，恐怕難逃全球絕滅的厄運，只有幸運的少數人能在瞬間喪命；至於絕大多數的人，則得承受病魔的折騰凌遲，形銷骨毀的緩慢死亡過程。

接下來，我將從許多實例當中挑出幾則來加以說明。約翰・史萊瑟爵士（Sir John Slessor, 1897-1979）[57]，身經百戰的空戰經驗，他的意見無疑擁有無出其右的權威份量，他說：「當前世局，發動世界大戰無異於人類集體自殺，」接著繼續說道：「試圖廢除任何特定戰爭武器的努力，自古以來從沒有任何意義，將來也不會有任何意義。我們必須廢除的是戰爭本身。」[58]

英國頂尖神經生理學權威，埃德里安男爵（Lord Adrian, 1889-1977）[59]，最近在英國

57 約翰・史萊瑟爵士（Sir John Slessor, 1897-1979），英國皇家空軍元帥，軍事理論家。聯盟戰略的倡導者。二次世界大戰後空權學派的代表人物，推崇《孫子兵法》，著有《空中戰力與陸軍》（*Air Power and Armies*. London: Oxford University Press, 1936）、《大威懾》（*The Great Deterrent*. London: Cassell, 1957）、《西方戰略》（*Strategy for the West*. London: Cassell, 1954）等書。

58 這兩段引述，出自《西方戰略》。

59 埃德里安男爵（Lord Edgar Douglas Adrian, 1889-1977），英國電氣生理學家，曾任劍橋大學教授、英國皇家學會會長。他和查爾斯・薛靈頓爵士（Sir Charles Scott Sherrington, 1857-1952），以「關於神經功能方面的發現」，共獲一九三二年諾貝爾生理學或醫學獎。

科學促進會會長演說也提到同樣觀點：「我們必須面對如後的可能性，反覆再三的核爆最終將會推向禍延全球的輻射浩劫，任何人都無法忍受，也無處可逃」；他進而補充說：「除非我們願意摒棄某些因循守舊的效忠情操，否則勢必被迫捲入可能終結人類的惡鬥。」

空軍上將菲利普・朱伯特爵士（Sir Philip Joubert, 1887-1965）說：「隨著氫彈的到來，人類似乎已經走到關鍵時刻，如果政策不改弦更張放棄戰爭，就得接受可能步上萬劫不復的不歸路。」諸如此類的警世呼籲不勝枚舉。

科學顯達之士以及軍事戰略權威，紛紛發出震聾發聵的警世之聲。但是，沒有人保證說最糟糕的情況一定會發生。他們說的是這些後果都有可能發生，而且沒有人能確定其中哪些絕對不會變成事實。就我所見，專家對此問題的看法，沒有人是出於個人的政治考量或偏見。依照我的研究顯示，他們的發聲都是本諸各自專業學養的肺腑之言。而且我還發現，了解最多的人，對於未來的展望往往也最悲觀。

無可逃避的嚴峻問題

在這兒，我接下來要向你們提出一個嚴峻、可怕而且無可逃避的問題：我們是要終結人類的歷史？抑或是人類應該摒棄戰爭？人們不會正視此等抉擇，因爲廢除戰爭的決定實在太難了。廢除戰爭無異於對國家主權多所掣肘，這絕非各國政府與民眾所樂見。但是，尤有甚者，阻礙我們對時勢理解的最大因素還在於，「人類」這個含糊的抽象字眼。人們的想像力幾乎無從體會，危險乃是朝著他們自己和子孫後代鋪天蓋地而來，而不僅只是對於模糊意識之人類的籠統威脅。因此，他們不切實際地希望，只要禁用現代武器，或許就能容許戰爭繼續存在。這種希望恐怕是虛幻的。無論承平時期達成任何不使用氫彈的協議，到了戰爭期間，都不再會有約束力，戰爭一旦爆發，雙方就會搶著製造氫彈，因為如果一方有氫彈，而對方沒有，那擁有氫彈的一方，必然處於上風。

隔著鐵幕的雙方，都各自面臨政治上的障礙，很難慎重看待未來戰爭的破壞本質。如果單方面宣布絕對不訴諸戰爭，那等於在外交上任憑對手宰割。為求自保，任何一方勢必持續堅稱，絕不會姑息縱容任何的挑釁舉動。雙方或許都渴望達成某種妥協，但沒有任何一方能夠自信服人地表達如此的渴望。這處境就類似於古時候的決鬥。無庸置疑，很多時候，決鬥雙方都會出於死亡的恐懼而希望有所妥協，但沒有任何一方會這樣說，因為如果說了，就會被視為懦夫。如此情況下，唯一希望就是由雙方的共同朋友出面斡旋，協調出彼此都能接受的和解協議。這個比喻的例子完美吻合了鐵幕兩邊對立當局的當前處境。如果要達成不可能開戰的協議，那必然得由友善的中立國家來居中協調，他們有立場可以聲稱戰爭的災厄本質，而不至於蒙受鼓吹「姑息」政策的指控。中立國家即使從最狹隘的自身利益出發，也完全有正當的權利，盡其所能去阻止世界大戰爆發，因為一旦發生這樣的大戰，有很高的可能性，中立國家的所有住民，也難逃與其他人類全部滅亡的厄運。如果我握有中立國家的統治權，首要職責當然應該確保國民安居樂業，而可能實現此等職責的唯一途徑就是，促使鐵幕內外對峙勢力之間達成某種和平協議。

就個人而言，我在情感上當然並不中立，我不應該會希望看到西方委曲求全，才免除戰爭災厄。但是，身爲人類一分子，我必須記住，東西方之間的爭議，無論是共產、反共，亞洲、歐洲美國，白人或黑色，如果要獲得圓滿的解決，讓爭議各方全都感到滿意，那就不能訴諸戰爭來決定。對於這一點，我希望鐵幕內外各方都能有所體認，這需要再三重申，僅只單方面理解是遠遠不夠的。我認爲，由於中立國家沒有陷溺在我們所處的悲劇困境，如果他們願意的話，應該能夠促成雙方認清這一點。我希望看到一個或多個中立國家，共同委任中立專家組成委員會，提出一份報告，說明氫彈戰爭可能帶來的毀滅破壞，而受害的不僅限於交戰國，還會延及諸多中立國家。我希望這份報告提交給列強諸國，並邀請他們表達報告呈現的內容。我認爲，這種方式有可能促使列強諸國一致同意，世界大戰不再能保障任何國家的利益，反而有可能敵友各方玉石俱焚，而中立國家也無從倖免。

依照地質年代來推算，人類存在至今僅有很短的時間，最多不超過一百萬年。迄今爲止，至少就我們所知的宇宙歷史範圍，尤其是在過去的六千年，人類已成就了亙古未有的嶄新氣象。千秋萬世，日升日落，月圓月缺，星辰閃耀夜空，但是直到人類降臨世間，才開啟探索宇宙萬象之路。上至浩瀚無垠的天文，下至隱微不顯的原子，人類破解了前人無從發掘的奧祕。在藝術、文學和宗教領域，有些人的創作和引領世人得以仰望情意的崇高境界，從而更顯人類物種的彌足珍貴。難道所有這一切的至善至美，都要隨著世俗的瑣碎恐懼而盡付東流，究其根源僅只因爲如此之少的人能夠站在人類整體命運的角度來設想，而不自宥於個別族群利害的狹隘關懷？難道我們這個物種眞有如此缺乏智慧，毫無能力付出無私大愛，連最簡單的自保要求也都視而不見，乃至於還要滅絕地球所有生命，以此作爲自作聰明卻是愚昧絕頂的終極證明？屆時不僅人類將要滅亡，所有動物也將共赴黃泉，而誰也不能怪罪牠們是共產或反共同路人。

我不能相信結局將會如此。我毋寧希望人們暫時忘卻爭執，反思內省，如果能夠給自己留條活路，就有充分理由期待未來的人類成就將有可能超越過去的黃金盛世。如果選擇給自己留條活路，擺在面前的將是持續進步的幸福、知識和智慧。不然，難道要選擇死亡而捨棄活路，就只是因爲無法把爭執拋諸腦後？我以身爲人類的一分子在此呼籲人類同胞：記住你們的人性，忘卻其他的一切。如果能做到這點，通往新天堂樂園的道路就會敞開。如果無法做到，那麼除了集體死亡之外，別無他物。

邁向和平的步驟

一九五五年，羅素爲未能出席赫爾辛基世界和平大會[60]所準備的書面講稿

很遺憾未能親臨現場共襄盛舉，在此謹獻上由衷祝賀，預祝大會圓滿成功。

人類面臨史無前例的抉擇，眼前只剩兩條路可走：一是斷然拒絕戰爭，那就還有存活的希望；否則，就注定要步上人類絕滅的窮途末路。科學顯達之士以及軍事戰略權威，紛紛發出震聾發聵的警世之聲。不過，沒有人保證說最糟糕的情況一定會發生。

在我來看，確切無疑的是，無論我們對於勝利抱持何等理解，任何一方都已經毫無可能從戰爭當中獲勝。而且，如果戰爭科技持續不受限制，下一場戰爭降臨之下，肯定無人得以幸免於難。如此一來，擺在人類面前的就只剩下兩種可能：一是透過協議建立和平，否則就是人類滅絕，步入舉世無爭的死寂世界。

我相信，我在此提議的系列步驟，將可幫助我們達到比較光明的出路。無庸置疑，當然有其他的途徑也可能達成相同目標，但是很重要的是，如果我們沒有陷入徹底冷漠絕望而癱

60 赫爾辛基世界和平大會（World Assembly for Peace, Helsinki），一九五五年六月二十二日至二十九日。

瘓了所有行動，那麼至少猶有一絲希望尚存，相信肯定會有辦法可以安抵和平之境。

在考量這些步驟之前，我想評論一下某些眞心愛好和平人士的倡議。這些人士呼籲列強有需要達成禁用核武的協議，我認爲，如此看法其實是有問題的，這種禁核協議的作法只會走入死胡同，理由有二。一，當今核子武器完全可以祕密製造，而避開有效的監督。而且就算達成禁用核武的協議，任何一方都有可能認爲對方祕密製造核武，彼此的猜忌反而會導致雙方關係更趨緊繃。

我的另外一個論點是，就算雙方都維持名義上的和平，克制而不生產此等武器，一旦戰爭爆發，彼此也不可能遵守協議的約束，開戰之後，雙方都有可能製造大量氫彈。

有許多人自信滿滿，認爲即使戰爭爆發，也不會動用到氫彈，他們指出二次大戰沒有使用毒氣的事實，以此作爲例證。我認爲，這根本就是自欺欺人的妄想。毒氣之所以沒有派上用場，乃是因爲發現毒氣並沒有決定性的制勝效用，而且防毒面具也得以提供防護。反之，氫彈則是具有決定性的武器，至今未有任何防禦之道。如果有一方使用氫彈，而另一方沒有，只需要動用相當少量的氫彈，便有可能置對方於無力反擊的絕對劣勢，而且運氣夠好的話，或許也不會對己方造成太嚴重的損害。再者，更需要恐懼的浩劫還取決於是否有數量龐大的氫彈引爆。就此而言，我認爲，一旦開戰之後，如果只有單方面動用氫彈，結果對於該方或許有可能勉強宣稱勝利。我不認爲（在這方面，所有軍事權威也和我有相同看法），世界大戰一旦爆發，可能有微乎其微的機會不至於動用到氫彈。因此，我們必須防止大規模戰爭，否則就只有步向毀滅一途。務必讓全球各國政府都承認這一點，這乃是通往和平之路的必要步驟。簡而言之，氫彈的廢除，這是我們所有人都必須企求的，只有在雙方齊心協力的努力之下，眞心誠意將兩大陣營的敵對關係畫上終點，如此才有可能大功告成，共蒙其利。這如何有可能達成呢？

在全球性的協約與措施有可能實現之前，必須先完成兩件事情：首先，世界列強必須明白，各自國家的目標，不論是什麼，都絕無可能透過戰爭而達成；其次，以下是這兩個目標建議步驟，酌供參考。

第一步，應該由少數德高望重的科學大師發表聯署聲明，呼籲全球正視核戰可能導致的後果。

這份聯署聲明不應該隱含偏袒任何一方的意圖，而且很重要的是，科學大師應該訴諸通俗易懂的文字，清楚告訴我們將來可能面對的各種情況，竭盡所能提供明確的資訊，並且在還缺乏普遍認可之證據等方面，盡可能提供最接近共識決的假設。截至目前爲止，得利於有人願意費盡心思去蒐集資訊，現有累積的知識已經可以確認大多數事實的眞實與否。不過，還需要特別注意，此等知識的陳述應該盡可能清楚明白，讓一般民眾簡單易懂，廣爲周知。此外，還應該備有一份權威性的說帖，以便從事大眾知識傳播的人士得以參考引述。

這份聲明應該堅定而清楚指出，核子彈爭不會爲任何一方帶來勝利，不會創造共產陣營或反共陣營渴望的世界，也不會迎來中立國家所冀盼的世界。

此份聲明應該廣邀全球各地的科學家參與簽署，再者，我希望，中立國家能夠進一步以此聲明內容作爲施政準則。中立國家可以把這份報告，或是如果他們偏好的話，也可自行委任國內專家擬具報告，交給世界列強國家，邀請他們發表意見。這份報告應該具有科學權威的份量，足以確保任何政府幾乎不可能反對其中揭櫫的結果。鐵幕內外的各國政府，在不損及顏面的情況下，同時向中立國家承認，各自政府不再繼續推行戰爭政策。在中立國家當中，印度擁有最佳地位，因爲印度與兩大陣營長久維持友好關係，並且成功斡旋朝鮮半島和中南半島危機的經驗，我樂見由印度政府向列強諸國提交這份科學報告，附帶邀請他們對此表態。我希望，一切都能依前述建議步驟順利落實，促使各國都能承認沒有任何一方可能從核戰獲利。

在此同時，不論共產或反共陣營，長久以來針鋒相對的敵對態勢，也必須在觀念上有所調整。他們必須理解，對立政黨的惡毒攻訐，或是誇大對方過去的罪大惡極，猜疑對方包藏禍心，這些全都於事無補。至於哪一種制度比較好，或是各自國內應該採用哪種政黨政治，關於這些方面，他們也不需要放棄各自偏好的見解。各方必須做到的就是承認，各自偏好觀點的傳播應該是通過溝通說服，而不是武力脅迫。

現在，讓我們假設，通過前述建議的步驟，終於順利引導諸強列國承認，沒有任何一方可能透過戰爭而達成各自的目標。這是最艱難的一個步驟。一旦跨出這初始的步驟之後，接下來就可以開始來考量可能採取的後續步驟。

首當其衝，應該立即採取的步驟就是要確保暫時停止衝突（包括冷戰和熱戰的衝突），同時還要著手規劃長治久安的和平措施。在達到長治久安的終極目標之前，暫時的休兵止戈勢必得建立在「現狀」的基礎之上，因爲若是立基於任何其他的基礎，恐怕難免涉及更棘手難解的談判。談判應該安排在適當的時機，如果在目前充斥敵意和猜疑的情況下，貿然舉行談判，結果恐怕不會太樂觀。談判進行期間，爲了消弭敵意和猜疑，雙方都應該多所克制，減少新聞媒體的譴責非難，即便用意良善的批判也應該盡量保持緘默。彼此應該鼓勵通商貿易、代表團互訪，尤其是文化、教育方面的交流。所有這一切的準備工作都是爲了建立互信基礎，以便順利推動世界大會，確保大會不至於淪爲爾虞我詐的權力爭鬥戰場。

通過上述方法建立比較友好的談判氛圍之後，召開之世界大會其宗旨應該致力於建立以戰爭之外的方法來化解國際爭端。這是一項艱鉅的任務，不僅規模繁浩、錯綜複雜，而且還可能引發影響深遠的實質利益衝突。除非各方意見充分準備就緒，否則難以期待大會圓滿成功。所有與會代表必須發乎眞心堅定相信下列兩點：第一，堅信戰爭意味著人類全體的災難；第二，對於爭執各方而言，透過協議化解爭端，即便協議無法讓雙方全然滿意，相較於堅持相爭不下，終究是利多於弊。如果大會洋溢如此的精神，那麼就有希望成功解決將會面臨的龐雜難題。

首先，亟待解決的問題應該就是各國武力的裁減，只要還停留在目前水準，放棄戰爭的宣言顯然就並非眞誠之舉。

應該恢復一九一四年以前存在的自由，尤其是旅行的自由，發行書籍和報紙的自由，以及移除阻撓跨越國界自由傳播思想理念的諸多障礙。恢復這些過往存在的諸多自由乃是必要的步驟，由此才有可能創造人類本是一家親的理解，至於疊床架屋的官僚體制，如今愈趨嚴峻而漠然，則是阻礙和平之道的艱困障礙。

如果上述這些任務都得以完成，大會接下來就必須創建一個國際統轄機構，過去已經有兩次的嘗試，第一次是國際聯盟（League of Nations）[61]，然後是聯合國（UN，全稱United Nations）[62]。在此，我不打算深談這方面的問題，而只是想指出，除非這個問題獲得解決，否則任何其他的措施，都無有可能發揮長治久安的價值。

一九一四年以來，世界一直蒙受持續深化的恐懼。無以數計的男女老少不幸喪生，幸免於難者則有極大的比例，承受著步步進逼的死亡恐懼。西方人想到俄國人和中國人的時候，或是俄國人和中國人想到西方人的時候，往往認爲對方是破壞和災難的罪魁禍首，而

61 國際聯盟（League of Nations），簡稱國聯，成立於一九二〇年一月十日，第一次世界大戰結束，在巴黎和會召開後組成的跨政府組織，世界上第一個以維護世界和平爲其主要任務的國際組織。

62 聯合國（United Nations，簡稱UN），由主權國家組成的政府間國際組織，成立於第二次世界大戰結束後一九四五年，取代國際聯盟，致力於促進世界和平，國際合作，貫徹人權。

沒有想到他們也是有著喜怒哀樂情緒的尋常人家。長久以往，人們似乎越來越傾向認爲，面對絕望苦海，唯一解脫之道只剩縱情妄爲。以往猶可仰賴理智清醒的期望和建設性的政治領導，安然脫離絕望苦海，如今似乎不再能寄予厚望。但是，面對當今世局，心灰意冷、漠然絕望並不是理性的我們該有的唯一心態。

如果東方和西方捐棄前嫌，全世界所有人將會比現在更快樂、更富足。沒有人需要被迫放棄任何事物，除非是締造世界帝國的夢想，更何況如今再奢談世界帝國的夢想，根本比最荒誕樂觀的烏托邦，還要更難以企及。我們已經掌握了生活必需和舒適用品，得以確保前所未有的富足安樂。如果能夠確保和平，俄國和中國就可以把現階段專注於重整軍備的精力，轉而投入生產民生消費用品。原本製造核子武器的科學密集技術，也可轉移應用來改造沙漠變成綠洲，以及在撒哈拉沙漠或戈壁沙漠實施人造雨。恐懼移除之後，隨之湧現新的生機，精神蓬勃奮發，創造活力欣欣向榮，籠罩人心深處的古老恐懼陰霾也終將煙消雲散。

任何戰爭只要動用到氫彈，絕無可能有任何勝利者全身而退。我們可以共存共榮，也可能同歸於盡。我深信無疑，如果我輩有識之士體認到這層道理之餘，都能盡心竭力身體力行，我們定當能夠喚起世人的覺醒。面對生死交關，無分共產或反共，多半都會傾向選擇活著而不是死亡。如果讓他們把問題看清楚，應該都會選擇能夠維護生命的必要措施。這是極其艱鉅的希望使命，有賴於我輩明瞭箇中錯綜複雜面向的人士，殫精竭慮展開說服世人的任務，同時還得擔憂時間苦短，無力可回天的遺憾，以及隨時可能陷入苦思不得其解的深淵，而爆發歇斯底里的情緒風暴。儘管散播希望的使命萬分險峻，我們仍應盡力維持希望鮮明深入人心，堅定挺過任何可能讓人萬念俱灰的艱難時刻。希望應該激勵人心，一開始也許人數相對不多，但是終將涓滴成河，直到群眾風起雲湧，歡欣鼓舞，齊聚同慶集體殺戮的終結，開啟人類有史以來更光明燦爛的幸福新紀元。

羅素年表

伯特蘭・羅素（Bertrand Russell, 1872. 5. 18-1970. 2. 2）

全名——伯特蘭・亞瑟・威廉・羅素（Bertrand Arthur William Russell）

年代	年紀	生平紀事
一八七二年		五月十八日，出生於英國南威爾斯，蒙茅斯郡特里萊赫的拉文斯克羅夫特。
一八七四年	二歲	〔三十二歲〕母親安伯萊夫人，和〔六歲〕姊姊瑞秋去世。
一八七六年	四歲	〔三十四歲〕父親安伯萊爵士去世；祖父約翰・羅素勳爵（前首相）和祖母成功推翻羅素父親的遺囑，贏得羅素及哥哥法蘭克的監護權，接至彭布羅克山莊撫養，而不是讓他們接受自由派監護人撫養。
一八七八年	六歲	〔八十六歲〕祖父去世；〔六十三歲〕祖母羅素夫人監護撫養羅素和〔十三歲〕兄長法蘭克至成年。
一八八三年	十一歲	從兄長法蘭克學習歐幾里得幾何學。
一八九〇年	十八歲	進入劍橋三一學院；遇見〔二十九歲〕懷海德教授。
一八九三年	二十一歲	數學一級榮譽學士學位。

一八九四年	二十二歲	通過道德科學榮譽學位測驗（第一部分）；任職英國駐巴黎榮譽隨員；與（二十七歲）艾莉絲·史密斯結婚（一八九四至一九二一）；參加費邊社活動。
一八九五年	二十三歲	訪問德國，在柏林大學研究社會主義；倫敦政治經濟學院，講授「德國的社會民主制」；三一學院研究員。
一八九六年	二十四歲	倫敦經濟學院講師；訪美國，約翰霍普金斯大學及布林莫爾學院講學。
一八九八年	二十六歲	劍橋講授萊布尼茲哲學；與學弟、哲學家（二十五歲）摩爾，共同掀起批判康德與黑格爾的運動。
一八九九年	二十七歲	劍橋大學三一學院講師。
一九〇〇年	二十八歲	與懷海德出席巴黎舉行的第一屆國際哲學大會，羅素自述：「這是我學術生涯最重要的年度、最重要的大事件」，遇見義大利數學家（四十二歲）皮亞諾，從其著作《數學公式彙編》學到表達數學基本定理的符號語言與邏輯分析技巧；還遇到法國哲學家（四十一歲）亨利·柏格森等人。
一九〇一年	二十九歲	發現羅素悖論。

一九〇二年	三十歲	開始與德國數理邏輯和分析哲學家（五十四歲）弗雷格通信。
一九〇五年	三十三歲	發展描述詞理論，奠定邏輯原子論哲學基礎。
一九〇七年	三十五歲	參選國會議員，落選。
一九〇八年	三十六歲	英國皇家學會院士。
一九一〇年	三十八歲	由於無神論而未能獲得自由黨提名參選國會議員。
一九一一年	三十九歲	遇見（二十二歲）維根斯坦；當選倫敦亞里斯多德學會會長；與艾莉絲分居。
一九一三年	四十一歲	巴黎社會科學高等學院講學；亞里斯多德學會，發表「數理邏輯在哲學的重要性」；三一學院「柏格森哲學講座」；社交名媛奧托琳．莫瑞爾夫人介紹，與波蘭小說家（五十六歲）康拉德結識。
一九一四年	四十二歲	牛津大學「斯賓塞哲學講座」，講授「哲學中的科學方法」。哈佛大學「洛威爾講座」，講授邏輯學和知識論課程，講義集結出版《我們關於外在世界的知識》。七月，第一次世界大戰爆發，和平反對社會運動，撰寫系列反戰文章。
一九一五年	四十三歲	曼徹斯特哲學會，發表「物質的終極構成元素」。

一九一六年	四十四歲	因反戰著述，罰款一百英鎊；三一學院開除教席；拒發護照，無法赴美國哈佛講課。
一九一八年	四十六歲	倫敦發表邏輯原子論講座；五月，因反戰著述，入獄四個半月，獄中完成《數理哲學導論》。十一月，一次大戰結束。
一九二〇年	四十八歲	訪遊俄羅斯，會見列寧、高爾基、托洛茨基、加米涅夫等人。應邀訪遊中國，昔日學生傅銅陪同到各地講演並兼翻譯。
一九二一年	四十九歲	與第一任妻子艾莉絲離婚；與英國作家、女權主義和社會主義運動人士（二十七歲）朵拉．布萊克結婚（一九二一至一九三五）；與朵拉訪遊中國和日本；中國北京大學講學；長子約翰出世。
一九二二年	五十歲	代表工黨參選國會議員，落選。
一九二三年	五十一歲	參選國會議員，落選；女兒凱蒂出世。
一九二四年	五十二歲	旅美演講，紐約蘭德社會科學學院，「如何獲得自由和快樂」。
一九二五年	五十三歲	劍橋三一學院，泰納科學哲學講座，「物的分析」。
一九二七年	五十五歲	與朵拉在英國開辦燈塔山實驗學校，赴美演講為辦學募款；赴美講學；巴特西區公所會堂演講「我為什麼不是基督徒」。
一九二九年	五十七歲	赴美講學；北京大學，成立羅素學說研究會。

一九三一年	五十九歲	赴美講學；（六十六歲）兄長法蘭克去世，繼承爵位成為第三任羅素伯爵。
一九三五年	六十三歲	與第二任妻子朵拉離婚。
一九三六年	六十四歲	荷蘭阿姆斯特丹大學，「格雷伯爵紀念講座」，演講「宿命論與物理學」；與研究助理、師生戀對象（二十六歲）派翠西亞·海倫·史彭斯結婚（一九三六至一九五二）。
一九三七年	六十五歲	次子康拉德出世。
一九三八年	六十六歲	牛津大學，講授「語言與事實」；美國定居六年，芝加哥哲學訪問教授，講授「語言與事實」。
一九三九年	六十七歲	加州大學洛杉磯分校，哲學教授。九月，二次大戰爆發。
一九四〇年	六十八歲	「羅素案件」，公衆抗議和法律判決：羅素「在道德上不適合在該學院任教」，紐約市立學院撤銷教授聘約；哈佛大學開設「威廉·詹姆斯講座」，講義集結出版《意義與真理探究》。
一九四一年	六十九歲	美國賓州巴恩斯基金會，「西方哲學史講座」；美國CBS哥倫比亞廣播公司電臺，「哲學史講座」：黑格爾歷史哲學。

一九四二年	七十歲	美國CBS哥倫比亞廣播公司電臺，「哲學史講座」：笛卡兒方法論、斯賓諾莎倫理學。
一九四三年	七十一歲	巴恩斯基金會解聘，贏得對該基金會非法解僱的訴訟；紐約蘭德社會科學學院，「民主的問題講座」。
一九四四年	七十二歲	普林斯頓大學，結識〔六十五歲〕愛因斯坦；再次榮膺三一學院院士。
一九四五年	七十三歲	出版《西方哲學史》。九月，二次大戰結束。
一九四八年	七十六歲	銜英國政府之命，赴挪威遊說加入NATO共同對抗蘇聯，飛機失事，海上遇難獲救，當地大學宣講以原子武器威脅蘇聯以防止戰爭；英國BBC廣播公司，「里斯講座」：權威與個人。
一九四九年	七十七歲	英王喬治六世頒發英國最高「榮譽勳章」；三一學院終身院士；英國皇家學會榮譽院士；西敏公學，「原子能與歐洲問題」。
一九五〇年	七十八歲	榮獲諾貝爾文學獎；普林斯頓大學，斯賓塞特拉斯克基金會講座：心靈與物質；哥倫比亞大學，馬奇特基金會講座：科學對社會的影響；澳洲國際事務研究院，「戴森講座」：亞洲的騷動、世界政府的障礙、原子時代的生活。

一九五一年	七十九歲	普渡大學，馬奇特基金會講座：思維的物理條件（心靈與物質）；英國BBC廣播公司：美國對歐洲政治與文化的影響、科學方法的本質與來源、懷疑主義與容忍。
一九五二年	八十歲	與派翠西亞離婚，與美國傳記作家（五十二歲）伊迪絲．芬奇結婚（一九五二至一九七〇）。
一九五四年	八十二歲	倫敦國際筆會英國中心，赫蒙．奧爾德紀念講座：歷史，也是一門藝術；英國BBC廣播電臺，人類的險境（人類的氫彈危機）。
一九五五年	八十三歲	《羅素—愛因斯坦宣言》；英國國家學術院，漢莉埃塔．赫茲信託大師講座：約翰．史都華．彌爾；赫爾辛基世界和平大會，書面講稿：邁向和平的步驟。
一九五六年	八十四歲	我為什麼不是共產主義信徒，收錄於《我為什麼反對共產主義：論壇文選》。
一九五七年	八十五歲	帕格沃什科學和世界事務會議第一屆主席。
一九五八年	八十六歲	聯合國教科文組織，卡林加科學普及獎：科學在教育的角色；核裁軍運動組織的創始主席。
一九六一年	八十九歲	倫敦，反核抗議活動被捕，入獄七天。

一九六三年	九十一歲	成立伯特蘭・羅素和平基金會（英國諾丁漢）。
一九六六年	九十四歲	出版《發生在越南的戰爭罪行》；成立國際戰爭罪犯法庭（又稱羅素—沙特法庭、斯德哥爾摩法庭）。
一九七〇年	九十七歲	二月二日，逝世於威爾斯，格溫內斯郡的潘蘭迪爵斯小鎮，享年九十七歲。

國家圖書館出版品預行編目資料

羅素回憶錄：生平自述、人物紀事與散文／伯特蘭．羅素
(Bertrand Russell) 著：李政賢譯 . -- 初版 -- 臺北市：五南
圖書出版股份有限公司，2022.01
面 ; 公分
譯自：Portraits from memory and other essays
ISBN 978-626-317-452-8(平裝)

1. 羅素 (Russell, Bertrand, 1872-1970) 2. 回憶錄
3. 學術思想 4. 哲學

144.71 110020649

大家身影 016

羅素回憶錄：生平自述、人物紀事與散文

Portraits from Memory and Other Essays

作　　者 —— 伯特蘭．羅素（Bertrand Russell）
譯　　者 —— 李政賢
發 行 人 —— 楊榮川
總 經 理 —— 楊士清
總 編 輯 —— 楊秀麗
副總編輯 —— 陳念祖
責任編輯 —— 李敏華
封面設計 —— 王麗娟
出 版 者 —— **五南圖書出版股份有限公司**
地　　址：台北市大安區 106 和平東路二段 339 號 4 樓
電　　話：02-27055066（代表號）
傳　　真：02-27066100
劃撥帳號：01068953
戶　　名：五南圖書出版股份有限公司
網　　址：https://www.wunan.com.tw
電子郵件：wunan@wunan.com.tw
法律顧問 —— 林勝安律師事務所　林勝安律師
出版日期 —— 2022 年 1 月初版一刷
定　　價 —— 420 元